近世都市熊本の法と社会

本田秀人　著

高志書院刊

近世熊本の都市研究——序にかえて

はじめに

日本の近世都市の特質を実証によって解明しようとする近世都市論は、一九七〇年代になると「町共同体」を基礎にする新たな都市研究が始まり、新しい時代が到来した。一九八〇年代以来、近世都市研究に取り掛かっていた筆者は、近世都市熊本の基礎構造を明らかにするために、平成二二年(二〇一〇)八月、『近世都市熊本の社会』(熊本出版文化会館)を刊行することにした。これは近世都市研究の二つの類型のうち、「町」(チョウ)を基礎単位とする、「町共同体」の研究を中心とするもので、もう一つの類型である「惣町＝都市」の研究に重点を置くものではなく、都市行政との関係も、不十分なものであった。

筆者は前著『近世都市熊本の社会』、第二部熊本の惣町(都市)社会の第二章民意吸収の回路と都市行政で、町方の法令整備、町方の内意伝達、町中の願書差し出し、町中の願意吸収等を記している。このことは都市研究の二つのうち、もう一つの「惣町＝都市」研究のためには重要なことであり、二つ目の都市研究に取り掛かるべき時期だと考えられる。そこで、前著『近世都市熊本の社会』に付録として掲載した、「町方法令と町方帳面」をただ付録に終わらないようにするため、基礎構造の「町共同体」研究から、近世熊本の惣町＝都市研究の中で、近世熊本の「都市法制構造」として検討する必要がある。

近世都市を構造的に把握するためには、都市全体の都市空間構造の外、都市行政機構についても構造的に把握する必要がある。熊本藩では熊本城下町を中核とする、五ヵ町を重視する都市政策を進めており、都市行政の中枢は熊本町を直轄する、熊本藩の都市行政機構である。そのために、熊本町を除く四ヵ町の都市行政機構が、都市行政の周縁となる。諸身分を基礎としている当時にあっては、都市の空間構造は分節化されており、都市法制も分節的である。右のような都市行政の構造から考えて、都市法制の構造は都市法制の中枢と周縁から成立し、都市法制の内容は分節的であると考えることができる。

また近世都市研究を進めるためには、近世熊本の「都市法制構造」の検討ばかりでなく、更に近世熊本の「都市社会構造」の検討を、町(チョウ)社会から惣町＝都市社会とする必要がある。町人レベル惣町＝都市社会を見ると、入国当初から町奉行によって任命される別当中が、輪番で惣月行司・別当となり、右の惣町＝都市社会の運営に当たっている。別当中によって惣町会所が出来すると、惣月行司(事)籤取りの儀は惣町会所籤取りになっている。古来籤取りは神意を始め、吉凶・勝敗・順番決めの方法であったと言われている。近世以後は庶民の金融にも用いられ、極めて平等な決め方と考えられてきた。

一　近世都市研究の動向

平成二二年(二〇一〇)は、四つの分析概念による、〈伝統都市〉全四巻(吉田伸之・伊藤毅編、東大出版会)が刊行された。右の『イデア』(伝統都市1)、『権力とヘゲモニー』(伝統都市2)、『インフラ』(伝統都市3)、『文節構造』(伝統都市4)は、近年の都市研究で、これまで蓄積されてきたものを整理し、新たに提示した方法論である。拙著『近世都市熊本の社会』は、近世都市熊本の町社会を、個別町と惣町の枠組みから検討したものとなっている。

平成二三年(二〇一一)は、『伝統都市を比較する』『都市の比較史』(山川出版社)など、日本とフランスの都市比較による、比較類型把握や都市比較の意味などについて、都市研究の方法論が検討されている。城下町の研究の中には、飯田城下町の問屋など中間層の考察や、「熊本城下町における窮民の救済と社会保障」(『熊本史学九三・九四』)などが検討されている。

平成二四年(二〇一二)は、「伝統都市論」(年報都市史研究19)の成果を掲載して、「都市史研究の一つの到達点」として、今後の課題と方向性を記し、都市史研究の方法論として、新たな再検討を進めており、「小規模伝統都市」と「比較類型把握」の問題を示している。江戸以外の熊本城下町では、『近世城下町の運営と町人』(清文堂出版)についての研究で、町役人による熊本城下町の自主的運営体制があり、行・財政システムの形成について検討している。

平成二五年(二〇一三)は、「近世日本都市史の現在」(『歴史評論』七六三)で、町役人の研究を重視する方法論が示され、『身分的周縁と地域社会』(山川出版社)では、都市の寺社社会を取り上げ、都市の社会=空間構造に着目した研究等が検討されている。町家の商家経営については、住友家の家法制定や札差しのような研究だけでなく、「都市大坂における商家奉公人の貧困と救済」(大阪市大院『都市における貧困と救済』)など、商家の経営に関わる奉公人などのことが検討されている。

平成二六年(二〇一四)は、「特集　伝統都市論と現在」(『歴史科学』二一五)で、『伝統都市・江戸』が検証されるなど、江戸を始め大坂の都市研究が大きく進んでいる。また『近世江戸の都市法とその構造』(創文社)では、江戸の都市法が検討されており、江戸や大坂の都市研究の課題に取り組む研究が多く、一層都市研究の方向を示している。その外「名古屋城下町の町触について」(『南山経済研究』二九―二)では、町触の研究が進むなど、城下町の研究も進んでいる。

二　本書の課題と構成

①近世熊本の都市法制構造

本書は、平成二二年（二〇一〇）八月、『近世都市熊本の社会』に続く近世都市研究である。諸藩の城下町を中心とする近世都市は、幕府や藩の公儀支配が続き、元禄一〇年の日記には、「公方様の御用之儀を江戸ニ而者公儀之御用と申候」「此儀を御国ニ而大守様之御用を公儀之御用と御家中之者共申候」などと記しているのである。このような近世都市行政を構造的に把握することから、検討を始めることになる。

藩の中央統治機構と中核となる城下町の統治機構は、かなり重複していると考えることができるので、中央統治機構を構造的に把握することが、城下町の統治機構を把握することになると考えられる。すなわちそのことが近世都市行政の構造的な把握をすることなのである。また、城下町の統治機構は中央統治機構の大改革と共に、宝暦の改革の前後でかなり変化しており、城下町を中核とする都市統治のための法制も、宝暦の改革の一環として進み、町政先規集となっているので、城下町の法制を都市法制の中枢として検討する。

熊本藩内で、熊本・八代両城下町に次いで重要な町は、川尻町、高瀬町、高橋町などの津町三ヵ町である。三ヵ町の町奉行は町方支配であり、三ヵ町の町役人は三ヵ町の町奉行の支配となっており、三ヵ町の法制は都市法制の周縁として機能することになるのである。また、元和元年の一国一城制の特例となった八代町と、右の三ヵ町を含めて四ヵ町と呼んでいるが、この八代町は松井家司の支配であり、松井家司は奉行所機密間の支配となっており、八代町を始めとする四ヵ町の法制も、都市法制の周縁となる。

都市行政を構造的に把握するためには、都市統治機構の検討ばかりでなく、都市法制の検討が必要である。そこでまず都市法制の諸記録を探り、検討することから始めることにする。諸記録の間には、中核都市である熊本町を直轄する「町方記録」を始め、惣町の運営を代行する、惣月行司の「惣月行事記録」がある。また第二の城下町である八代町では、機密間と直結する「松井家司公儀記録」と「町会所記録」から検討を始めることにする。

続いて都市法制の諸法令を探り、検討を進めることが必要である。宝暦改革期を迎えると、新たな式稿編纂のために、新たに町方肝要の帳面を整理し目録仕立てを進めている。その後も「町方日帳目録」に続く「町方諸帳」が仕立てられており、「町方法令」と共に検討することになる。都市法制にとって注意を要するのは、「触状」である。これらの「触状」を検討するに当たっては、その内容ばかりでなく、その形式についても留意して、都市法制や都市社会の検討を進めることになる。

②近世熊本の都市社会構造

近世熊本の都市社会を主導するのは、市民層の有力な町人達であった。これらの有力な町人達は、惣町＝都市社会で、奉行所の町奉行から町役人を命じられて惣町運営の請負・代行を行ない、商家社会の経営者となって活躍したと考えられている。また都市発展と共に生産の拡大は、新興町人層の成立と活躍の場を形成したと思われる。また民間社会にあっては、都市風俗の問題も起こり、検討課題となったのである。

細川氏入国当初、四地区四懸りの町から出発した熊本町は、次第に一六懸りの町に成長し、それらの懸り町は、惣町＝都市社会を形成し、一層発展を続けることになっている。当初四地区四懸りの町の運営に当たった惣別当に代わり、一六懸り町の運営には、町奉行任命の別当請負となり、一六懸りによって形成された惣町＝都市運営は、各懸り輪番一名の惣月行司によって代行されたと言われる。このような惣月行司・別当の役職と、惣月行司・別当によって代行運営される、惣町＝都市社会を検討する。

有力町人は右のような町役人となるばかりでなく、古府中の時代から続く家柄で特権町人となったり、大店を構えて多くの奉公人を抱え、商家を経営する有力町人等も居住しており、右の惣町＝都市社会の中には、多数を占める店舗が両側町を形成する、商家社会が存在していたのである。このような特権町人を抱える商家社会を探り、多数を占める商家社会の実態を調べて、都市社会を検討することになる。商家社会の中には、一つの商家経営ばかりでなく、色々な課題があるのではないかと考えられる。

府中周辺の在では化政期を迎えると、商品作物が生産されると共に、商品流通が盛んになり、それらの商品を取り扱う商人の活躍が目立つようになり、中には商品の販売だけではなく、代金の貸し付けや取り立てなどに伴って、成長する者も現れるようになっている。また、府中周辺の在町では、商品作物が増加して商品流通が盛んになると、府中周辺の限られた地域ばかりでなく、府中や国外などへの取引にも手を伸ばす商人も現れるようになったと考えられる。これらの新興商人の問屋社会についても、検討しなければならない。

もう一つは、近世都市における民間社会の問題である。それを主動するのは都市の若者達である。彼等の願いは町家に奉公することではなく、家中に奉公することだったのである。この家中奉公人の風俗問題が目立つと共に、油小屋を中心とする若者組の風俗問題も民間社会の重要な問題となっている。このような風俗問題は、盆後踊の外鉦連中の風俗とも関連していると考えられ、町火消共や鳶の者共の風俗などと共に、都市社会における民間社会の取り組むべき課題となっているのである。

目　次

目　次

目次

第一部　近世熊本の都市法制構造

第一章　都市法制の中枢

はじめに

熊本藩の都市法制は、「旧章略記」に明記されるように、宝暦改革に際して旧来の町方法制を再検討して編纂され、「市井式稿」を初めとして、その後「雑式草書」「市井雑式草書」「市井雑式草書　乾・坤」「市井雑式草書附録」と続き、幕末にはこれら四者共に、町政先規集としての役割を果したことが、先に報告されている。

都市法制の中枢の第一は、藩主の意志決定である。それは「御印」によって裁可が確認され、「御諚」によって藩主の指示・命令が示されると考えられている。更に「奉書」という特筆する文書によっても、藩主の意志決定を確認することができると言われている。そこでそのことを踏まえて、都市法における藩主の意志決定の動向を探り、細川氏入国以来、都市法制の中枢を占めると考えられる、藩主の意志決定の仕方について、検討を重ねることになる。

次に都市法制の中枢を占めると考えられるのは、家老中の意志決定の動向である。家老中には国家老と江戸家老があり、藩主に次ぐ役割があると言われている。そのために早くから家老仕置制や家老合議制が検討されてきたのである。入国後の忠利の奉行育成策との関係や、家老政治における家老の役割など、中枢を占める家老の検討課題を多く含んでいる。また、家老の公儀形成、家中形成に対する役割など、幕藩政治や領国政治にとっても不可欠の検討課題である。

その次に都市法制の中枢を占めるのは、奉行中の職務動向であると考えられる。肥後入国後の奉行中の職務には、奉行育成策による奉行の権限が強化され、その後に家老の職務となるなど、双方の間には変動が見られるようになっている。更に宝暦改革期を迎えると、奉行分職制度が発足し、職務調査が実施されて大きく変わり、家老の日番制と共に会議日や寄合日を定め、重要職の合議体制を成立させたのである。更にその上には、奉行専決権等も定めたのである。

家老の月番制を改め、奉行所家老間の日々用番制になると、家老の諸用は家老の事務局となる機密間が整備されて、機密間体制が発足することになった。その機密間にはその長となる佐弐役を置き、大奉行・奉行が指揮したと考えられ、その下には諸分職と同じように、根取や物書などを配置したと思われる。このようにして都市法制の中枢が形成されたと考えられるのである。領国政治と同じように、城下の熊本町や八代町をはじめとする五ヵ町に及ぶ都市法制の中枢を、このような構造で検討を進めることにする。

一　藩主の意志

①初期法令

「初期大名家の意思決定構造」について、豊前時代の細川氏の意思決定に関する文書を分析して、具体的に優れた検討が進んでいる。その第一点は「意思決定の藩主集中化」であり、第二点は「御印」と「御詑」とされ、第三点は「奉書」の類型的特質となっているが、その上更に「藩主の政治的位置」が検討されている。

㈠　(元和七年)(一六二一)六月晦日(意思決定の藩主集中化)

一、荷つつみ道具、御納戸奉行森作兵衛・深野左助・安田甚九郎・此三人ニ被成御預候事㊞
一、長右衛門尉・源介・惣五郎鉄の御門番被仰付候事㊞
一、御畳奉行木村九右衛門・松村源六兵衛被仰付候事㊞
一、惣かまへのかや、此以前のことく御小人・御中間・御乗物かき被下候事㊞
（忠利筆書入レ）「三斉様之時のことく」㊞

（二）林弥五左衛門・河田八右衛門ニ天主之米拾石ヅヽ可遣者也、
寛永弐年（一六二五）九月十五日㊞（細川忠利(青)印）
（自筆）「たる一ツつヽそへ可申候、以上」
奉行中

右は藩主の「御印」と「書入れ」による意思決定文書である。多様かつ大量の文書には藩主の絶対的な権威が必要であった。

（三）一、明日御座敷御能可被遊候間、役者衆・地謡衆へ可申触旨、菊野伊織を以被仰出候、則御能組も請取申候事、
（寛永二年）（一六二五）十二月十五日（奉者記載の有無）
（奉者記載）
「両人をめしよせ、御諚之通申渡候也」
一、御船手之儀ニ付、白井兵介・鏡善右衛門書物差上候を御前へ上候処ニ、右両人ニ相尋吟味仕済可申旨、被仰出候事、（奉者無記載）

忠利代の政治は、藩主の「御諚」によって文書に表記され、この藩主の意思表示行為によって、「法度」とみなされている。このことは藩主だけが下し得たものなのであった。年寄（家老）・惣奉行などの重臣たちの合議形態であっ

ても、これを代行することはできないことであった。また藩政の実務は藩主の「御諚」によって行なわれており、さまざまな形の「御諚」は、先例となって集積され執行されたのである。執行にあたっては「御諚」を申請し、必要によって「御諚」を得て執行したことが研究報告されている。(1)

②入国前法令

忠利は元和七年(一六二一)正月に家督を相続し、新たな惣奉行と奉行機構によって、藩主就任直後の実務を混乱なく継承した。このことは代替当日の六月二一日に、新しく「御印帳」が作成され、六月二五日の条々から書き始められていることに表れている。そこで入国前の政治を、元和期の法令から検討することになる。「井田衍義」に収録される法令には、「御印帳」の条々が記されている。

まず元和一〇年(一六二四)二月二四日の、「御留守之時、御分国中之公事可承旨、被仰出候ニ付、奉窺條々」である。その始めには〔朱書〕「朱書之分ハ御自筆」があり、「一月ニ六日定行事ヲ五日・十日・十四日・廿四日・廿八日可承候哉、奉得御諚候事」との「御諚」申請に対する自筆「御諚」は、〔朱書〕「可然候」と簡潔である。「一借銀・借米之儀中候得共取沙汰仕間敷候哉、奉得御諚候事」に対しては、〔朱書〕「書物のことく出し候へと免申候、天下の掟如此ニ候事」と「御諚」を得ている。(2)

続く元和一〇年二月二八日、公事聞米田與右衛門より、右筆頭飯田才兵衛宛の「覚」では、「一、御年寄と申候ハ、式部少輔・頼母佐両人ニて可有御座候哉、奉得御諚候事」との申請に対し、〔朱書〕「両人也、けん物を可相添候也」とあり、「御陣御普請之時は、置懸可為各別御諚之旨、右両人被申渡奉得其意存候事」に対しては、〔朱書〕「可為各別事、御印」と、自筆の「御諚」と共に「御印」を得ている。年寄に堅物を添えたり「御陣御普請」などというのは、重要なことだったと考えられる。(3)

それに続く「御印帳」の写には、「一人うりかい仕間敷御掟之事」に、「御印」があり、「一、喧嘩出来候ハ、両方可被成御成敗、但無理を仕懸候ハヽ其仕懸候者壱人御成敗可被仰付御掟之事」には、「但、仕様により先籠舎可申付候事」と「自筆御掟」の「御印」となっている。「一、しち物火事ニ焼失候ハヽ辨可申候、但蔵共ニ焼失候ハヽ互ニ出入有間敷候御掟之事」と定め、「しやうこなき事ハ同心申間敷候、已上」と自筆があり、「御印帳」となっている。

更に、寛永三年(一六二六)四月一二日、町奉行の「覚」には、「一、不應其身物并安キ物を買候時、隣三軒ニ届候て買可申候、若盗物ニて其主見逢候時、主取返度と申候ハ、町人取候程之代銀を出させ、右買物可相渡候事」と定めている。また「一、隣三軒ニ不届買置候時、其主見逢證據於有之ハ代銀不取ニ可返事、右之分可申付也」とも申し付けている。このような町奉行の「覚」には、日下に「御印」が捺されており、この文書が写であることを知ることができる[4]。

③入国後法令

忠利は寛永九年(一六三二)一〇月、加藤氏改易後の肥後転封となって、同年一二月に入国した。その後早速国の仕置三ヵ条や、国中申渡の条々を下すと共に、奉行機構を改編して、藩主と奉行を中心とする政治を推進した。入国前と同じく藩主の命令は法度であり、寛永一〇年(一六三三)以降に整備される奉行機構とによって、新たな政治が運営されていくことになった。

寛永一〇年八月、御国之惣奉行を仰せ付かった、田中兵庫・宗像清兵衛・牧丞大夫から御郡奉行中宛の「被仰渡候御印之写」には、国中を召し仕える人足のこと、豊前の時と同じく、墨・筆・紙・油等の必要経費割り賦のこと、惣奉行より各郡に新しく申し付けたことなど、その日限に至るまでそれらを目録に仕立てさせて印を遣わすことなど、毎年にわたって処理すべきことなどを申し付けている。これは「御印」文書の写のために、日下に「御印」と記されている。

右に続く寛永一一年（一六三四）一〇月、「御印之写」は五つの条々が記されている。その初めは、開の田地は理由を極めて年季を定めること、勝手にしないこととしている。二つ目には、土免を定めるに当たっては、百姓の書物の定如く免を申し付けること。三つ目は、郡中にとってはそうすべきであるということは、申し付けたことを申し届けること。四つ目は、假令熊本奉行所より申し付けたことでも、郡にとって迷惑なことは断わること。五つ目は、口々に地侍を抱え、百姓は申すに及ばず皆の者が生活できるようにすること(5)。

寛永一二年（一六三五）九月、公事聞川喜多五郎右衛門より、町奉行の吉田縫殿助・吉住平右衛門宛に「御書之写」が渡された。その中には「一国中・町中非分成儀も、下として申上ル事成間敷之由聞届、しゆんろニ可申付候事肝要ニ候、切々御横目可参之間、可得其意候、殊ニ町中之儀奉公人ニ能理りを聞、念を入ろくニ可申付由可申候事」と記され、右の通りに御書となったその意を受け、後日のため判形の上申し付けている。この中にも横目の役割が求められている。

同じく寛永一二年一一月の「御書出之写」には、四つの条々が申し付けとなっている。

一、留守の時に御用が閊える場合は、横目に申し付けてそのことを諸奉行に届けること。
一、国中に迷惑につまり自害することは、郡奉行へ目安を上げるように申し付けること。
一、国中にて済まざる公事は、町奉行の役目とし公事の日限を決め横目を呼ぶこと。
一、郡奉行も公事批判を申し付ける時は、横目を頼むように申し付けること。

右の通りに御書付を此方に受け取ったので、その意に沿うよう申し付けている(6)。

④町方法令

（寛永一〇年）正月の「町方え可申渡事」は、入国後町奉行に渡された判物であった。初めには「地子ニいたる迄諸役免除候事」を命じ、次は「一若公儀よりの御用候は其儀は成程肝煎可申候」、その外使者・使者宿の肝煎を命じ、造作の負担を差し止めている。続いて「其町之頭（別当）を申付、大形之儀は頭として肝を煎」、町奉行はもちろん下の者に物を取らせないこと、申し付け以外は町の掃除の必要はないことなどを申し渡している。

その後、小判・銀子に続く「覚」では、「一、割たはこ仕もの銀子壱枚」、「一、今より引籠人ハ其役壱ばい」、「一、酒のふり売ハ熊本中在郷共ニ古よりのことく売申間敷事」、「町方之分ハ御町奉行札を出シ可被申候事」、「一、郡之分ハ御郡奉行札を出可被申候事」などと定め、右のように札を取らずに売買した者を、札を取って商売した者が見付けた場合、見付けた者が札銭を札持たざる者に出させるようにすれば、札無しの者を隋分見付けることが出来るのではないかと、札銭対策を進めている。

寛永一六年（一六三九）三月の「札銭不出覚」には、「一駄賃取　一塩売　一在郷よりのやさいうり　一浦々より出ル肴うり　一薪うり幷松ふしうり　一のう具うり」等が記され、「右六ヵ条之分は札を出し札銭ハ出させ申間敷候、但薪売之儀ハ札なしニ可被申付候事」などと申し付けている。これらのことは家老衆と奉行相談の上で決まったもので、判形することになっていたが、それには及ばずとして覚えのために印形しておくことになったものである。(7)

その後の宝暦の改革に当たっては、宝暦六年（一七五六）七月、それまでの家老月番執務制を日々用番制に改め、諸用は奉行所に機密間を設けて取り扱うなど、家老の執務を始め奉行所の中央政庁機能を高めることになった。この時「御青印」の家老条々には、「一、公義御法度相守るへき事」など、一〇条に及ぶ勤務心得が示されることになったのである。こうして国務も滞りなく行なわれるようになり、この宝暦六年の頃は領内の仕置が数々改められることになった。このことが家中で宝暦改正と言われるものである。(8)

続く宝暦七年（一七五七）二月には、奉行分職体制の各役職宛に職務心得として奉行条目を出し、更に安永六年（一七七七)二月、若干修正して「御印御条目」を定めている。町方に関する「条目」には次のような条文がある。

一、貴賎の日用総て商売の交易にあり、各生業に敦く游手くさ苟簡《コウカン》奢侈を戒め(以下略)
一、町馬ハ軍用を兼るものなり、怠慢なく申付、蓄息せしむへき事
一、商売名簿帳正しかるへき事[9]

二　家老の執務

①家老の位置

幕政と藩政を総合した幕藩政治秩序の研究が進むと、幕藩領主の共通性成立過程が研究課題となっている。ここで指摘されている共通性とはどのようなことであるのか、政治史的にその成立過程から追求されているのである。かつては幕藩体制的秩序が藩体制の中にも貫徹していくものとして論じられたが、その後の研究では「公儀」の概念や幕藩間の合意と考えられるように変容している。さらに最近の研究では幕政と藩政を総合して、幕藩政治として研究を進めるようになっている。幕藩間の関係や両者に通じる、幕藩政治の共通性を見出したいと考えられているのである。

江戸幕府は家光政権が成立すると、寛永期を迎えて政治機構を制度化し、武家を統制する諸法令を整備するなど、幕府政治の安定や進展にとって重要な時期を迎えることになった。また近世の諸大名は家中形成を進め、家老合議制を成立させるなど、寛永期は諸大名にとっても藩政確立の重要な時期となり、幕藩政治の共通性が成立する時代なのである。家光の参勤交代の制度化によって諸大名が在江戸となると、国許の政治は家老の役目となり、継目御礼の際における家老に対する上意や御目見などは、家老の国許における役目ばかりでなく、幕藩関係における家老の位置が、公儀の一員であることを示している。[10]

豊前時代の慶長九年(一六〇四)に家督を相続した細川忠利は、「御一門払い」を進めて家中形成を行ない、他家に類例を見ない程完璧な権限委譲と権力集中を実現させている。そのような忠利が加藤氏改易後に肥後拝領となるためには、家光政権が細川氏に対して絶大な信頼をおいていたと考えることができる。既に寛永九年(一六三二)六月には内定していたのである。後の武家諸法度第二条に定める参勤交代制には、その細川忠利の意見が影響しているという報告が見られる。このようなことは当時の諸大名の間はもちろん、幕閣との間においても、相互に意見や諸情報の交換が盛んに行なわれていたということになる。

寛永九年一二月、肥後に入国した忠利は藩主の主導による中央行政機構の整備を進め、家老を最高顧問として、惣奉行・奉行に権限を集中する藩政を進めることにした。入国後の寛永一七年(一六四〇)には、松井佐渡・有吉頼母・米田監物を大年寄として対外的用務担当とし、松井式部・米田与七郎・沢村宇右衛門を若年寄として国内政務担当と定めている。幕藩関係の中で見ると、家老は他の大名家臣とは異なり、各大名が参勤の節に藩政を任されるばかりでなく、継目御礼の際には将軍との御目見や、将軍から国許の政治を任せるなどの上意を受けていたのであった(11)。

②家老の家中形成

松井氏は足利義輝に仕えて以来、織田信長・豊臣秀吉・徳川家康など、戦国時代の天下人にその力を認められ、度々にわたる賞美を受けることになり、有力武家として成長した。その間細川藤孝(幽斉)の手に加わって以来、細川家の右備となった後、細川一門の格で家老となるなど、近世大名として成長する細川氏を支える重要な役割を果たし続けた。初代康之は一大名の家臣でありながら、際だった勲功により秀吉から丹後国に新知を拝領したり、信長より拝領の地についても、秀吉・家康から朱印状の拝領を続けている。また関ヶ原の戦後には、家康より直に一字を受けており、豊後杵築城を預けられると共に、その辺の知行地一万石余についても拝領するなど、成長を続けている。

また天正九年(一五八一)、松井康之が細川家の軍制で右備となった後、細川一門の格で家老に定められ、九曜紋をも許されて以来、細川忠興が豊前に入国してからも、知行二万五千石を拝領し、興長の家督相続後は忠興の三女と縁組、杵築城に城主格で入城、さらに忠興の六男寄之を養子に迎えるなど、松井家は細川家の一門として強く結ばれた。このように松井家は江戸証人を差し出し、細川家の筆頭家老としての役割を果たし続けた。このことは家老の江戸証人差出が幕府と家老の関係を強め、公儀形成の一翼を担ったばかりでなく、大名と家老との間においても、家中形成の役割を果たしたのである。

慶長四年(一五九九)一〇月、細川忠興は関ヶ原の戦を前にして、家康への連判誓詞の後忠利を江戸証人として差し出した。その時松井康之も与次郎光次を江戸証人として、証人料を拝領した。忠興が豊前に入国し小倉城を居城とした後、慶長九年(一六〇四)一一月には、忠利代替のため与五郎秋興が江戸証人となったが、その後重政差し越しとなった。康之の後家督を相続した松井興長が、杵築城に城主格で入城し弟政之を江戸証人とするなど、大名家の江戸証人ばかりでなく、家老家も江戸証人を差し出したことは、家老家をも公儀形成の一員となったことを示していると考えられる。

慶長一七年(一六一二)正月に康之が死去すると、二代興長が家督を相続し、同年三月には豊後杵築に城主格で入城し、細川三斉六男を養子に迎え、寄之と称することになった。元和七年(一六二一)細川忠興隠居につき、忠利が家督を相続した後、加藤氏が改易となると、寛永九年一二月熊本城に入城し、興長は五千石を加増して三万石拝領となっている。江戸城普請手伝では惣奉行を勤め、将軍家光の上意により羽織を拝領し、山城国の知行を安堵されている。また将軍家光への代替御礼では、懇の上意を拝受する程である。正保三年(一六四六)五月には、藩主光尚より八代城代三万石に任命されている。(12)(13)

表1　細川綱利代　家老政治（合議・仕置）（注）『藩法集7熊本藩』により本田秀人作成

番　号	寄　　　合	執　　行	覚　　書	（朱　書）
(246)	慶安4年8月20日 老中　　　(1651) 長岡監物・長岡勘解由 沢村右衛門 奉行 浅山修理・堀江勘兵衛	 国友半右衛門 吉住傳右衛門	○在郷商札上ケ ○在郷石物買 ○在々宿町市参 ○在郷商人出入 ○家中百姓狼藉	・運上なし ・不極 ・村々付入無様 ・過怠又ハ時宜 ・不定儀
(247)	承応元年10月24日 老中　　　(1652) 長岡佐渡・長岡監物 長岡式部・有吉頼母 米田左馬・長岡勘解由 奉行 浅山修理・堀江勘兵衛	 国友半右衛門 吉住傳右衛門	○ゑんひき宿者共 ○明屋敷町屋取込 ○立田口左脇空地 ○しわさ悪敷別当 ○古町広ク分可申 ○町役赦免内仰付	・可然様 ・屋敷奉行談合 ・同断 ・両人ニ預ケ置 ・左様ニ可有之 ・ケ様ニ申付
(248)	明暦3年7月18日 老中　　　(1657) 長岡式部・有吉頼母 長岡助右衛門・長岡勘解由 奉行	 国友半右衛門 吉住傳右衛門	○別当之謀判を仕 ○明乗寺拝領願 ○町銀預ケ方一件 ○町くすし召仕方 ○町籠近所くすし ○長六橋向側一件	・町之作法如く ・町奉行共可計 ・町慥成者預置 ・可申付旨仰付 ・同断
(249)	萬治2年7月5日 老中　　　(1659) 式部・頼母・監物 奉行	町奉行 吉住傳右衛門 国友半右衛門 中村市郎右衛門	○売渡酒樽代銀 ○町人買申米代銀	
(250)	寛文3年7月29日 老中　　　(1663)	町奉行 国友半右衛門 吉住傳右衛門 中村市郎右衛門	○しめかね申別当 ○覚悟無之者差替 ○丁頭仕立召置	

③家老の合議・仕置

関ヶ原の戦後、寛永九年一二月、熊本城に入城した細川忠利は、奉行に権限を集中する中央行政機構を整え、寛永一七年に家老を六人に増員した。忠利死去後の寛永一八年(一六四一)に光尚が遺領を相続すると、光尚参府に松井興長が同行して家老に御目見し、八代遺領召置が定まり、興長が八代城に入城することになった。細川氏の家老政治が始まったのは、細川光尚の時代を過ぎ細川綱利の時代を迎えてからである。藩主光尚は江戸で死去する前、病中上使酒井忠勝に対して、せがれ幼少に付き領国差上を申し入れ遺書とした。細川家の家老興長を始め重臣達に対しても、領国差上を達したことから、重臣達は対応を協議して細川家の存続をはかったのである。

この幼少六丸(細川綱利)の遺領相続に

ついて、国元では筆頭家老松井興長を中心とする家老中、江戸では江戸家老長岡勘解由の元に長岡式部寄之を送りこの難局に当たった。右の二人には、国元から越前松平家の幼少相続の対応を参考に、「覚書」が届けられた。幕府では、肥後は細川家の奉行によるものであり、有能な家老の元では幼少相続に問題はないという、家光の上意によって六丸の相続が決まり、上使衆の熊本下向となっている。慶安三年（一六五〇）五月の将軍家光の「黒印状」には、家中並に国中の仕置は、前代の通りとし、万事家老合議・仕置などを申し付けている。(14)

領国支配に当たり小倉藩主小笠原右近大夫が監国となり、家老合議によって忠利・光尚の時と同じように運営することを定め、家老中は監国に対し藩政の基本姿勢を差し出した。まず第一に家中仕置は、全て肥後国拝領以後両代に申し付けられた通りに行なうこと。諸役人は光尚代の者達が代わりなく勤めること。家臣の暇乞は右近大夫の指図に従うこと。上級家臣の縁組は家老合議の上右近大夫の指図、侍の罪科は家老等の合議、人数差出については右近大夫の指図、家老輪番の留守番、新規奉行人召し抱えをしないこと、家臣の加増は右近大夫の指図によることなどを約束している。

このような家老仕置には、筆頭家老の役割が大きく働いている。家老興長は三万石を拝領後江戸城普請奉行となり、松井家は松井政之の後母自徳院を江戸証人としていた。母が亡くなると興長に実子はなく、正保三年（一六四六）寄之二男左膳を江戸証人としている。光尚代になると、同年幕府は光尚の意向で興長を八代城に入城させることにした。寛文五年（一六六五）に幕府は江戸証人制を廃止することにした。このことは家老の位置の変化となり、公儀の世界の家老から家中形成が進むと共に、幕藩政治における仕置家老になったと考えられている(15)（表1）。

④家老の職務

家老の職務は、寛永期においては家老より奉行の見解が優先されていた。正保期になると奉行よりも家老の見解が優先され、光尚代は忠利とは反対の方向に進むことになった。さらに延宝期になると、延宝四年(一六七六)には、品によって家老中の沙汰となっていたものが、延宝六年(一六七八)には家老の意向によることになり、家老の権限は拡大している。宝暦改革後は家老の勤務心得のための条目を定め、家老を始め諸機関を奉行所に集めたり、中老職を設けたりしている。特に宝暦五年(一七五五)の奉行分職制度の発足や、宝暦六年(一七五六)の全役職に対する職務調査の実施は、その後の家老の職務にとって大きな影響を与えることになった。

家老の月番執務制を止め、奉行所に日々出座の用番制となったのは、書院の内に屏風囲いの詰所を設け、詰間坊主を置き堅めの誓紙を申し付け、詰間出勤となってからである。そこで家老中の出座に備えて、詰間には掛硯二組・机二脚・上茶五合・台子一脚・八代焼茶碗六・茶巾一ツ・羽箒二本・金六枚屏風一管・同二枚屏風一帖などを用意させている。宝暦六年五月朔日、長岡助右衛門・月番有吉大膳・清水縫殿・三淵志津摩の四人が、今日より奉行所家老詰間に出座し、家老の職務を勤めることになったのである。同五月三日には病気だった長岡少進が揃い、家老の全員出座となった(16)。

宝暦改革には奉行所内にこれまでなかったものとして、家老の事務局となる機密間が置かれることになった。宝暦六年四月、堀平太左衛門詰所を継ぎ延ばした間所で、そこには機密間の長として佐弐役長瀬宇平、物書として中津左助が詰めることになった。この佐弐役長瀬宇平は家老中よりの沙汰筋一式を受け持ち、奉行所一切のことを聞き取り、各分司の御用についても根取や物書などと相談の上沙汰し、万端公平に処理することになった。佐弐役の下には諸分職同様に機密間詰として、幸円助・中嶋甚次・粟津才右衛門・千原只右衛門などが、それぞれの御用を請け込んでいる。

宝暦改革後の最高機関は合議体としての会議であった。会議の内には本会議前の内会議があり、内会議は奉行および佐弐役を中心に行なっていたが、文化一〇年(一八一三)以後家老・目付出席、藩主在国時寄合以外、家老は全ての会議に出席することになっている。また審議に慎重を期すために、本会議前に内会議を行なう外、本会議後に復議を設けた。宝暦以後も家老となった者は、松井・米田・有吉の世襲三家老以外は、一代家老二人を加えた五人が原則となっていた。その後家老になった者は一部に限られ、日々用番制となって奉行所家老間に詰め、佐弐役を始め機密間の者を指揮し用務を果たした(17)。

三　奉行の職務

①支配機構の動向

細川氏肥後入国当初の支配機構は豊前時代を引き継ぎ、新たに御国之惣奉行を新設して郡村支配に当たり、これまでの惣奉行を奉行と称して郡村以外の支配に当たるという、二系統の支配機構に改めた。しかしこの支配機構は長続きせず、御国之惣奉行の名は消え、郡村支配は御国惣奉行を廃止して、奉行を最高機関とするように変更されている。寛永一三年(一六三六)になると、この奉行所管となった郡村支配も再び変更され、知行方奉行支配の郡村支配となっている。このように入国当初の支配機構は、豊前時代を引き継ぎながらも、度々にわたって変更されることになった。

この頃の奉行の職務は寛永一三年の『御奉行奉書抄出二』によれば、月に五日間の御用日が定められ、家老と奉行によって重要事項を審議する御前会議を行なうことであった。そのために事前に家老との間で打合せを進めておく必要があった。どのような事項を議題とし、どのような方針で会議に臨むか、その方針を立てて提案しなければならなかった。ところが寛永一四年(一六三七)になると、藩主留守中は家老合議の際奉行が出席して決定していたが、その後は奉行が自主的に決定することを求め、更に寛永一七年(一六四〇)には、家老ではなく奉行専決の権限を保障しているのである。

藩主が光尚に代わると、正保二年（一六四五）には奉行の日常勤務が記され、朝六ツ（午前六時）から奉行所に常時一人宛詰めること、何事によらず遠慮なく申し出ること、在国の節は直に申すべきこと、留守中は年寄共まで申し聞かすべきことなどを定めている。これは寛永年中における奉行権限の拡大方針とは裏腹に、奉行の権限を再び抑制することにし、家老の権限を伸ばして合議制に戻すことである。正保三年（一六四六）になると、家老と奉行の意見が相違する場合は、家老の考えを優先することに改められたのである。寛永年中と正保年中、忠利代と光尚代とはこのように大きく違っているのである。

延宝三年（一六七五）になると、かつては奉行の権限であったものが家老の権限に移された後、その後更に奉行の権限に移されるという、家老権限の奉行移管方針も見られる。延宝四年（一六七六）の町奉行に対する指揮権も、この時の権限移管事項の一つである。寛永期と正保期の間には、忠利の奉行育成策と光尚代の家老巻返策との違いがある。それに続く綱利代になると、家老と奉行の職務権限は更に異同が見られるようになった。延宝四年と延宝六年の間には、奉行権限の復活拡大の方針から、奉行権限縮小と家老権限の拡大が、繰り返されることになっている。(18)

②奉行の職務分掌

寛文二年（一六六二）八月、機構改革によって奉行所・勘定所・郡方の三局制は、奉行所・郡方の二局制に戻ることになった。同年八月七日「御印書付」は次の通りである。

一、御郡方・勘定所・御奉行所、前廉ハ三ッニわかり被仰付候へとも、其以後は三所を一ツニ被仰付置候、然共大分之御用ニても御座候間、御奉行所と御郡方と弐ッニわけ可然様ニ何も奉存候、如何可被仰付候哉、左様ニ御座候ハヽ、御郡ニハ御知行取弐人頭分ニ被仰付可然奉存候事

右之通聞届尤ニ候、其通ニ可申付事

などと記されているが長続きせず、その後宝暦期を迎えるまでは三局制を続けている。

当時の重要職三職のうち、延宝四年（一六七六）正月の「御奉行共奉候御用之覚」の第一条には、侍中の訴訟書物は奉行所請込、品により家老中へ達すべきこと、第二条においても、侍中の大役は家老中の申し渡し、その外のことも事の品により老中の沙汰としている。第三条の侍中諸役について、初めのうちは奉行所より直に藩主の御諚を得て決めていた。第四条の中小姓中のことについては、奉行所よりの申し渡しを定め、第五条の公事沙汰・穿鑿者のことは品により家老中達としている。第六条の町奉行請込の公事沙汰は奉行所達を定め、その外、奉行所寄合日・御用日の定などが記されている。

右に続く延宝六年（一六七八）六月の「御奉行中奉り候御用之覚」によると、第一条の侍中訴訟書物の儀は、請込吟味の上家老中へ達と「依品」を認めず、第二条の侍中借米銀の儀は沙汰すること、第三条の諸役の儀は、吟味の上家老中へ達し御意の上決めること、第四条の公事沙汰・穿鑿者の儀は、詮議の上難しいものは家老中へ達すること、第五条の寺社町方のことについて、町奉行が請込み難い時は奉行所に達し沙汰をすること、第六条の科人成敗の儀は、吟味の上家老中へ達すること、第七条の籠差紙は上判を行なうこと、第八条の切米取以下国境女出切手を出すこと、第九条の切米取の諸事沙汰することとある。(19)

天和元年（一六八一）六月には、重臣会議の御用日ばかりでなく寄合日も定めている。

御用日　五日、一一日、一六日、二三日、二八日。

寄合日　三日、九日、一四日、二一日、二五日。

宝永六年（一七〇九）三月になると、三つの寄合日を定めて重臣会議を開くことになった。

奉行所寄合日　三日、一一日、一四日、一九日、二七日。

家老中寄合日　六日、一八日、二九日。

家老中内寄合日　一三日、二三日。[20]

③奉行の分職制度

奉行集中体制の成立は、宝暦改革による奉行権限の著しい強化によって推進された。宝暦改革における支配機構上特筆すべきものは、奉行分職制度の発足である。『熊本藩年表稿』には、宝暦六年(一七五六)七月一日、「諸制度の改革を実施。大奉行の下に六奉行をおき奉行所中心に一二分職を分担させた。」と記している。しかし「分職帳」には、前年六月一日、九分職に一〇人が任命されており、引き続いて同年六月一〇日、三分職に一人が追加任命され、合わせて一二分職に一〇人が任命された。その後三分職一人の代行者が決まって、同年六月一一日には「御役所分職」が作成されたが、一部異動があり同年一〇月一七日に、六人制で決定することになった。

職務調査・職階制成立後の宝暦七年(一七五七)二月、「一、御役々御条目御渡被成候段、二月十八日御達」に続いて、「今度御條目御渡被成候」と、奉行条目が渡されている。第一条の「公義御法度并国制堅く守るへき事」に続く第二条には、「奉行所ハ政令の出る所」などと記し、奉行の役割を明記している。第三条では、家老・中老・大奉行の下に、「至公を専にすへき事」を定め、第四条では「諸号令分職の奉行先これを揆り」と、奉行の先議と分職奉行の職務を定めている。第五条で大典を濫すことなく、第六条では節用倹約を集議会決すべきことと定めている。

また同時に、選挙方・学校兼掌、郡方、勘定方、寺社方、普請作事掃除方、町方、城内方、船方、客屋方、屋敷方、考績方、刑法方、類族方など一三分職を上げ、それぞれ諸役職に対する条目を定め、条々を堅く守るように申し付けている。その後、安永六年(一七七七)二月の諸役御条目改では、普請作事掃除方は普請作事掃除方掛とし、城内方は城内掛となり、客屋方は客屋掛へ、屋敷方も屋敷掛へ変更されることになった。宝暦七年二月の一三分職にあった考績方は、安永六年二月には廃止されている。これらの各奉行の担当分職は固定されたものではなく、長期のものから短期のものまで様々であった。[21]

町方支配については、宝暦二年(一七五二)七月、熊本町奉行を廃止し、寺社町共に奉行所支配とすると、安永五年(一七七六)一二月、分職奉行中の熊本町中見分を始めた。これまで多くの分職奉行を勤めていた志水才助が、安永八年(一七七九)六月、大奉行となって江戸詰家老代役を仰せ付かった後、天明七年(一七八七)一二月、熊本町支配の儀は藪市太郎一人に仰せ付けられることになった。翌天明八年(一七八八)八月、塩屋町において町方御用宅が出来となり、藪市太郎が勤務して町奉行所と称することにした。そこで町方の用務は全てこの所で行ない、別当中もこの町奉行所出勤を申し付けた。[22]

④奉行の統轄

熊本藩ですべての政治機構の集中一本化は、完全な奉行統轄を実現してからであった。寛政元年(一七八九)四月奉行藪市太郎が没すると、同年八月嶋田嘉津次が町奉行・寺社奉行を仰せ付けられた。寛政二年(一七九〇)一〇月には、嶋田嘉津次が奉行副役に任じられている。寛政九年(一七九七)二月になって、郡間を廃止し奉行所郡方に合併したことは、奉行支配を大きく進めたものであった。この郡間の小物成方は勘定所の付属とし、この時郡間御銀所を小物成方御銀所と改めている。このように郡間所属であった小物成方は奉行所へ統合されることはなく、勘定所所属に移管されることになり、この後も貨殖政策を推進する機関となっていったのである。

寛政九年二月、郡間を廃止し奉行所に合併すると、郡方奉行中より次の達となった。

一御郡間におゐて御本方同様之銭預致出来候付ては、寛政五年一統相達置候通ニ候、然處今度御郡間差止候得とも、御郡間御銀所は名目迄小物成方御銀所と被改、取計筋萬端やはり是迄之儘ニて被差置候間、當時振出ニ相成居候銭預通用之儀、今迄之通何そ相替儀無之候、并御郡間より是迄相渡置候割印之書附も、右割印根帳御奉

行所御郡方え相納り引合等明白之事ニ付、其儘ニて被差置候條、此段御組中へも御達可被成と奉存候、以上

奉行嶋田嘉津次が大奉行助勤の後、文化五年（一八〇八）閏六月、大奉行に任ぜられ、一時退任の後、文化七年（一八一〇）七月に再任されると、文化九年（一八一二）九月、奉行と奉行機構の立直しに努め、その一環として「旧章略記」を完成し提出している。文化一一年（一八一四）六月には、勘定所を奉行所勘定方に併局し奉行統轄を実現した。

一御勘定所之儀、今度為御試、暫御奉行所御勘定方ニ併局被仰付候、此段一統可及達旨候條、已下例文

六月廿八日　　　　　　　　　　御奉行中(23)

これまでの町政を大きく改めたのは、天保一三年（一八四二）一一月、分職嶋又左衛門を寺社町方専職とし、寺社町奉行所を復活したことであった。

一新壱丁目町会所之儀今度寺社町御奉行所ニ被仰付、分職嶋又左衛門殿来ル廿四日より被致出席、拙者共以下も相詰於同所御用筋取計存之筈候条、諸書付且内意筋等是迄根取宅え相達来候分共惣て同所ニて相達候様、将又小前之もの訴訟筋之儀は筋々可申出儀勿論之事ニ候得共、万一町役抔之手許ニおゐて留滞いたし、訴訟貫兼迷惑ニおよび候様之儀も有之節ハ、町御奉行所詰合之役筋へ直ニ申出候様(24)

四　機密間の役職

①機密間の発足

文化九年（一八一二）九月、嶋田嘉津次編纂とされる「旧章略記」には、宝暦改革の概要が記されている。その内容は奉行所各分職毎の詳細な調査史料であり、奉行所の総合的な史料集となっている。その序文には「精粋之調ニ而者無御座、荒目にて御用ニ茂立申間敷候、勿論御政事ニ被執行候節者、此書冊中ニ引合候稜有之候共、其根本之御記録ニ

根合ィ之上可然候」と記している。ここで取り上げる機密間はその冒頭に記され、支配機構改革の中核となる、家老中の家老間詰や、機密間請込と佐弐役詰が記されている。これは宝暦五年（一七五五）二月、長岡助右衛門への書付渡に始まっている。

宝暦六年（一七五六）四月、奉行所内に大奉行堀平太左衛門の詰所として、新たに二間に三間の家を建て出座し、右の詰所を二間に一間継ぎ延ばして機密間と定め、律令格式調べ役長瀬宇平・中津佐助の詰所となり、六月には家老の月番が日番となっている。

一今度之志らへニ付而機密間出来可然と是迄右平太左衛門詰所を弐間ニ壱間継延機密間ニ相定四月廿六日より長瀬宇平佐弐役之始メ中津佐助相詰候様申渡候佐助ハ根取にて御座候

このようにして機密間は発足し、役所根取長瀬宇平と同物書中津佐助は、律令格式しらべ役として、この機密間詰となっている。「旧章略記」の冒頭には次のように記している。

機密間

一御家老之御用向前廉ハ自分宅々ニ而物書共
取計来候処宝暦六年より左之通
一唯今迄考績并職々最条等之極不分明黜陟
不同茂有之候条はきと相極
御下国之上可奉伺候依之貴殿請込調可被
致と蒲池喜左衛門江達有之候事

覚

当時迄律令格式不相立候故煩敷事も有之候

今度其方平太左衛門江しらへ申付候存寄
之儀不関古格しらへ可申事
右之御書附去年二月長岡助右衛門江
御直ニ御渡被成候拝見可仕置由ニ付記置候
事(25)

②家老出座の用意

宝暦五年(一七五五)二月、律令格式しらべ方について、堀平太左衛門へ申し付けの書付が、長岡助右衛門へ直々渡されたので、翌宝暦六年(一七五六)正月、長岡助右衛門から蒲池喜左衛門へ渡され、喜左衛門より堀平太左衛門へ申し渡しの上、役所根取長瀬宇平および同所物書中津佐助両人が、右の律令格式しらべ請込、機密間詰となった。そこで同年五月朔日より、月番の家老外に長岡助右衛門も役所へ日々出座と決まったので、書院の内を屏風で囲い詰所出来となった。五月朔日は長岡助右衛門・月番有吉大膳・清水縫殿・三渕志津摩など四人が出座、翌二日病気だった長岡少進が加わって、当日より全員の出座となっている。

宝暦六年五月奉行所家老間において、家老中日々出座および、家老・中老・大奉行・奉行等の合議体制が整い、大目付・目付列座も定まったので、出座の用意が進んでいる。

一掛硯弐組　　真鍮鎖前同水滴付
内ニ入組
中杉原継紙一巻宛
切延同一巻宛

表２　奉行所機密間御用紙

①　機密間御用紙品々

注「機密間御用ニ相成候帋品々之覚」「見合帳」（永青文庫蔵）により本田秀人作成

御用紙名	用途	期間(月)	数量	代銭	単価１束付
1　大奉書	条目上包・庁事条目・目録	午10〜未9 未10〜申9	2束4帖 3束帖	178匁7分5厘 214匁5分	71匁5分
2　中奉書	庁事御印条目上包	午10〜未9 未10〜申9	1帖	5匁3分7 請取不申	53匁7分
3　小奉書	条目調	午10〜未9 未10〜申9	 3帖	請取不申 10匁0分3厘	 40匁3分
4　大杉原	仰渡書付・勤状(宝歴6年改)	午10〜未9 未10〜申9	4束5帖 4束	111匁1分5厘 98匁8分	24匁7分
5　中杉原	請書・名前出・勤状・上包	午10〜未9 未10〜申9	3束 3束	54匁 54匁	18匁
6　大形封紙	他所取遣・奉行所名前仕出	午10〜未9 未10〜申9	2束 3束5帖	38匁4分 67匁2分	19匁2分
7　小形封紙	奉行所名前無差別使用	午10〜未9 未10〜申9	3束5帖 2束5帖	51匁1分 36匁5分	14匁6分
8　八代漉中折紙	伺帳紙	午10〜未9 未10〜申9	2束 1束	44匁4分 22匁2分	22匁2分
9　中折紙	覚書・同役取遣	午10〜未9 未10〜申9	5束3帖 6束	50匁4分5厘 57匁	9匁5分
10　切延紙小紙	奉行中取遣・機密間調方				
11　浅黄間似合		午10〜未9 未10〜申9	6枚	4匁8分 請取不申	8厘
12　美濃紙	士席名籍列席記・近習御次庁事分職等折本用	午10〜未9 未10〜申9	5帖 3帖	5匁5分 3匁3分	1分1厘
合 合		午10〜未9 未10〜申9		543匁9分2厘 565匁5分3厘	

②　機密間御用紙用様極

注「機密間御用紙用様極之覚」「見合帳」（永青文庫蔵）により本田秀人作成

御用紙名	御用紙用様	朱書之通り相究り候事
1 大奉書	御條目上包共ニ、他所御取遣、御奉札 御在府之節御書之御請、拝領方目録	御書之御請之儀も御勤状 同様中杉原ニ可被仰付哉
2 中奉書	御奉行所御印之御條目上包	
3 大杉原	御奉行所仕出御紙面、諸御觸状、江戸江之御勤状、減知被仰付候被仰渡写被仰渡ニ御呼出之筋病中ニ而不罷出人頭を以被仰渡候書付	中杉原ニ可被仰付哉
4 中杉原	御名前仕出之御紙面 組内之儀付而頭江御尋等之書付	並杉原ニ可被仰付哉
5 生漉中折	御窺帳	
6 中折	御請書等、一統御達筋之儀付而頭々江御渡之書付	切延紙ニ可被仰付哉
7 大形封紙	他所御取遣	
8 小形封紙	御奉行所并御名前仕出共	上小紙ニ可被仰付哉
9 切延紙	江戸御用状、御同席中御取遣 御小姓頭御奉行御用人江御渡被成候覚書	
10 上小紙	江戸御用状、御同席中御取遣之封紙	
11 程村紙	女御口屋出切手	中折ニ可被仰付哉
12 長延場形小紙	士席名籍小札	

小紙半帖宛
　下リ上筆一対宛
　上墨壱極宛
八代焼水入壱ツ宛
同帖入一ツ宛
一机二脚　横四尺
右之分ハ新ニ出来之事
通帳ニて請取　　但今迄御家老間ニハ中茶を請取候
　由ニ付止而ハ中茶請取申筈
一上茶五合
一臺子壱脚
一茶巾壱ツ
一金六枚屛風一管
一八代焼茶碗六
一羽箒弐本
一同弐枚屛風一帖
　　但鳩之絵也
　右之分ハ御勘定所より請取候也

などと記し、準備が進んでいる[26](表2)。

③機密間の詰方

宝暦の改革における奉行所の動きを見ると、政治改革の動向を詳しく見ることができる。宝暦五年(一七五五)二月、長岡助右衛門より堀平太左衛門へ古格しらべを申し付ける。同月、同じく長岡助右衛門より堀平太左衛門に諸制度の改革立案を進めるよう命じている。宝暦六年(一七五六)正月二五日、長岡助右衛門より蒲池喜左衛門へ書付を渡して、堀平太左衛門と申談し、律令格式を立てるため、古格しらべを申し渡しているのである。同年四月には、来月朔日から家老外長岡助右衛門の奉行所日々出座詰所出来となった。四月二六日には、役所根取長瀬宇平・同物書中津佐助が、平太左衛門詰所を二間に一間継ぎ延ばして機密間とし、詰所とするように申し渡されている。

「先祖附」によると、長瀬宇平は寛延三年(一七五〇)八月から御花畑へ召し出され、宝暦二年(一七五二)八月には御勝手方御用にも召されていた。宝暦四年(一七五四)七月には知行取之格となり、同五年(一七五五)まで奉行所詰を勤め、同六年(一七五六)六月奉行所佐弐役を仰せ付けられ、座配は郡奉行上座、役料五〇石、八木二〇俵とある。中津佐助は宝暦二年三月より江戸詰となり、連々出精を続けた後、同五年五月請込御用を勤めて賞され、同六年六月独礼を召されて奉行所根取を仰せ付けられると共に、この時足給一〇石、壱人扶持加増となり、その後は長瀬宇平の後奉行所佐弐役となっている。(27)

ここで留意すべきことは、奉行所の機密間詰が、右の両人だけではないことである。

(宝暦五年)五月七日　　　御役所御物書
　　　　　　　　　　　　　　千原只右衛門

只右衛門儀機密間詰被
仰付候段今日申渡堅メも相済候事
　但此誓詞機密間ニ差出候也

(宝暦五年)五月廿八日　　御刑法方請込
　　　　　　　　　　　　御物書　　幸　圓助

圓助儀機密間詰被仰付段今日申渡
堅メ茂相済候事

（宝暦五年）六月七日

甚次才右衛門儀機密間詰被
仰付候段今日申渡堅メも相済候事　中嶋甚次
栗津才右衛門

この外、家老間詰め坊主も宝暦六年四月より、御役所へ詰めるよう沙汰となり、同年四月二七日堅メの誓詞を申し付け、来る晦日より、出勤することになっていた。(28)

④機密間の請込

宝暦六年正月、役所根取長瀬宇平・同所物書中津佐助両人の、律令格式しらべ請込に続く機密間詰めの業務請込は、既に機密間詰めを仰せ付かっている先の四人の者達である。まず、御奉行所諸沙汰、士席已上諸願、同誓詞その外御用兼帯は千原只右衛門の請込、次に、御城内方・考績方・御印紙その外の御用兼帯などについては幸円助の請込である。また、他所状・士席已上人別帳その外の御用兼帯は中嶋甚次・栗津才右衛門請込である。これらの業務請込に続き、宝暦六年六月長瀬宇平に対し奉行所佐弐役を仰せ付けている。

覚　長瀬宇平

其元儀御奉行所佐弐役被仰付候ニ付今迄之請込御用ハ被成　御免候依之御家老中より沙汰筋之儀一式請持且御役所中瑣砕之儀一切承之分司〳〵之御用入組之筋成ハ難相決儀者根取御物書より都而遂相談候様及沙汰候而萬端無隔意公平ニ可被申談候尤機密間詰之儀者今迄之通可被相心得候以上

六月廿日

右の通りの趣を以て、根取中・物書中に対しても沙汰に及ぶなど、重要な改革人事となったのである。その後更に続いて、機密請の件が申し付けられている。

覚

一御印しらへ帳
一士席以上諸願之事
　但分司〳〵ニ而しらへ可有之ハ各別
一御侍帳及属候諸帳共ニ
一士席以上誓詞書物
　御家老中より被願置候分共
一士席已上人別之書付
右之分機密間請ニ被仰付候而しらへ済次第彼方江分司〳〵より可被引渡候事
　但　御印根帳之儀者今迄之通分司〳〵より可被記置候しらへ之節迄機密間請取申筈候
以上
六月廿三日　　根取中

右の通り、長瀬宇平のこれまでの請込御用御免や佐弐役就任、制度改革が進んでいる。(29)

おわりに

都市法制の中枢を検討するに当たって、まず取り上げた『藩法集7熊本藩』に所収する「井田衍義」の「町方え可申渡事」と、「永青文庫」の「町方記録之内」所収の「町方江可申渡事」が、同一文書によって作成された内容であることを確かめた上、藩主の意志確認が、「御印」を始め、「御諚」「奉書」などの文書によって明記されていることを確認することができた。右の町方記録は、数多くの文書史料のうちで、細川氏肥後入国初期のものとして、都市法制を検討する重要な史料となった。

肥後入国以来職務権限の異同を繰り返し、諸職の中で一貫して最上級職を続けてきたのは家老職であった。中でも一七世紀幕命による家老合議制・家老仕置制は、藩政に家老政治を推進させ、藩主の死去に続く幼少の跡目相続の難局を切り抜け、藩政の安定に向けて貢献したのである。当時の史料には貴重な町方記録を含んでおり、都市法制の中枢を検討するのに役立った。その後も奉行所を中心とする日々用番を続けながら、宝暦の改革期を迎えていったのである。

奉行権限の拡大方針は、肥後入国以来藩主忠利の一貫した政策であった。その後になると藩主側近の権限が拡大するようになり、奉行権限の拡大は制約を受けることが多くなっていった。その後になると、宝暦の改革が進み、奉行統轄体制による奉行中心の政治が推進されることになった。この時になって「市井式稿」が初めて編纂されたのに続いて、次々に町方法令が編纂され、幕末にかけて都市法制が充実していったのである。都市法制の上から見ても、宝暦改革は新しい時代への転換期であると考えることができる。

ここで特に取り上げなければならないものは、奉行所の機密間成立のことである。これは藩政機構改革の中核をなすものなのである。それは家老間の事務局であると言われているものである。そこには家老中の家老間詰があり、機密間請込や佐弐役詰なども新設され、ここが一八世紀から一九世紀における、藩政改革の中核をなすものであると考えられる。機密間出来後の機密間請と機密間詰に当たる、佐弐役のことについても、この機会に新たに再検討することになった。

このように都市法制の動向を見ていくと、宝暦の藩政改革に続く、天明期の打ち崩し、寺社町奉行所出来、文化期の大奉行嶋田嘉津次による「旧章略記」編纂、天保期の嶋又左衛門の寺社町奉行所再建などは、全て新しい時代を迎えるために動いているように思われる。最近宝暦から天明期、一八世紀の社会に注目した研究が進んでいるので、全国の研究動向にも注目することが必要である。

注

(1)『近世大名家の権力と領主経済』第一部第四章、一三二―一九三頁
(2)『藩法集7熊本藩』井田衍義二三三、一九四頁
(3)『右同書』井田衍義二三四、一九六頁
(4)『右同書』井田衍義二三五―二三六、一九六―一九八頁
(5)『右同書』井田衍義二〇九・二一三、一七五・一七七頁
(6)『右同書』井田衍義二三七・二三八、一九八頁
(7)『右同書』井田衍義二三二・二三九・二四〇、一九八・一九九頁
(8)『熊本藩の法と政治』「条々」六一・六二頁
(9)『右同書』「奉行条目」八三―八六頁
(10)『日本史研究』五八二、「幕藩政治秩序の成立」五九―八三頁
(11)『近世大名家の権力と領主経済』「家光政権期の幕藩関係」二二八―二五三頁
(12)『八代市史』「松井家先祖由来附」四―五、二八五―五一二頁
(13)『右同書』「松井家先祖由来附」六、五一三―六〇八頁
(14)『新熊本市史　通史三』二二八―二三七頁
(15)『八代市史』「松井家先祖由来附」五二四・五二九・五三三・六五六・八〇〇頁
(16)『熊本藩の法と政治』「重職職務分掌」三八―三九頁、六一―六二頁
(17)『右同書』「諸会議」一二六―一二九頁、「家老」一二九―一三〇頁

(18)『右同書』「職務」二九—三二頁、三三—三三頁、四〇頁
(19)『右同書』「注(45)」一四六・一四七頁、「奉行職務分掌」三八・三九頁
(20)『右同書』「寄合日」四七・四八頁、「注(76)」一四九頁
(21)『右同書』「奉行条目」八三—八六頁
(22)『熊本藩年表稿』一六二・一七一・二〇九頁
(23)『藩法集7熊本藩』「度支彙函」五九〇、七九〇頁、七八二、七六五頁
(24)『熊本藩の法と政治』「寺社町奉行所」二〇一頁
(25)『熊本法学』二一、「舊章略記」八九頁、八八・八九頁
(26)「見合帳」永青文庫蔵　熊本大学図書館寄託「家老出座の用意」
(27)「先祖附」「長瀬宇平・中津佐助」熊本県立図書館複製本
(28)「見合帳」永青文庫蔵　熊本大学図書館寄託「機密間詰」
(29)「右同書」右同「機密間請込」

第二章　都市法制の周縁

はじめに

都市法制の中枢に対する都市法制の周縁は、熊本・八代二つの城下町と、それに次いで重要な川尻・高瀬・高橋など三ヵ町を加えた、五ヵ町の都市法制である。まず中核となる熊本城下町から始め、次に三ヵ町に取り組み、その次に元和元年の一国一城制の特例として存続した八代城下町を中心に、四ヵ町について検討を進める。

熊本藩の都市法令を形式的に見ると、その成立年代は入国当初から宝暦改革の前後や、天保期後まで様々である。また対象とするのも、町方役人から町人に至るまで多様である。それを内容から見ると、都市の支配や運営に関するものから治安に関するものまであり、町人に対するものでは、移住や移動の外、営業に関するものが極めて多いと考えられる。このように多様な法制が、藩政の動向や町政の動向と共に、どのように成立し変容していったかなど、注意深く検討する必要がある。

熊本城下町には、武家・寺社・町人など、様々な身分による居住や空間があり、色々な社会が関わり合って成り立っている。それらを入国の初期から、宝暦の改革の前後にかけて、分節法制によって探り、検討する。社会的な結びつきについては注意が必要である。また、町人が居住する地域には、有力町人から奉公人まで、多様な者が居住するばかりでなく、移動や出入りも多く、それらの職業や営業に関わる社会集団も多様であると考えられるので、その分節法制については、一層注意が必要である。

三ヵ所町というのは、五ヵ所町の内から城下町の熊本・八代両町を除いたものであるが、これらの三ヵ町についての法令は、宝暦以後編纂・加筆された「町政先規集」と呼ばれる都市法令の中に記録されているので、それらの法令の中から選んで検討することになる。また、安政期になると、町方法令に関する頭書が無いことは不便なことであるということになり、この三ヵ町に関する頭書も作ることになり、明和期より天保期にかけた一冊についても編纂されたので、参考にする。

四ヵ町というのは、五ヵ町の内から熊本城下町を除いたもので、八代城下町の外には、川尻町・高瀬町・高橋町などの三ヵ町を含んだ町々のことである。ここでは「町政先規集」と言われる法令の中から、八代町および、八代町を含む四ヵ所町に対して出されているものを選び、四ヵ所町に対する都市法制について、検討を進めていくことになる。その中で八代町を中心に検討すると共に、関係の深い一部准町についても、その中に含めて検討するものである。

一　都市社会の法制

①入国後

熊本藩における最初の都市法令は、細川忠利が肥後転封を命じられて、熊本城に入城した翌年、寛永一〇年（一六三三）正月七日であった。判物には二人の町奉行の名がある。

町方ぇ可申渡事

一地子ニいたる迄諸役免除候事

一若公儀よりの御用候は、其儀は成程肝煎可申候、他所より使者之儀、宿已下も肝を煎可申候、造作之儀は一切町へ不掛候事
一其町之頭を申付、大形之儀ハ頭として肝を煎可相済事
一町奉行ハ不及申、其下々ニ少も物を取せ申間敷候、借銀・借米町方ニて借せ可申候、若此旨相背申候ハヽ、物を遣し町人も又かしら町人も同科ニ可申付候事
一此方より觸申候て掃除申付候外ハ、朝夕鷹野なとに出候時、町之掃除不及候事
右之條々町中え可申渡候、以上
正月七日　　忠利御判
吉田縫殿助殿
河喜多五郎右衛門殿(1)

『熊本藩年表稿』の寛永一〇年八月には、「また国中所々の町奉行八名を任命す」と記され(2)、『肥後文献叢書㈠』の「官職制度考二」には、町奉行として川尻町に一人、高瀬町に一人、高橋町に一人があり、川尻町奉行は五〇〇石高物頭格、高瀬町と高橋町奉行は、二〇〇石高平士職料、八代町については次のように定めている。

此所は都下より十一里南方にして薩州境辺要の城地なり正保の初年より家老松井佐渡守レ之代々此地の城代たり外に番兵四十餘人副守たり町奉行松井の家臣勤レ之熊本町は町方奉行の支配たるにより別に町奉行なし(3)

寛文三年(一六六三)七月の「奉得御意覚」には、町別当の丁頭設置が定まっている。

一御町中別当之下ニ、町頭と申候て大小町ニよらす両人宛別当共として仕立召置、町内之取次を申付候、町ニより丁頭無御座候て通り申候も御座候、今迄町頭御町中ニ百三人、此者とも御町役をも町内よりゆるし召置申候、役儀等もわきの者ともかぶりニ成申候、其丁頭ニ付、下ニて出入御座候通承付申候丁頭無御座候て不叶儀ニ御

座候ハヽ一人宛申付候様ニ可被仕と奉存候事、以上

寛文三年七月廿九日　町奉行(4)

②改革前

当時藩内では、独自の法令や制規ばかりでなく、一般に触れるよう触書も渡していた。元文四年（一七三九）三月、奉行所より町奉行衆中宛に「質屋之儀付而之事」と沙汰し、併せて藩内所々町奉行や郡奉行へも沙汰するよう申し付け、熊本町は直轄地となっている。当町では前々から質屋があり、それぞれ月二歩程の質を取っていたが、今は月三歩となった。質物の儀は三月までは見合わせ、三月過ぎたものは流れと定め、質物利相を堅く守るように申し付けている。付札によると、今以て質札には三歩とし、取り遣い方は二歩となっており、品によって歩相増減もあるので、札にもその通りにするよう宝暦四年（一七五四）六月になって、熊本町質屋共へ沙汰している。

寛保二年（一七四二）七月、奉行所より所々町奉行中宛、「御町之者御家中之家来又ハ支配ニ成候儀付而之事」に付沙汰し、併せて家中の者共へも沙汰し触方を命じている。町の者が家中の家来になり、一ヵ年限りの奉公は格別として、直に居懸の町宅に居住することを差し止めたものである。中には内証に色々企てる者もあるが、居屋敷・懸屋敷共に別当・丁頭に引き渡し、その後に町支配を除くように命じている。町中に家屋敷所持の者共は、町支配を除くことは許さなかったのである。このことは直轄地の熊本町ばかりではなく、川尻町・高瀬町・高橋町なども同じく、右の沙汰を申し付けている。

延享二年（一七四五）二月、奉行所より町奉行衆中宛、「判屋共御銀所ニ而銭改被仰付候儀付而之事」を沙汰し、同じく所々町奉行並びに郡奉行中への沙汰も申し付けている。当町の判屋共は金銀の通用が少なく、鳥目までの通用で一切包銀の通用がなく、渡世に難儀しているとして、御銀所へ町在より上納する銭を判屋共改め、その改賃請取方を願

い出たことに対するものである。右の改賃は包銀同前に、壱貫目に付き四匁宛納める者より受け取るように沙汰している。もし欠銭がある場合は、納者より受け取り、欠銭に不足がある場合は判屋共の改賃より弁済させる等、勘定方より沙汰している。

宝暦三年(一七五三)八月には、奉行所より川尻・高瀬・高橋町三ヵ町の町奉行及び、八代町については八代家司に対して、「町在之女御口屋出切手之儀付而之事」を沙汰し、八代家司には「其元所々改所之儀も可有其沙汰候以上」と記されている。熊本町は奉行所より直轄となっており特に記述はない。在中の女御口屋出し切手は前々より奉行中よりの連判を以て沙汰となっているが、熊本町の女は町奉行連判の切手で御口屋罷り出となっていた。今度の改正により町在の女御口屋出し切手は当番奉行一判で全て沙汰としている。この後更に在町の女に対する沙汰が続くことになった。[5]

③改革後

明和二年(一七六五)五月、「日帳」に「一、五銅・弐銅初リ後年米穀高直之節急飢之者取救之為ニ候事」と記している。[6]「雑式草書」一三を見ると次の通りである。

〔朱書〕「安永七年正月日帳
此五銅弐銅之儀、年々暮ニ至り相納来候処、以来ハ翌正月廿日より廿九日迄之内、無間違相納候様及達候事」
一町中掛〳〵ニ聊宛之用銀仕立候様被仰付候、右之旨趣ハ後年米穀高直之年柄も有之、末方急飢之者取救之ため之用銀ニ被仰付候、家持一軒より一ヵ月五銅宛之出銭、右之取立ニて若不同も有之候ハヽ、取計之趣次第ニハ戸口ニ懸候て之申談も、勝手次第之段達之事
但、十二月ニ至り納帳之下書相渡、尤當六月より

右明和二年五月日帳[7]

天明八年(一七八八)七月、町中丁頭共「奉願口上之覚」を、町中別当共の取次により、惣月行司より町方根取を通し、藪市太郎へ達している。この藪市太郎は天明七年(一七八七)一二月、熊本町支配の儀が藪市太郎一人に仰せ付けられ、町触となっており、新町御客屋隣の寺社町奉行所に出勤していたのであった。[8]

『熊本藩年表稿』の天明七年(一七八七)五月一八日に、「熊本古町・新町及び川尻等に打崩しおこる。歩札により穀類高騰のため熊本古魚屋町・呉服町・中唐人町・西唐人町・新二丁目に打崩しおこる。」と記され、同年六月には「徒党をくむものはすべて誅伐に処する旨を令す。」とある。[9]

天明七年五月一九日、

一何方之者とも不相知大勢致徒党、昨夜町家ニ入込数軒打崩、甚狼藉之仕形不届之至ニ候、依之又々右体之儀有之候ハハ可被召捕、若其場へたゝすみ居候もの之内人違ニ而押へ損候ても不苦旨被仰付候条、男女ニ不限壱人も罷出不申様ニ急度可申触候、以上

天明七年六月に、町方根取中より次のような「掟」を仰せ付けている。

何事によらす徒党いたし候事ハ堅キ御制禁也、まして私の恨により申合、家宅等打こぼち狼藉之仕方有之候ものハ頭取・与党之差別なく誅伐可被仰付也

と定め、先月一八日に狼藉に及んだ者共に、国元と大坂・江戸の米値段の動向についても読み聞かせの口達となっている。当時の米相場高値については、貧窮者に対する救い売りも仰せ付けていた矢先であった。[10]

④天保期後

天保期を迎えると、市中取締や御咎筋が増加しており、それらの法令化が進んでいる。天保七年(一八三六)三月、

寺社町方限りに取り扱って来た御咎筋について、刑法方との違いについて僉議を行ない、御咎筋は刑法方受のこととして差し廻し、軽情の儀については寺社町方に差し返しと定めている。その中には、出火類焼の事、往来日切等差し出し洩れの事、日限極諸書付の事、質屋札・無願・株極の事、商札不所持商売の事、旅人問屋客取扱の事、造酒屋商売の事、在中商売・小路内商売の事、魚商売触売りの事、年貢不納・新米買い取りの事、職人頼物の事、不正唐物取扱の事、商売筋取組もつれの事、町別当以下取り締り兼ねの事などがある(11)。

天保一四年(一八四三)正月には、友枝太郎左衛門が「市中取締筋受込」を仰せ付けられ、七ヵ条の条目を渡され、昨年設立した、町奉行所に時折詰め別当申談に加わった。第一条は公儀法度・国法遵守の事、第二条は衣服制度・質素倹約など教諭の事、第三条は商売方に出精する事、第四条は五人組の相互申談・一人の越度は組中の越度たるべき事、第五条は鰥寡孤独・急飢取救の事、第六条は何事も遠慮なく申し出る事、第七条は諸出銀を減らすように沙汰することなどについて沙汰しており、これらの条々を守り、商家の本意を失うことなく精進することを定めたものである(12)。

天保一五年(一八四四)八月、これまでは市中の者が不法なことをすると、刑法や懲役を仰せ付けられ、年限が過ぎると生所へ返し、人数が集まると町奉行所で教諭等となっていた。しかし、時には日月が過ぎてその時期を過ぎることがあったので、今後は刑法を仰せ付けられ、徒刑年限を過ぎた者を生所に返す時は、その翌日々々これまでの振合で、懸別当並びに親類・五人組同道の上、町奉行所に出向くように申し付けた。その際達しはせず定規と心得るように定めている。もし翌日休日等の場合は、その翌日々々に出かけるよう惣月行司別当へ達している(13)。

明治二年(一八六九)一月二日は、幕末の儒学者・政治思想家であり、肥後実学党の領袖となった横井平四郎(小楠)暗殺事件の日であり、「触状扣」には次の記録がある。

徴士横井平四郎ヲ殺害ニ及候儀　朝憲ヲ不憚以之外之事ニ候元来暗殺等之所業全以府藩縣正籍ニ列シ候者に者不

可有事ニ候萬一壅閉之筋ヲ以右等儀ニ及候哉　御一新後言路洞開府藩縣不可達之地ハ無之筈ニ候(中略)勿論府藩縣ニ於テ厳重探索ヲ遂ケ且平常無油断取締方屹度可相立旨被仰出候事(14)

などと記しており、刑法に限らず政治も経済も、領内でなく全国規模となっていった。

二　都市社会の分節法制

①改革前

承応元年(一六五二)一〇月、老中寄合の節「得御意申候覚」には、拝領屋敷を人に貸したり、空き屋敷にして町屋に居住する切米取り共に対して、町屋から外へ移るように申し付け、この切米取共の空屋敷は町のために悪いとして、屋敷奉行衆と談合し町屋敷に取り込むように御意を得ている。また寛文三年(一六六三)七月、町奉行直属役人共が町の者となじまないよう申し付け、その覚悟の無い者は差し替えるように申し付けている。(15)

入国当初の農政に当たっては、寛永一〇年(一六三三)二月、郡中「申渡条々」を惣奉行より郡奉行中に仰せ出し、国中の支配に努めている。その中で他国への走り百姓には「替之百姓」を村中として仕立てさせ、同年三月には「田畑売買之儀、従前々御法度之事」として、百姓内高主立て譲地は取り上げ無高百姓渡しを仰せ出している。(16)

一方町方支配に当たっては、「町方え可申渡事」を町中へ申し渡している。その中には「地子ニいたる迄諸役免除」などの外、「其町之頭を申付、大形之儀ハ頭として肝を煎可相済事」と記し、町人に別当を申し付けている。更に寛文三年(一六六三)七月には、別当の下に丁頭を別当共として仕立て召し置き、この者共の町役は町内よりゆるし、役儀についても脇の者共が負担することによって、別当に続いて丁頭を申し付けることになった。正保三年(一六四六)七月、「申上覚」「佐渡殿へ御寄合之節御相談ニて相究也」には、方々に町人を遣わしてその様子を報告させているこ

表１　分節支配の町方法令
注　『藩法集７熊本』『熊本藩の法と政治』の「町方法令」により本田秀人作成

番	年　代	分　節　支　配	関連法令	藩法番号
1	承応元年10月 (1652)	惣て切米取共町屋ニ居町をのけ可申哉切米取衆之明屋敷町屋敷ニ取込可仕哉(御老中御寄合之所ニて伺申頭書) 朱書「可然様ニ可申付候」「御奉行衆・屋敷奉行衆へ談合ニて可然」	井田衍義	247
2	寛永10年２月 (1633)	百姓悪敷事を仕他国へ走候ハヽ走所を可申上、無左候ハヽ替之百姓村中仕立	井田衍義	203
3	寛永10年３月 (1633)	在々田畑売買之儀、従前々御法度之事其村々百姓内高主を立譲地ニ取候事不届之至、左様之地方取上ケ無高百姓渡	井田衍義	204
4	寛永10年正月 (1633)	地子ニいたる迄諸役免除候事 其町之頭を申付、大形之儀ハ頭として肝を煎可相済事	井田衍義	232
5	寛文３年７月 (1663)	町中別当之下ニ町頭を両人宛仕立召置町内之取次を申付候	井田衍義	250
6	正保２年３月 (1645)	御職人町家売買ニ職人之外ニハ売申間敷由前々より被仰付、職人町之者迷惑 朱書「ミせも出シ如何様之売買も可仕也、御ふち人之分ハ家之うりかひ仕間敷也」	井田衍義	241
7	明暦３年７月 (1657)	法華坊主妙乗寺屋敷惣て地子屋敷ニて住持無御座、五人組ニ申渡番等仕せ候預り申候五人組迷惑かり申候、三ヵ寺より隠居所ニ仕度、地子ニて御渡可被成哉	井田衍義	248
8	寛文10年７月 (1670)	在々熊本町より役者を呼申間敷、在々雨乞・風祭立願之外在々御停止被仰付先御郡奉行之相違、奉行所之申達、受差図、御郡奉行よ御町奉行ニ申断	井田衍義	224
9	宝暦５年12月 (1755)式	御家中之家来給人段之者町家借宅候者町並ニ門松建候儀難成候事 朱書「安永６年12月日帳 町居住給人段之医師町並ニ門松建願致承知達付㑨医師故支不申候也」	市井式稿	24
10	宝暦６年10月 (1756)式	新米穀出来之上艇御蔵入も不致内、付出売払候者共有之、心得違之至、 売候代物買候穀共ニ取上ケ申付候 在中之及沙汰候間、町中之も申触 書込、安永３年米出買差留	市井式稿	35
11	宝暦６年閏11月 (1756)式	地子町並ニ有之、町人畜之者致居住、今度遂吟味相応ニ番公役貫銭等申付候 松雲院并慈徳庵地子ニ居候者、近年商売方手広く仕、本坪井町為助成、町並諸出銀、番公役差免、田子番、	市井式稿	39
12	宝暦５年７月 (1755)式	上方又ハ他所細工之品、御国ニて可出致出来品ハ、依願出他所入込差留 朱書「富山并日野表御国中売薬御免線香・桧物屋細工之柄杓他所入差留白箸類余計ニ出来兼他所入込差免」	市井式稿	51

番	年　　代	分　節　支　配	関連法令	藩法番号
13	延享4年2月(1747)式	町之者共深あみ笠を着、尺八を吹徘徊致し、他国者ニ紛候間堅不仕候様沙汰 　宝暦6年虚無僧本則往来所持吟味 　朱書「虚無寺之弟子ニ成候儀猥ニ有之候付、宝暦6年達之通心得候様」	市井式稿	107
14	宝暦6年閏11月(1756)式	町人畜之内、当分物貰ニ罷出候者共、町別当共より札を相渡可申候、若無札ニて罷出候ハヽ吟味之上可為越度 　毎年影踏之節、物貰人別当分札渡帳	市井式稿	110
15	明和5年12月(1768)諸願	家中支配浪人町宅借り度借シ度段願出士席浪人町宅居住難叶	雑式草書	111
16	天明元年9月(1781)諸願	家中隠居病身為保養町家裏借シ度願出類も無之、万一慮外カ間敷事抔仕出ては事六カ敷、保養之為と申儀難叶	雑式草書	112
17	宝暦12年6月(1762)日帳	在人畜之者町方え入込子細吟味達可申宝暦9年卯12月申触翌辰春差出達、 在所え引取可致渡世分ハ急度引取せ本所之可引取所縁無之者ハ町人数ニ被替、又ハ養子等ニ可被仰付	雑式草書	173
18	安永7年12月(1778)諸願	都て町人数之者他支配ニ成候ヘハ、居懸ハ不及申、重て町居住ハ難成事、他支配之者町家借宅願ハ吟味之上達	雑式草書	115
19	天明元年8月(1781)	町家之者他支配ニ相成度願出候時ハ、家屋敷所持者難叶、無餘儀者ハ家引渡	雑式草書	116
20	明和5年9月(1768)日帳	鍛治職札今度改渡、御用差支候節今迄之通作料定書並渡、職方候ハヽ札返納 　朱書、町中鍛治惣輪番鍛治方罷出	雑式草書	29
21	安永3年10月(1774)日帳	町鍛治共之内頭取を立置頭取之申付 　朱書、定出鍛治願書ニ頭取肩書	雑式草書	59
22	安永5年8月(1776)日帳	熊本町並寺院之内、内證ニて町屋敷買添境内ニ取入、不埒之至、町並差返仰付 　自今以後寺院之町屋敷堅売買仕間敷買添地方ハ坪数ニ応シ年限内役銀申付	雑式草書	64
23	宝暦11年6月(1761)	相撲取為渡世江戸え罷越居、年限ニ成依願3ヵ年逗留指免、猶又3ヵ年限逗留願出江戸より申来、無拠趣如願沙汰 　朱書、相撲取ハ別段と相見候、外之渡世ハ有之、影踏之節罷帰	雑式草書	182
24	寛政3年9月(1791)日帳	寺社町奉行所被差止候、廻役被差止、定廻之内3人寺社方町方御用兼勤達	市井雑式草書　乾	13
25	寛政11年正月(1799)日帳	御奉行所根取居住之屋敷、刀を帯候身分之内え譲度儀伺、町家ニ刀帯候者雑居不宜、近年新タニ借宅願不被成御免	市井雑式草書　乾	81
26	寛政3年正月(1791)日帳	在人数之者町家奉公去年一統指止候、其通ニては難渋有之今迄之通不苦候、奉公ニ罷出候節町家之風躰不仕様申付	市井雑式草書　乾	1
27	寛政3年4月(1791)日帳	構外本庄村懸出小屋解除達之処依願解除ハ御免、日小屋床御免之節之通	市井雑式草書　乾	6

番	年　　代	分　節　支　配	関連法令	藩法番号
28	寛政3年10月(1791)日帳	御府外え出買仕間敷段安永3年達候処近年御府外へ出買之者多、押買不埒之至候、在役人共見逢次第差押穀類取場	市井雑式草書　乾	14
29	寛政4年4月(1792)日帳	御府中地子屋敷之儀、相対之申談ニて町家之者借受候ハヽ吟味之上屋敷召上	市井雑式草書　乾	22
30	寛政7年11月(1795)日帳	御家中小路屋敷内ニ紺屋職之者居住し明和元年被差留、其後猥ニ相成染物を干候様子ニ付、廻役より吟味差留候様	市井雑式草書　乾	42
31	寛政9年3月(1797)日帳	熊本町鍛冶頭取共此度在勤中丁頭同列	市井雑式草書　乾	58
32	寛政12年5月(1800)日帳	町並ニ有之候寺院之内、20年を限町並ニ差返候様被仰付置、年限ニ至町役人え引渡候様被仰付置候へ共何方も甚難渋ニて、別段を以是迄之通圭角取計	市井雑式草書　乾	96
33	寛政3年3月(1791)日帳	他国之歌舞妓芸者等、芸興業ニ致懸候以前、滞留中御国法堅相守旨之証文当時迄受負より町方横目之已来別当差出	市井雑式草書　乾	5
34	文化2年6月(1805)日帳	近年歌舞妓興業被差留候以後、当春迄旅芸者五人迄、已来旅芸者差交難叶	市井雑式草書　乾	132

とが記されている。これらの者は、おんみつとして遣わされている者で、誓詞を申し付けられ受け人を立てさせ、長崎をはじめとして先々の様子を報告している者であった(17)。

職人については、正保二年(一六四五)三月、「覚」「御町萬御定老中かた書也」に、職人町の家売りは職人の外には前々より売買が禁止されていたのである。そのような時に家を売りたくないと思っても、職人の外には家を買いたいという者はなく、これらの職人町の者にとっては迷惑なことであるとして、寄合の老中に伺ったところ「ミセも出し如何様の売買も可仕也、御ふち人之分ハ家之うりかひ仕間敷也」と記されている。

宗教者の居住移動については、明暦三年(一六五七)七月寺院地子屋敷の記録がある。当時の法華宗妙乗寺は全て地子屋敷で住持は無く、五人組に番をさせていたので五人組の者から大変迷惑がられていた。その後法華三ヵ寺から隠居所として借用願いとなり、老中寄合の御意を得ることになった。それには「元来百姓地ならばもとへ戻し」「望の者年貢を出しかり候ハ、心次第」として町奉行共に然るべく申し付けている(18)。

②改革前期

宝暦五年(一七五五)一二月、家老長岡助右衛門の家来で給人段の武田専右衛門は、町家に借宅し、町並門松建てを願い出たが、叶い難しとして許されなかった。その後安永六年(一七七七)一二月になって、隼人家来医師は、新坪井寺原町に居住し給人段を申し付けられ、町並に門松立ての内意達しに対して、承知した旨の達しがあり、その付紙の中には「医師故支不申候也」と記されていた。(19)

享保三年(一七一八)正月、御法事などの節は自身番が免除される時であっても、自身番が申し付けられることになっていた。この自身番出役の負担は屋代を持たない町医の自身番勤め方は難儀のため、この後医師の自身番はこれから後免除されることになっている。その後の自身番勤め方について、兼々入念に役目を果たすように申し付けているが、中には廻り方を怠る者共があるとして入念に勤めるように触れている。(20)

宝暦六年(一七五六)閏一一月には、「一御掃除方地ニ居候者、一町地子ニ居候者、一寺院地子ニ居候者、一御年貢地ニ居候者」など、町並に色々な地子地があり、町人畜の者が居住して、それぞれ商売をしていることが記されている。これらの町並にはそれぞれ町並の番公役があったが、中にはこれらの町並の番公役を勤めない者共がいるというので、今度吟味を遂げ相応の番公役を申し付けることになっている。

宝暦五年(一七五五)七月、町方で商売をしている細工物は上方や他所細工の品々が数多く、御国町家衰微の要因として国内出来を求めて、出来の品は申談の上願い出るように沙汰したので、附木・本結・白箸・杉箸・塗箸・杉楊枝・白締油・晒油・珠数など多数の品が他所入り込み差止となった。しかしこれらの品々の内白箸類は国内で余計に出来かねるとして、箸細工の者共の願いにより他所入り込み差し許しとなった。(21)

延享四年(一七四七)二月、町の者で深あみ笠を着け、尺八を吹き徘徊し他国者に紛れるようなことをしないよう沙汰していた。宝暦六年になって、虚無僧の本則有無が国中で吟味となり、本則往来を所持している者はそのまま行脚を許し、紛らしい者については本則往来を吟味の上、廻役より押さえるように沙汰となっている。それ以来虚無寺弟子になりたい者は寺社奉行奉行所に達して指図を受けさせている。

宝暦六年（一七五六）七月、座頭共の内で町在共に問題の所に出かけて、祝物を前借りしたり、祝事のある時頼みを受け、前借と言って鳥目を要求するようなことは不都合として、借用するか貰うことはその通りとするが、前借というようなことは決して許さないよう申し付けている。(22)

③改革後期

明和五年（一七六八）一二月、浪人者が塩屋町の町人宅を借りたいと申し出、町人の方も当分貸したいと願い出たが、士席浪人の町宅居住は叶い難しとされた。その後しばらくたった天明元年（一七八一）九月にも、病身の武家隠居が出京町町人の屋敷裏に居住したいと願い、町人の方も貸したいと願い出たが、侍身分の者の町居住は類例もなく、保養のためというのも聞き入れ難いとして不許可となっている。(23)

宝暦一二年（一七六二）六月、在人畜の者が町方へ入り込んでいることについてなおまた達しとなっている。奉公人や定日雇などで町方入り込み者共の内、在所へ引き取らせるべき者は引き取らせ、長くなって本所へ引き取る所縁の無い者は町人数に替えるか養子などにするよう仰せ付け、町人畜入り込みについては法に定める通りに双方より願書を差し出させ、それぞれ願いの通りに町人畜入りを仰せ付けている。(24)

安永七年（一七七八）一二月、町人数の者が家中譜代など他支配になり、町人数を放れ重ねて町居住は禁じられており、他支配之者町家借宅願い出は厳しい吟味を加えている。天明元年（一七八一）八月になると、町家の者が家中または寺院の譜代など他支配になりたいと願い出た場合は、まずその者が町並に家屋敷を所持しているかどうかを吟味し、所持する者の願いは叶わず、余儀無い者の家屋敷は丁役引渡と決めている。(25)

明和五年（一七六八）九月、鍛冶職札をこの度改め渡すことにし、御用が差し支える場合は今まで通りに作事所に出役して勤めるように申し付け、釘や鉄物普請道具等を記録通りに打ち立てた上、定め通りに作料を渡し、職方を辞める場合は札を返納するよう定めている。安永三年(一七七四)一〇月には、鍛冶方御用については町鍛冶共惣輪番で勤めることになっているが、方角を限り町鍛冶共の内より頭取を決め、何事も頭取申し付けとした。(26)

安永五年(一七七六)八月、熊本町並寺院の内には内証で町屋敷を買い添え、境内に取り入れ家作などをしていることは不埒であるとして、町並に返すように仰せ付けられた。しかし長年のことにより二〇ヵ年を過ぎたものは仕法を立て、地床は町並に差し返すように定め、墓所になっている分については町役人立ち合いで坪数を改め、垣を仕切りこの後一間一尺たり共堅く広めないように書付にして、寺社奉行所へ差し出させている。

宝暦一一年(一七六一)六月、呉服三丁目相撲取は渡世のため江戸行きを願い出、三ヵ年の逗留を許されていた。ところがなお三ヵ年の延長が必要になって、三ヵ年限り逗留願いが江戸より届いている。影踏の節帰国することに定まっていたが、相撲取は別段であるとして、願の如く三ヵ年の逗留延期の沙汰となっている。(27)

④改革後

寛政三年(一七九一)九月、この度寺社町奉行所が差し止められ、同じく廻役も差し止めとなり、定廻の内の三人の者がこの節より寺社方町方御用を兼勤することになった。寛政一一年(一七九九)正月には、新坪井堀端町に居住していた奉行所根取が、刀差身分の者に譲りたいと伺ったところ、町家に刀帯びの者が雑居することはできないことで、新たな借宅願いは許されないが、数十年居住の後刀差への引き譲りは故障が無い限り認めた。(28)

寛政三年(一七九一)正月、在人数者の町家奉公は去年差し止となったが、そのままでは難渋する者があるとして、今まで通りに認めた上厳しく吟味の上、町家の風躰を禁止した。同年四月には、紺屋新今町構の外本庄村懸出小屋は、内町の障になるとして解除の達しとなったが、願により解除は取り止めとなり、天明三年(一七八三)日小屋床御免の節の通り、莚覆い等で毎日取り片付け、沓・草鞋・木ノ実などまでの商売と定めている。[29]

寛政三年一〇月、在中抜け米の達しとなり、府中外への出買については安永三年に差し止めていた。しかし最近出買の者が多く途中で押買する者があるとして、抜け米見締や在役人共に見付け次第差し押さえ取り上げるように申し付け、町中に達している。寛政四年(一七九二)四月には、御家人や浪人陪臣などの名前の府中地子屋敷を町家の者が相対の申談で借り受けることがあるとして、吟味の上屋敷召し上げを達している。

寛政七年(一七九五)一一月、家中小路屋敷内に紺屋職の者が居住し、添物を干したりすることは、明和元年(一七六四)八月に差し止めていた。しかしその後紺屋職の者が再び居住して営業するようになったので、廻役より吟味の上差し止めることになっている。寛政九年(一七九七)三月になると、熊本町鍛冶頭取共はこの度の僉議によって、在勤中丁頭同列に仰せ付けられ、文化二年(一八〇五)一〇月鍛冶方を改め、町鍛冶請負となる。[30]

寛政一二年(一八〇〇)五月、町並寺院の内町屋敷を内証にて買い取り、境内に取り入れた分については、安永五年吟味の上二〇年を限って町並に差し返すように仰せ付けていた。しかし何方も甚だ難渋のため願書差出しとなり、寺院の困窮不穏筋のために別段を以てそのまま差し置き、町並出銀並びに年々改め方などについては、これまでの通りに取り計るように達している。

寛政三年三月、他国の歌舞妓芸者は芸興業に入るまでに、滞留中国法を遵守する旨の証文を、請負の者より町方横目に達して町別当に差し出し、中印の上町方根取達とした。また文化二年(一八〇五)六月には、近年歌舞妓興業差し止めの後、旅芸者軽業は許し、歌舞妓興業については御国芸者までとし、旅芸者の差し交り興業は叶い難しとした。[31]

三　三ヵ町の法制

本節では、熊本藩中で重要な五ヵ町のうち、町方分職奉行直轄支配の熊本町と、松井家家司支配の八代町を除いた三ヵ町に関する法令を、町方法令から選んで記すことにする。

①三ヵ所町

明和五年（一七六八）一二月、御銀所の判銀に欠け銀がある場合、封のまま差し出させた。両替屋共に対してもこれまで達していることであり、今後も欠け銀が見付かった場合には、封をしたまま差し出すことである。その上で御銀所の印には差し障りとならないように、その包紙に銘々の印形を加えて差し出すよう、宝暦五年（一七五五）正月に続いて達している。右のことは、三ヵ所町奉行へ達したものである。

明和七年（一七七〇）三月の達しは、陸口・湊口出入諸手形のことである。これらの月越しになった諸手形は使用することが出来ない定めとなっているのである。この月越しと言うのは、中に一ヵ月を隔てていることで、当月の手形は来月晦日までは差し支えなく使用できることになっており、年を越えても同前のことである。右のようなことではっきりしない点もあると思われるので、川尻・高瀬・高橋など三ヵ所町奉行に達したものである。

明和七年九月には、在中商売物について、御免の品以外は在々に持ち越し商売をしないように、宝暦三年（一七五三）に達しているが、近年乱れて密かに持ち出して商売をしていることは不届きである。このような商人が在中に入り込まないように心を付け、もし停止の品を持ち込む者がいたら、荷物を残らず押さえ村役人へ達し、郡代吟味の上下されている。また、百姓共の酒隠し売りについても不届きであるとし、厳しく停止を申し付けている。商人共の法度の品隠し売りについては、厳しく取り締まるので堅く守るように申し付けた。そこで、熊本町はもちろん書き付けを以て四ヵ所町へも達となっている。

明和七年一一月には、下方売買代銀滞り方について、今後相対の借り物、売買取替共に取り上げられることになり、郡代より伺いの通りに承知せしめることになっている。下方の売買は全て相対のことであり、互いに堅く申談を重ねることはもちろんのことであるが、相対の取扱には不埒なものもあるので、そのようなものは訴え出ることが必要である。相対の儀は取り上げないということになると、いよいよ理不尽なことが増長し、交易が滞ることになるので、できるだけ相対で済ませることとし、止む得ない場合出訴としている。借り物の儀については売買物と違い、理不尽な取引は訴え出て裁許すべきことである。右の通りに郡代へ達となり、平太左衛門より書き付け渡しとなって、川尻・高瀬・高橋町奉行へも書き付け渡しとなったものである。[32]

②川尻町

本項は、三ヵ町のうち川尻町への諸達を、町方法令の中から選び記したものである。

宝暦一〇年(一七六〇)五月、領内の廻船が商売のために長崎へ行く時は、積荷などを茂木・網場浦より歩荷で長崎へ送っているので、長崎歩荷問屋並びに両浦で船宿を決めるよう、去る閏七月達していた。ところが宇土・川尻よりは油荷物をこれまで歩荷問屋へ着荷していない。もし脇方で紛らしい商売をしていないか疑問がある。そこで両浦より歩荷で送る場合は、いよいよ以て船宿を申談し、長崎の歩荷問屋へ着荷するよう川尻町奉行へ達している。

明和二年(一七六五)二月、大坂において公儀御船借笘屋久兵衛が請込を仰せ付けられ、諸廻船公儀御用の節は、異議なく借立の由、既に御国船も去る秋頃より江戸廻りを始め、この後の往来は御手船・浦船共に改め、出帆の節々渡されることになっている。商売船・御手船・浦船共に肥後御手船に紛れ無きよう、調え方を心得るよう勘定頭より川尻町奉行への意向に付き、奉行所より町奉行所へ達している。往来手形渡しも改められ、熊本町人のうち荷船を所持している白木儀右衛門三艘、新大工町善五郎一艘など、合わせて五艘についても、船持ち共へも達している。その後大坂への渡海には、すべて往来手形並びに大坂留守居への添手形を持参するよう達している。

明和三年（一七六六）一〇月、御荷船並びに浦船、その外御借し下げの船共に、御米積み船については、川尻津方より改め方を行なってこなかったが、今後は一通り川尻津方より改め方を行ない、下着の節はその度毎に改めることになった。また右船々の積み米の外は積み廻ししない筈であるが、船頭共が内々に自分の商売物などを積み加えており、不届きなことである。今後もしそのような心得違いの者がある場合は、船頭は申すに及ばず、船主並びに船宿共に厳しく取り締るよう仰せ付けている。

明和五年（一七六八）一二月、川尻町の別当共は全て門松を建てるようになっている由、このことを外の町と見比べて見ると適当ではないので、今まで勤めて来た別当が勤めている間はそのままとするが、今度申し付けられた別当からは、門松建て方を認めない旨選挙方より達となっている。ただし今までの別当は加納孫兵衛・山田甚十郎・山田甚兵衛などであり、今度申し付けられた者は米屋孫十郎であった(33)。

宝暦五年（一七五五）五月には、家中家来の者が町家借宅に居住し、町並に門松建ては差し止めている。しかし家中家来の医師が町居住し、町並の門松建てについては、医師故差し支え申さずとした。

③高瀬町

本項は、三ヵ町の一つ高瀬町に対する諸達を、町方法令の中から記したものである。宝暦六年（一七五六）閏一一月、高瀬町緒方定助について、別当役を申し付けられるように達となったので、その通りに達するように返答されることになった。丁役入替の儀については、その後も申談を続けるように達となり、申談の後間もなく名付達となった。このような時に前もって達ができない時は、格別な場合であると達している。ただし、この時分は玉名郡代が高瀬町奉行兼帯となっていた時であった。

明和三年（一七六六）三月、水戸様御逝去のため日数七日は諸事慎み、唱え物や高声などを出さないように触となっている。この節に限らずこのような時には、談議や法談などを止める必要はないか、高瀬町奉行より根取まで問い合わせとなっている。この件についてはその時々の軽重によることであり、今度の場合は寺役の鐘突きや説法などは止める必要はないと返答している。

明和六年（一七六九）九月、高瀬町奉行高瀬三郎助は実姉忌服があるので、繁根木社能興行の節押して出ることについて、神拝などの窮いをしているが、神拝などは遠慮すること、その外の儀はいつもの通りの心得とするよう達となっている。右の高瀬三郎助は明和五年（一七六八）二月、末松佐助の跡役として高瀬町奉行を仰せ付かった者であった。

明和五年二月四日

一高瀬三郎儀末松左助跡高瀬町御奉行被仰付候事

同七日代り合相済候段達有之候事(34)

安永四年（一七七五）七月、高瀬町の女が伊勢参宮をしたいと願い出ることになった。今まではその時々に達することになっていた。その定式の一つには、支配所の者が他国へ出たいと願い出た時の定めがあり、もう一つには支配所の女が他国へ出たいと願い出た時の定めがあった。右の条々の定めによれば、この処へ達する必要はなく、今後は直々に申し付けるということを根取より申し達している。

安永三年（一七七四）一一月、当年より飢寒の者救いのため、揚げ酒本手拾本永代御免や、御救、銀引き渡などが達となったが、町集銀並びに酒本手貸銀共に帳面に仕立て、見届け印形などとなり、代替の節は請取渡しについて、分職へ達となった。右の書付は口の間で町奉行松野七蔵へ渡し、終わりの一ヵ条については、高橋町奉行の外、川尻・

ている。[35]

高瀬町奉行へも、高橋町奉行松野七蔵より通達することとなり、集銀等の帳面代り合いの節は双方より書付達となっている。

④高橋町

本項は、三ヵ町の一つ高橋町への諸達を、町方法令の中から選び記したものである。宝暦七年（一七五七）七月、高橋町の盆後踊は、一八日・一九日の内に仕出すよう書付達となっている。これは例年極まっていることであり達には及ばずとなっている。

一高橋町盆後踊、十八日・十九日之内、仕出申ニて可有之段、書付達有之候、例年極り候事ニ付、以来被相達候ニ不及段及達候事

安永八年（一七七九）四月、小嶋河口番所へ、手錠二つを用心のため渡すことになり、高橋町奉行達により渡されることになった。

一小嶋河口御番所え、手錠弐ツ用心之為被渡置度趣、高橋町御奉行依達被渡下候事

安永八年九月、高橋町が近年特に零落し、今のままでは次第に衰退し、城下町近くの津町として外聞にも関わることであり、取立の仕法もなく、第一問屋共の商売にも影響することで、旅人商売仕切りもできず、次第に入津も減り、貧窮者の生活も難渋することになり、拝借は急場取救いに過ぎないので、別当その外の役人共に才覚銀ばかりでなくて、町中取立のことを参談するよう申し付けている。また格別の手だてとして銀一〇貫目一五年賦返納にて拝借が仰せ付けられ、櫨方より出し方となった。脇才覚による永久取立の仕法はないことなどについて、町奉行野々口勘左衛門へ達となっている。

文政二年（一八一九）六月、高橋町より石塘磧より上に平田船を登らせ、積荷をすることは、当四月一七日に出来な

いと達していることである。しかしこの件の取計は高橋町の立ち行きにとって重大な問題である。また細工町の船屋共にとっても重要な問題であるので、磧所がせかっているうちに磧上に平田船六艘を登らせ、高橋町より積登った荷物は勝手次第とし、御用船は認めず不足の船は今まで通り細工町の船を借り受け、全て坪井川筋・高橋川口までの通船の仕法として決めることが、後年のために大切であるとしている。

まず、石塘磧所明きの節、高橋町より積み登りの荷物として、商売品はもちろん、御用物・家中荷物一切は高橋町の船で、何方までも積み登らせること。次に右同断の節熊本より積み下ろす荷物は、御用物・家中荷物共に細工町船屋共の船で本船まで積み越し、商売荷物は高橋町まで積み下ろしとすること。前条の磧所がせかっている時は、前文の荷物磧所下は上下共に高橋町の船で運送することとしたが、文政九年(一八二六)八月に、細工町船持共より磧上は細工町、磧下は高橋町荷積みなどと願い出ている。また、高橋町の手船六艘にて不足の節は細工町船屋共より借船積み方、細工町船屋共の手船不足の場合は、相互に借船し合い、他所の船を借りることは叶い難しとしている。(36)

四　四ヵ町の法制

本節は「城下町に准る町」「川尻町　高瀬町　高橋町　八代町」「是を四ヶ町と云」われている。町方の直轄支配地となる熊本町を除く四ヵ町関連法令を記すことにする。(37)

①四ヵ所町

明和元年(一七六四)閏一二月、領内銅唐金が不足し、きせる屋共の願いにより、古地金の他国出しを差止となった。四ヵ町への達は町諸達帳に記されている。

安永二年(一七七三)正月、当春影踏の節、一五歳以上の男子へ高札の読み聞かせ方を守るように、蒲池喜左衛門より申し付けている。忠孝のことより切支丹宗門のことまで、右のうちに元禄一二年(一六九九)三月に仰せ出された、人売買のことを加え写した上、惣月行司光絵《(え)》伊左衛門へ渡し、懸々にも写し置かせ、町物書より読み聞かせるように、別当一人宛を呼び出して申し付けた。この儀について、川尻・高瀬・高橋町も右に准じ、八代町は安永九年(一七八〇)八月町奉行より問い合わせがあり、返答している。

安永三年(一七七四)四月、今度川尻・八代より長崎へ出向いた旅人は、往来並びに手形は持参はしているが全て滞留日数が記されず、この旅人滞留日数については厳しく改めることであり、今後添手形に滞留の日数を書き加えるように達となっている。この旅人滞留の儀については、既に明和八年(一七七一)五月に達しており、同年の触れ状控えに詳しく記されている。

安永七年(一七七八)三月、他領へ出かける時の往来の儀については、享保年中に文案を渡している。しかし当時においては文面を改めるべき所もあり、左の通りに文面を書き付け、五ヵ所町へも達することになった。

　往来

一男　壱人　　　肥後国何町
　　　　　　　　　何　某

右は、就用事何方え罷越候、宗門改置、紛敷者ニて無之候條、御改所無異儀御通可被下候、已上

　年号月日　　　　御名内
　　　　　　　　　何　某

　　所々　御改所

右のような他国諸用往来に当たっては、他国往来願いを差し出し、往来手形と添え状を持参することが定まってい

たのである。(38)

②八代町

本項では、四ヵ町のうち八代町に関するものを、町方法令から選んで記すことにする。

宝暦六年(一七五六)六月、今度文格が出来ることになったので、八代寺社町の儀について、家司または町奉行より達する文式についての問合に、左の通り達している。

家司名

何之　何某

御町方　何之　何某

御奉行衆中様　何之　何某

都　太兵衛様

清　新助様

右の通りに仕出すようにとあり、名前にて仕出す場合は、家司名は右同断、宛先については

とするように通達している。また町奉行より寺社町の儀は根取へ通達するよう返答している。前々は町奉行より直に役所へ達したが、延宝年中より役所へは家司、郡方・勘定所へは、町奉行より達するようになっている。

安永四年(一七七五)七月、諸役所御用の品々は、高橋町への廻船があり、乗組の船頭は当時まで問屋着けをせず、請合の役人またはその役間の担当者の間で取り計らった。しかし高橋町へ入り込む船は、全て宿を定め、町奉行より小宿札を渡し、滞船中は小宿より引き受けることになっており、万一町中に何事か起こったら、町奉行では処理できないと言うので、役所請込の荷物などは、高橋町の佐敷屋弥十郎へ申し付けるように達している。その後は地旅借船

の差別なく、この佐敷屋へ問屋着けとなっている。世話料として鳥目弐分宛船頭共より受取となっている。そこで御用物積み廻しの節は、そのことを船頭へ達することと定めた。ただし、八代より用事の品を積み廻す時も、右同様に心得るように家司へ達している。

安永六年(一七七七)六月、八代浜御蔵御用のための役人宿について、町奉行より定宿を決めたいとの内意があったが、役人の滞留期間は僅かに三ヵ月程のことにつき、定宿建て方は話が大きく出し方にもなることであり、過分なもてなしに役人も迷惑すると言うので、役人に対する会釈は止め、役人が渡した米銭に対して取り計らうようにと通達している。そこでその後は年々出向くことになる役人にもこのことを知らせ、御蔵方へも達するように返答している。その後、天明二年(一七八二)二月には、この定宿の儀について、天明元年に拝借を願い出たが叶い難しと達している。(39)

③准町・四ヵ町

本項では、熊本町並仰せ付けの佐敷町と、四ヵ町に関する法令を選び記すことにする。享和元年(一八〇一)二月、佐敷町内には在郷町が入り交じっているので、今度僉議となり、佐敷町同様に熊本町並に仰せ付けられ、宝暦七年(一七五七)佐敷町へ達となった通り、御郡並の御用は今まで通り諸事郡代の指図を受けることになるとして、今後迷うことがないように達している。

文化元年(一八〇四)一二月、川尻大渡の川船渡賃は、以前から決まっていないようなので、町奉行より伺いがあり達となった。渡守の書付によると、妙解院代には六人に六艘の渡し舟を造り、一人より一銭を受け取り、渡守振札は町奉行渡し、引き替りには印形改めとなっていたが、最近は一人前二文宛受け取りとなっている。町在直取り立てはこれまで通りで、下益城・菊池・玉名・合志・山鹿・飽田・八代・宇土・熊本町年分請負高は決まり、俵物または鳥目受け取りなどとなった。

文化三年(一八〇八)一一月、国中浦々諸漁船については、漁運上が仰せ付けられており、漁師共で内船往来を所持している者は、商船同様に他国渡海もやることなので、今後船往来を所持する者は、漁運上・帆前運上両方共に仰せ付けられることになった。また漁船を持たず、船往来まで持っている者もおり煩わしいので、右の往来は取り上げるように達することになっている。これらのことは三ヵ所町(川尻町・高瀬町・高橋町)だけではなく、八代町奉行へも達となっている。

寛政一〇年(一七九八)五月、八代本町の井楼屋儀左衛門は、主水殿(松井営之)の用向きを勤めて、扶持を渡されていたが、今度家来分の扶持人に召し抱えられ、宮崎儀左衛門と改める旨家司役より達となった。町衆の者が家中譜代や一番抱えの家来になることは、願出次第であるが、直に町所に居懸ることはできない定めとなっているので、不容易なことであるが、八代町で見合もあることなので、別段を以て抱え方となるように達している。

寛政一一年(一七九九)二月、右の主水殿より扶持方渡されることになった。八代町人に苗字を許されることについて、留守居より佐弐役安東角之允まで問合が行なわれ、町人数の者が上より御免の外は、苗字を名乗ることはできないことであると言われる。しかし、家中の家来に召し抱えられ、苗字刀が許されることは苦しからざることとされた。このことについては筋々に願い出た上、達を待つように返答している。これらのことについても、四ヵ町の諸達となっているものである。(40)

④四ヵ町の町人

本項では、四ヵ町に関する法令について、町方法令の中から選んで記すことにする。

(文政)一二年(一八二九)八月、川尻・高瀬・高橋・八代町別当以下の町役人などの相続願い、賞美申立などの達し込みの節には、郡横目・横目などに、見聞き方を仰せ付けられる筈であることが達となった。

天保四年（一八三三）一二月、町人の養老米は、郡同様に本方より三俵、支配方よりは二俵、合わせて五俵宛が、年々渡されることが決まっている。ただし、四ヵ所町は右の通りであるが、熊本町は町方より三俵渡し、その後本方より二俵・都合五俵渡となった。

文政元年（一八一八）一〇月、熊本町並びに四ヵ町の商人共が在中に持参する商売の品々が乱れて、決まりが守られなくなったので、決まりを守らない場合はその品々を取り上げ、その違反の程度に応じて咎めることになった。文化一〇年（一八一三）の達も守らず商売する者は、見付け次第に糺し方となり、品物を取り上げることを重ねて達方となっている。

文政七年（一八二四）四月、熊本町並びに四ヵ所町の商人共が、在中に持参して商売する品決めについては、これまで達となってきたが、この度郡代よりの内意によれば、寺社々の祭礼の節に限り、別段を以て在中商売決外の品々も持ち越し商売することを認めることにし、その外は祭礼日であっても一切在中における決外の品々商売は認めないことを達している。その寺社の数は一二ヵ所を数えることができる。

文政二年（一八一九）八月、この年より格別倹約が五ヶ年の間年延ばし仰せ付けられ、屋作・衣服・飲食に至るまで、これまでの心得を守り、奢りや無駄使いをしないよう達している。まず、日常の衣食住に関する新規のものを取り止め、贅沢や無駄遣いをやめることである。町家の法度筋を守り、家業に精を出し正直に商売をし、正道な利潤を以て商売すること、また町家の者は、侍中や御家人に対して無礼無作法を無くすことが大切であるとしている。右のような心得を以て、違反することの無いように四ヵ町へ達している。

文政一〇年（一八二七）一一月、例年厳寒に向かう頃になると、各支配内においても、一衣不着の者共が飢寒に及ばないように、年々取り救いとなってきた。一衣不着となっている者については、天明八年（一七八八）に達となっている通りである。元々鰥寡孤独や病者不具や非常の災難などで、一衣不着の者やその身の力が及ばず、難渋している訳であるので、仁慈の筋を以て取り救うべきものである。常々から役筋はもちろん五人組などよりも心を付け、気立てよく産業に心懸けるように惣月行司へ達し、四ヵ町へも通達している(41)。

おわりに

入国当初の都市法令には、町奉行に公事聞を兼務させており、小身の者では不適当であるとして、五〇〇石以上の者を任命するなど、町奉行任命を重視する法制が目立っている。これは三ヶ町の町奉行任命にも見られることである。また、町奉行配下の直属役人を始め、町人身分の別当や丁頭などの町役人も早くから設置し、熊本町を直属とする都市法制が整備され、改革の前後から後期にかけて、「町政先規集」と言われる法令も制定されると共に、次第に修正増補を重ねて充実することになった。

熊本町は、藩内の中核となる城下町として、熊本城を中心に武家屋敷や寺社屋敷の外、町人が居住する町屋敷などが並び、極めて身分的な社会・空間構造を呈する町並となっている。しかしそこにはその構造を乱すような、様々なことが起こり続けていたのである。拝領屋敷を人に貸して、自分は町家に住んだり、町家に村人数の者が入り込む者がいるのに対して、町人数の者は家中奉公を求めて、家屋敷の問題が起こる等問題が続いている。町並寺院の町屋敷買いや、職人の家売りなども問題となっている。

三ヶ所町の法令では、陸口・湊口出入諸手形を始め、在中商売においては御免外の在々持ち越しをしないように申し付け、下方の売買では相対取り扱いで不埒なことがないように申し付けている。もし理不尽な取引の場合は、出訴して裁許を願い出ることとしている。川尻町では、長崎や大坂への廻船取り組みや、積荷を始め往来手形・添手形持参を定めている。津町の高瀬町では、町奉行任命や伊勢参宮の場合の定めを申し付け、高橋町では盆後踊りの外、高橋町取り立てのこと、石塘磧通船のことなどの定めが記されている。

四ヵ所町の法令では、影踏の節の読み聞かせを始め、長崎への往来手形や添手形の定めが記され、滞留日数の書き入れを厳しく達している。往来の儀については、享保年中より、明和八年、安永三年、同七年などと度々達している定めである。

八代町については、町奉行の達する文式を始め、高橋町への廻船の心得、八代浜御蔵御用のための役人宿のことが記されている。また、熊本町並に仰せ付けられた佐敷町への達があり、加えられている。

本章では、都市法制の中枢に対する、都市周縁の法制を検討するために、熊本城下町を中核とする藩内五ヶ町に対する法令を探り、その形式や内容について検討を重ねてきた。都市法制はその中核を占める統治機関の法令ばかりでなく、その周縁を占める五ヶ町の法令をも含めた検討が必要であり、更に今後は准町を始め在町などについても、検討する必要があると考えられる。

注

(1)『藩法集7熊本藩』一九三・一九四頁「井田衍義」二三二
(2)『熊本藩年表稿』四四頁寛永一〇年八月是月(郡文(御郡方文書略号)
(3)『肥後文献叢書㈠』一一三頁「官職制度考一」「町奉行」
(4)『藩法集7熊本藩』二〇八頁「井田衍義」二五〇
(5)「触状書抜」(朱書)一九・二七・三九・七九、永青文庫蔵　熊大図書館寄託、(以下同)
(6)「町方日帳目録」昭和二年五月(右同)
(7)『藩法集7熊本藩』八四三頁「雑式草書」一三
(8)『熊本藩町政史料一』五二二頁「奉願口上之覚」
(9)『熊本藩年表稿』二二九頁「打ち崩し」

(10)『熊本藩町政史料一』四八七・四八九頁「打ち崩し」「掟」
(11)『熊本藩の法と政治』七〇八・七〇九頁「市井雑式草書　坤」一一二
(12)『右同』六六二・六六三頁「市井雑式草書　乾」一四三
(13)『右同』七一五頁「市井雑式草書　坤」一一九
(14)「触状扣」「府藩県取締方」永青文庫蔵　熊大図書館寄託
(15)『藩法集7熊本藩』二〇四―二〇六、二〇八頁「井田衍義」二四七・二五〇
(16)『右同』一七三・一七四頁、「井田衍義」二〇三・二〇四
(17)『右同』一九三・一九四・二〇八、二〇〇・二〇一頁、「井田衍義」二三二・二五〇・二四三
(18)『右同』一九九・二〇六頁「井田衍義」二四一・二四八
(19)『熊本藩の法と政治』五九一頁「井田衍義」二四
(20)『右同』五九二・五九四頁「市井式稿」三〇・三七
(21)『右同』五九六・六〇〇頁「市井式稿」三九・五一
(22)『右同』六一二頁「市井式稿」一〇七・一〇八
(23)『藩法集7熊本藩』八六七頁「雑式草書」一一一・一一二
(24)『右同』八八四頁「雑式草書」一七三
(25)『右同』八六八頁「雑式草書」一一五・一一六
(26)『右同』八四七・八四八・八五五・八五六頁「雑式草書」二九・五九
(27)『右同』八五七・八九三頁「雑式草書」六四・一八二
(28)『熊本藩の法と政治』六二四頁「市井雑式草書　乾」一三・八一
(29)『右同』六二〇・六二一頁「市井雑式草書　乾」一・六
(30)『右同』六二四・六二七・六三三・六三七頁「市井雑式草書　乾」一四・二二・四二・五八・一三六
(31)『右同』六五〇・六二二・六六〇頁「市井雑式草書　乾」九六・五・一三二
(32)『藩法集7熊本藩』八七三・八七四・八七四・八七四・八七五・八七五頁「雑式草書」一三五・一三六・一三九・一

四〇
(33)『右同』八七二・八七三、八七三頁「雑式草書」一二九・一三一・一三二・一三四
(34)「町方御奉行触頭書」永青文庫蔵　熊本大学図書館寄託
(35)『藩法集7熊本藩』八七七・八七七・八七七・八七八・八七八頁「雑式草書」一四六・一四八・一四九・一五〇・一五一
(36)『右同』八七七・八七九・八七八・八七九・九一八頁「雑式草書」一四七・一五三・一五二「市井雑式草書附録」四五
(37)『肥後文献叢書㈠』一一二頁
(38)『藩法集7熊本藩』八四三・八五三・八五四・八七六・八七六・八七七頁「雑式草書」一一・五二・一四一・一四四
(39)『右同』八七九・八七九・八八〇・八八〇頁「雑式草書」一五四・一五六・一五七
(40)『熊本藩の法と政治』六五一・六九九・七〇〇・七〇一・七〇二・七〇三・七〇三頁「市井雑式草書　乾」一〇一、「市井雑式草書　坤」八〇・八四・九四・九五
(41)『藩法集7熊本藩』九一二・九一三・九三四・九三四・九四二・九四三・九五二頁「市井雑式草書　附録」二五・二七・一〇三・一〇五・一四一・一七六

第三章　都市法制の町方記録

はじめに

都市法制の記録は多様であるが、ここでは五ヵ町の中核となる熊本城下の熊本町と、それと直結する八代城下の八代町の法制記録により、都市法制や都市社会の検討を進める。熊本町では奉行所の「町方記録之内」と、奉行の町方支配を役とする「惣月行事記録」、八代町は「松井家司日記」及び「町会所記録」を選び検討するものである。

熊本町の「町方記録之内」では、細川忠利の家督相続後から肥後入国を経て細川綱利代に続き、元和一〇年より寛文三年までに及ぶ町中支配の儀について、町奉行の申請に対する直命御諚および家老中の肩書や前書の御諚である。その中には家中や家中奉公人、町のことや町に住む町人の外、町に出入りする他国の人や物など、町中支配については多様な社会や空間を含んでおり、分節的構造の検討が必要である。

熊本町の「惣月行事記録」は、惣月行事《（司）》が選出された貞享元年（一六八四）から、弘化三年（一八四八）まで書き継がれた、町政を担当した惣月行事《（司）》の「記録抜書」であった。その中には、公儀のこと、家中のこと、譜代家来や奉公人のこと、町中のこと、別当をはじめ町役人のこと、諸職人のこと、寺社をはじめ宗教者のこと、その他町中に居住する者ばかりでなく他国より出入りする者のことや、居住する屋敷のことなどについても検討する。

八代町の「松井家司日記」は、公儀・藩庁の触状や達を、松井家重役の家司衆が記録した日記である。この記録の中には幕府の公儀触を、奉行所機密間より松井家中へ達したもの、倹約を組中に達したもの、秤改め・分銅改め・舛改めなどの外、判屋・質屋のことを沙汰したものもある。これらを見ると松井家御用や組中に関するものがあるが、町中の者や寺社・宗教者に対する触などにも及ぶ沙汰が記録されている。

同じく八代町の「町会所記録」は、安永五年(一七七六)会所内に町会所出来により、正保三年(一六四六)以降松井氏家臣から任命する町奉行による、八代町方記録である。記録の中には、公儀衆通行のこと、家臣の役宅取り建てのこと、入国後の八代町奉行のこと、正保三年以降の八代町奉行のこと、宝暦六年(一七五六)の八代町奉行の役向きのこと、八代町中支配のこと、八代町奉行の寺社支配のことなど、様々な町方記録である。

これらの記録の中には家中や町中の者ばかりでなく、在中の者や寺社その他多様な者が含まれ、それらの社会構造についても留意して検討する必要がある。また居住する屋敷など空間構造についても検討しなければならない。その外まず注意する必要があることは、記録内容ばかりでなくその形式であることも重要なことである。

一　町方記録

①忠利代(入国前)

細川忠利は元和七年(一六二一)正月家督を相続し、同年四月家督御礼のため参府している。その後小倉城に入城した忠利は、寛永三年(一六二六)五月小倉を出船し、同年八月には上洛して左近衛権少将に昇進することになった。

家督相続後元和一〇年(一六二四)二月の記録は、藩主留守中の公事に付伺い形式の御諚である。初めの一月定公事日伺いには「可然候」と、朱書きによる自筆肩書がある。その後に記される「公事承候所」、侍中に「罪科有之時」、僧衆や「社人衆・山伏衆なとの儀」、重罪の者や他国の者、「御先代之事を申者」「御年寄衆」「三人之内相煩」、「御国之者他ぇ走」「養子之儀」「借銀・借米之儀」などにも、それぞれの自筆肩書がある。右の記録のうち武家奉公人の公事は様々である。「切米時ニ走り」受人より前給を立てた時は「月引也」、奉公人の取り逃がし分物を受人に要求する時は、「見はからい可有之事」、奉公人を取り逃がし女子を取り遣わした時は、「如定」、奉公人走り受人にかかる時は、「書物のことく」、喧嘩が起こった場合は、「けんくわハ両方成敗也、けんくわニて無之事ハ其様子ニより可申也」などと記されている。

元和一〇年(一六二四)二月、公事聞米田興右衛門が藩主忠利の自筆肩書を受けて、右筆頭飯田才兵衛に宛てた御諚の「覚」には、年寄として式部少輔・頼母佐両人を上げたことに対し、「両人也、けん物を可相添候也」とあり、奉公人の切米不足につき、いとま乞いには、「奉公人ハ年季次第」などとあり、御陣普請の時については「可為各別事」として、御印を得ている。

次に記される一七の条々には全て御印があり、最後には「壱冊之御帳之写也」とあり、「御印帳」の町方記録であることが明確である。その中の「人うりかい仕間敷御諚」の外、しち物・盗物・下人に続く物をかい走り者には「走り人仕様によりせいはい」、女出入り・当町とらへ者に続く川口粮米のことには、「兵粮なと可申付候米不足候ハ、」両人相心得「其段はからい候へ」、喧嘩出来に続く町人・奉公人の受けには、「町奉行へ届置候ハ、書物之ことく」、火出し・しち物焼失には「しやうこなき事ハ同心申間敷」などの自筆が記されている。

寛永三年(一六二六)四月の「覚」は、町奉行所管の町人買物取り締まりについて、承認の御印を惣奉行に宛てて申請したものである。この「覚」が写であるため日下には「御印」と記され、町奉行によって執行されたものである。(1)

②忠利代(入国後)

表１「町方記録之内」 注：永青文庫蔵「町方記録之内」『藩法集７熊本藩』により仝田秀人作成

藩主	番	「町方記録之内」史料	形　態	宛先　町方役人	藩法集
忠利	1	（元和10年）（1624）正月７日 町方江可申渡事	直命・御諚 自筆書出し	町奉行・公事聞 吉田縫殿助殿 川喜多五郎右衛門殿	232
	2	元和10年（1624）２月24日 御留守之時御分国中之公事可承旨被仰出候ニ付奉伺条々	伺い・御諚 自筆・肩書	公事承候所 村上八郎左衛門　月４日 米田與右衛門　月２日	233
	3	元和10年（1624）２月28日 覚	回答・御諚 肩書・御印	公事承 米田與右衛門　判 （右筆頭） 飯田才兵衛殿	234
	4	（壱冊之御帳写）	御印・御諚 後書・御印		235
	5	寛永３年（1626）閏４月12日 覚	直命・御諚 御印	町奉行	236
	6	亥（寛永12年）（1635）９月11日 御書之写	奉書	奉行 川喜多五郎右衛門　判 町奉行 吉田縫殿助殿 吉住半右衛門殿	237
忠利	7	寛永12年（1635）11月13日 御書出之写	奉書		238
	8	覚	奉書		239
	9	寛永16年（1639）３月８日 札銭不出覚	奉書		240
光尚	10	正保２年（1645）３月４日 御町萬御定御老中御かた書也 覚	御諚	（町奉行） 貴田角右衛門 小崎五郎左衛門	241
	11	正保２年（1645）11月15日 御老中御相談ニて相極候書物 覚	御諚	（町奉行） 貴田角右衛門 小崎五郎左衛門	242
	12	正保３年（1646）７月６日 御町之儀諸事得御意候覚書 申上覚	御諚	（町奉行） 貴田角右衛門 小崎五郎左衛門	243
	13	正保４年（1647）３月10日 正保４年３月御上絡之刻萬得御意候覚書 覚	御諚	（町奉行） 貴田角右衛門 小崎五郎左衛門	244
光尚	14	慶安２年（1649）２月25日 覚	御諚	（町奉行） 貴田角右衛門 小崎五郎左衛門	245
綱利	15	慶安４年（1651）８月20日 覚　御老中御寄合ニ伺候頭書也 （老中）長岡監物・長岡勘解由・沢村右衛門	家老政治 合議・仕置 御諚	（町奉行） 国友半右衛門 吉住傳右衛門 （奉行） 浅山修理・堀江勘兵衛	246

藩主	番	「町方記録之内」史料	形　態	宛先　町方役人	藩法集
綱利	16	承応元年(1652) 10月24日 得御意申候覚　御老中御寄合之処ニ而伺申頭書也 (老中)長岡佐渡・長岡監物・長岡式部・有吉頼母・米田左馬・長岡勘解由	御諚	(町奉行) 国友半右衛門 吉住傳右衛門 (奉行) 浅山修理・堀江勘兵衛	247
	17	(明暦3年)(1657) 7月5日 覚　御寄合之時相極ル也(老中)長岡式部・有吉頼母・長岡助右衛門・長岡勘解由	御諚	(町奉行) 国友半右衛門 吉住傳右衛門	248
	18	(万治2年)(1659) 7月 覚　御老中ニ伺申候覚書(老中)式部・頼母・監物・奉行	御諚	町奉行 吉住傳右衛門 国友半右衛門 中村市郎右衛門	249
	19	寛文3年(1663) 7月29日 奉得御意覚　(朱書)此旨書之通最前口上ニて御老中へ伺申候	御諚	町奉行	250

細川忠利は元和七年(一六二一)正月家督を相続し、寛永九年(一六三二)一二月には肥後転封、翌年正月町奉行吉田縫殿・川喜多五郎右衛門に対して、町方支配の基本となる五ヵ条の「町方江可申渡事」を命じた。これは藩主が命じる町中支配の直命御諚である。その中には地子にいたるまで諸役免除、公儀御用・他所使者の宿などの肝煎、町に造作の負担をさせない、町の頭(別当)申し付けと肝煎、町奉行および配下の者の贈収賄禁止、申し付け以外の掃除は町に負担させないことなど、当時公儀となっている条々を命じている。

(寛永一二年)(一六三五)亥九月の「御書之写」は、寛永一一年(一六三四)に町奉行から惣奉行となった川(河)喜多五郎右衛門が、町奉行吉田縫殿助および河喜多五郎右衛門の後、町奉行となった吉住半右衛門の両名に対して、藩主忠利の指示を取りまとめ、後日のために判形を得て申し付けたものである。特に町中の儀については奉行人によくよくわけを聞き、念を入れて申し付けるように命じている。

同じく寛永一二年一一月の「御書出之写」は、同年二月惣奉行より郡奉行中への「御書出之写」と同文で、惣奉行より町奉行中へ申し付けたものである。その中には藩主留守の時に御用が閊《つか》える場合は、横目を申し付けて諸奉行へ届けること、国中にて迷惑に行きつまる者が自害のことには、郡奉行へ目安を上げるよう申し付け、国中にて済まざる公事は町奉行に済ますよう、公事の日を定め横目を呼ぶこと、郡奉行も公事批判申し付けには横目を申し付けることなど、町奉行へ申し付けているのである。

寛永一〇年(一六三三)二月には、すでに酒・糀・馬・塩・小間物などの品々については、商札の発行を行なっていた記録がある。(2) 札銭出し方と考えられる「覚」には、「小判壱匁、銀子五拾五匁、同三拾五匁、同三拾目、同弐拾五匁」を記した後に、商札に関する記述がある。割たばこをする者は銀子一枚、今より引籠人はその役一ばい、酒の振売は熊本町中、在郷共に古より売方差止と記し、町方の分は町奉行が商札を渡し、郡方の分は郡奉行渡しと定めている。これは商札を渡すことによって札銭差し出しを進めるための政策である。

右の「覚」に続く寛永一六年(一六三九)三月の「札銭不出覚」は、駄賃取り、塩売りを始め、在郷よりのやさいうり、浦々より出る肴うり、薪うり并びに松ふしうり、農具うりなど六ヵ条の分は札を出させ、札銭は出させないように定め、薪売りについては札なしに売方を申し付けている。これらの書物は家老衆及び奉行相談の上決まったもので、覚のために召し置いたものである。(3)

③光尚代

寛永一八年(一六四一)藩主忠利が逝去し、光尚が遺領相続すると、万事忠利代の如く政治を行なう旨を仰せ付けた。正保二年(一六四五)三月「覚」(二四一)は、去年本庄移り三ヵ町の札銀御免の外、えり銭売り方、童札銀なし、扶持放された者の札吟味、職人町の者迷惑の件などに付、老中・奉行・横目寄合相続のうえ、老中肩書きの御諚である。それに続く「覚」(二四二)は、上方より抱え下ろしの女の縁付きおよび町中置き方外、本坪井町借家町人の本国戻し方、新二丁目惣兵衛書物の件受け取り申し付け、郡中神事市商売について商い罷り出申し付け、新二丁目町人傳左衛門米積方について、吟味の上積方申渡しなど町奉行申請の「覚」について、老中相談による老中肩書御諚である。

正保三年(一六四六)七月の覚書(一二四三)は、町奉行より町支配の「申上覚」について御意を申請したものである。それに対して家老中は長岡佐渡方に寄合相談の上、合儀仕置きは老中肩書として朱書される、「御町之儀諸事得御意候覚書」となったのである。嶋原乱後の方々町人遣わし方には、確かな者を遣わし銀子を渡すこと、他国奉公人には横目大方付け方、町に居住する親・兄弟を折々尋ねる者は不苦、町中振り売りする者の相談銀子減らし方、町奉行配下の四人歩小姓、一二人町廻り者の切米加増、屋敷遣わし方、門番、町人の出入り、町中奉公人屋敷遣わし、町人かけ事の過怠申し付けなど多様である。

正保四年(一六四七)三月には他国酒・客屋夫役・他国奉公人扱方等が定められた。他国酒はよく売れ、御国の酒屋共は迷惑に付、奉行共相談により運上負方、他国酒留方について相談次第の事、御客屋夫役については、まず年中町中より夫仕い、人数七千、銀子三貫目程、町中にて普請の時は町中人足出し、方々竹木取りなど奉行共相談の申し付け、御国の者、他国者については、御国の者共に申し付けることに定め、町末方々勢屯見せ出しには、何時でも引き壊しができ見苦しくないように申し付け、身上苦しき他国者には本国遣わし申し付け、他国奉公者は様子見など、「御上洛之刻萬得御意候覚書」である。これに続いて藩主光尚は、留守中について「仕置覚書一五条」を老中長陶監物・沢村大学他四名宛に出している。[4]

慶安二年(一六四九)二月の町奉行より御詮申請の「覚」には、諸奉公人の儀について家持にても渡すこと、不入の場合は相対に決めること、家中よりかまう者については、かまいばかりなら町に置いても苦しからず、町人の在々酒売りには在郷にても運上を出し、二重になって迷惑していることに対しては、奉行共と談合を申し付ける等の御詮となった。[5] 町中支配については町奉行の諮問により七ヵ条の覚書となっている。[6]

④綱利代

綱利代を迎え幼少相続による家老政治が展開することになった。慶安四年(一六五一)八月の「覚」は、町奉行が老中長岡監物・長岡勘解由・沢村宇右衛門寄合に伺った頭書である。その寄合の席には奉行衆浅山修理・堀江勘兵衛が参会している所だったのである。まず在郷商売停止になり商札を上げた商人の運上については、運上なしとの儀が定まり、当町人が在郷にて胡麻・荏子・その外の物を買うことについては、不極との頭書である。在々宿町の市に商人が出向き、色々な物を売買することは、村々付け入りを差し止めた。御諚に背いて在郷出入りの商人の取締については過怠か時機によっての定め、家中の下々の者や百姓が町へ出て理不尽な行動をとった場合については不定儀とした。

承応元年(一六五二)一〇月の「得御意申候覚」は、長岡佐渡御上り前、長岡式部宅にて老中長岡佐渡・長岡監物・長岡式部・有吉頼母佐・米田左馬允・長岡勘解由外、奉行衆浅山修理・堀江勘兵衛参会の所にて、町中支配の儀について町奉行が伺った頭書である。町中えんひき宿の者屋敷を借屋・空屋にして町屋居住については、然るべくと申し付け、このような所は町並・火の用心など悪く、町屋敷取り込みを奉行衆と談合然るべくと定めた。立田口須戸の空地、町の心得悪き別当を別人に申し付け、古町手永を分けるよう申し付け、その他町くすし町医仰せ付け・町役御免については、玄昌申し出の通り申し付けとなった。

明暦三年(一六五七)七月の「覚」は、老中長岡式部・有吉頼母佐・長岡助右衛門・長岡勘解由、長岡式部宅にて寄り合い、町奉行申請の町支配の儀についての仰せ付けである。嶋原走りの町人の取締については、町奉行に聞き届け町の作法の如くに申し付け、無住となった法華寺の地子屋敷は、百姓地なら元に戻すなど、町奉行相計らい申し付けること、町に集まる一五貫目については、町用銀として確かな者に預け置くこと、町くすし御用については、軒役御免にて方々召し仕いを申し付け、町籠に御用のくすしには薬代渡し召し仕い申し付け、長六橋向こう側空地片側町を両側町にして商売したい等も御意となった。

万治二年(一六五九)七月の「覚」は、長岡式部宅寄合の老中有吉頼母佐、長岡監物および奉行衆に対して、三人の町奉行より、町中の儀についてその御意を求めている。大坂町人の酒樽川尻持ち下り、熊本町人売渡については、樽主の申し出に対して買い主の申分は埒明かず、持家を売らせても済ますように申し付けるべきではないかと伺っている。また、家中侍衆の米町人買取代銀滞りにも、家を売り支払うよう伺っている。

寛文三年（一六六三）七月の書付は、預りの町内を締める別当は交替させ、町奉行配下役人の差替別当の下に丁頭申し付け等「奉得御意覚」である。(7)

二　惣月行事記録

①貞享より宝暦まで

都市支配や都市社会の実態を把握することは、重要なことであるが極めて困難である。ここで取り上げた『惣月行事記録抜書』は、貞享元年（一六八四）から弘化三年（一八四八）まで、詳細な熊本町の町方記録となっているので、検討を加えてみることにした。

延享四年（一七四七）三月の公儀触には、旅人の内掟を破り無法な者に対しては、この者を改め、それに従わない場合は役人より定めの趣旨を話し、それでも異儀を申し立てる者は差し留めて、江戸へ訴えること。町人へ会符を貸し武家の荷物にすることは堅く禁止すること。道中宿々で悪党者が飛脚の賃銀をねだり取り、旅人に対しては酒手などをねだり取る者に対しては、その所で捕らえ役人に申し出ることなどが記されている。

宝暦二年（一七五二）七月の町奉行差し止め、町方奉行支配については、まず七月二五日四人の別当を呼び出して奉行より直に仰せ渡し、翌二六日に心得方を町中に沙汰した。同二七日には別当中を残らず呼び出し、公儀法度遵守、奉行所役間へ振舞音物停止、奉行中加役差止、両社神事の節桟敷止め方、軒懸出銭減らし方、奉行中祝儀無用、年始

表2　「惣行事記録・公儀記録」　注：熊本大学蔵「公儀諸御沙汰」（マイクロ）、『熊本藩町政史料一』により本田秀人作成

年	西暦	月	「公儀諸御沙汰」熊本・八代	月	「惣月行事記録抜書」公儀御触
宝暦					
二	一七五二	九	人別出銅御沙汰筋	九	人別出銅上納
				二	（公儀御自分御精進日書付渡）
					※（　）は公儀御触の記載なし
三	一七五三	正	太守様御通之節之御沙汰	七	唐物抜荷之儀ニ付御達
		七	唐物抜荷御沙汰　公儀并熊本	一〇	灰吹銀・潰銀等売買停止
		八	家中より在中江罷越之沙汰		
四	一七五四	四	金銀懸合候分銅改之儀	三	多賀明神勧化御沙汰
		五	町在之者通用升之儀	四	（分銅改　心得方等委敷記）
		七	於田野鷹野網懸之儀		（舛之儀紛ら敷升通用不致様）
			春光寺参詣之節唐戸外より	一二	酒造米之儀
					貞享改暦　改暦宣下
五	一七五五	一〇	八代町内新規升拵改方沙汰	二	火事之節、火消方之儀御触
				四	博奕御制禁、
六	一七五六	四	切支丹類族御沙汰筋	正	大坂両川口水尾さらへ申触
		六	思召ニ而非常之御赦免之沙汰	六	（思召之旨非常之御赦免仰出）
		一一	責馬并遠乗之儀ニ付沙汰	一一	（町人虚無僧之弟子成沙汰）
		一二	虚無僧之弟子ニ成候儀沙汰		
七	一七五七	二	雨天之時分出会候節相木履		
			御留守中御留守居大頭唱仰出		
		一〇	人別御達之儀沙汰		
八	一七五八	三	祝事等之節酒長之儀沙汰	三	古金銀質入之儀停止達
九	一七五九			三	金銀掛合候分銅ニ付達
一〇	一七六〇	三	朱并朱墨売買之儀ニ付沙汰	三	朱并朱墨商売之儀ニ付触
		五	御家中之小者山江薪取沙汰	八	金銀吹替風説取締達
			御家中之子共たつ揚ニ付沙汰		
一一	一七六一	二	夜々致徘徊烏乱者之儀沙汰	三	唐船抜荷之儀御制禁触
		九	金銀質入之儀ニ付沙汰	九	文字金銀并古金銀ニ付申触
一二	一七六二			三	寺院へ田畑寄附譲地取締
一三	一七六三			正	竹千代様、官位候迄ハ若君様と奉称之儀
				八	広東人参商売停止触
一四	一七六四	六	唐船江相渡候煎海鼡干鮑之儀		

祝物の停止などについて、奉行所より町触となっている。

宝暦九年(一七五九)二月には、下々奉公人来春より抱え方等の儀について、その年も奉公するのか、奉公を止めて本所に戻るのかなどを聞きただし、在人畜の者については当時如何なる業にて渡世しているのかを確かめるように達して、下々奉公人抱え暇差し出し、在人畜ものの屋敷差し置きについて、家中沙汰の書き付けおよび、在人畜のものの町家入り込みの書付差し出しなどについて、町奉行所より別当共へ沙汰している。

宝暦二年(一七五二)八月には、藤崎宮祭礼に付御能番組差し上げ、町横目詰方の外太夫品々拝領、一五日御能の節の奉行間達し御樽差し上げなどを、年行司・別当共へ達した後、藤崎宮祭礼に付町中割賦は、合一貫九百二五匁六分八厘出し方を仰せ付けている。その中には折品々代、御客屋道具品々入目、料理人雇賃、夫方入用、太夫・役者・幕揚げ夫賃、楽屋・随兵・敷物等小屋渡し分などがある。

宝暦五年(一七五五)一一月には、国中山伏・陰陽師・座頭・瞽女・願人坊主・比丘尼などに札渡となり、無札のものはその所に押さえ置くことに仰せ付けているのである。その後町人の内虚無僧の弟子成りは達、物貰の者は町別当共より札渡となり、無札では物貰いに出ることを認めず、無札の場合は町役人まで越度を申し付けている。それに続き物貰札渡し方を町方根取中より別当中へ再度沙汰している(8)。

②明和より天明まで

この時代も公儀触は多岐にわたって続いている。明和七年(一七七〇)四月には徒党を唱え、強訴し逃散することを禁じている。徒党・強訴・逃散の訴人には銀百枚を下した上、帯刀・苗字御免とするなど、村々へ触れると共に高札を立てさせることにしたのである。この度国中町在高札場に高札が立てられることになったので、町方にもこの書付などを写し、町奉行所より町中の者共にも触となっている。

家中家来の者に対しては下々の者に至るまで、明和九年(一七七二)八月法外の行為に走らぬよう諸事慎方を達したが、天明八年(一七八八)八月を迎えると、酒店などで色々と申し分を構えて法外の取計をした場合は、たとえ刀を差しているような侍であっても用捨なく押さえ置き、役向きの者に申し出ると共に、別当・丁頭・組頭などにも承知させ、町中に対して達するよう町方より申し付けている。

町中には様々な町人が居住して色々な商売を営んでいるが、明和四年(一七六七)九月には、細工町の斉藤茂左衛門に国中の蠟惣問屋が仰せ付けられることになった。蠟商売に当たって仕法筋を守り、自他蠟共に惣問屋改めを受けて行なうように数ヵ条を達している。明和九年(一七七二)一〇月になると、願によって惣問屋を御免となり、櫨蠟売買改め方の儀は新二丁目旅人問屋惣会所へ受込に変更され、惣会所で改印を受けている。

家中並びに熊本寺社町人雇いの諸職人共手間料については、安永八年(一七七九)二月に作業所より改方を通達している。天明八年(一七八八)八月になると、上より渡された麻苧を町中より抛り立て上納し賃米を渡され、その後は受込を交替して上納した。この畳糸縒賃は当時町中役間高割り賦で、取り立て役所に上納となっていた。寛政元年(一七八九)七月になると、去年が見合わせのため二年分が櫨方会所上納となった。

町中で地神経を読み、諸祈禱を勤める盲僧共は、以来青蓮院門跡の支配となることが、天明三年(一七八三)七月に定まり達となっている。このことは公儀触にも記している。領内の者で虚無寺の弟子になりたい者は、寺社奉行所に裁許を願い出るように通達されていたが、近来裁許を受けずに虚無僧修行する者が見られるようになったので、宝暦六年の達を堅く守るように改めて天明七年(一七八七)一一月町中へ通達している。

天明三年(一七八三)二月、熊本町中貧窮者や小路屋敷借日雇稼等の内に対し、窮飢救蔵米渡の仕法替の口達があった。その中には今までの米屋売米を差し止めて、丁頭渡とすることを決め、一丁限りに丁頭受込とし、一・二ヵ所に売場を立て、丁頭外町役人が交代で詰め、難儀の者共へ白米五合・一升宛売り渡している。(9)

③寛政より文化まで

諸家参勤交代にとっては、前々から道中継人馬がいつとなく増加したことから、享和三年(一八〇一)になると、人馬賃銭二割増ばかりでなく助郷・宿方も難儀となり、継人馬減らし方が公儀触となっている。道中筋宿々人馬賃銭割増は続き、書付渡となっている。その後東海道庄野や草津両宿の人馬賃銭は、七ヵ年の間にこれまでの通り五割増を受け取るように、公儀達となっている旨記録されている。

家中には町・在人数を譜代家来に召し抱えていた。町人数の者が家中や寺社譜代の家来になったり、譜代家来支配の者の養子など苗字帯刀の身分になり、その後は独礼以下御家人の養子や足軽組入り家中奉公人加勢のため、町人数離れを願い出るような者もあるので、今後はそのようなことがないように、元々の通り町人数に返すことにした。しかしこのような町人数者の譜代家来召し抱え、召し仕いまたは一季抱えによる召し仕いは続いている。

町中では新三丁目菊屋長兵衛の屋敷を、町会所に拝領することになり、文化四年(一八〇七)寺尾勘左衛門と河嶋平三郎が主になって取り計ることになった。そこで六貫八〇〇目を年賦にして拝借し、作事によって町会所にしたのである。その後新三丁目町会所内には産物会所が立てられると共に、国産仕立てが進められるようになってからは、国産絹織方が進められることになって、しばらくの間絹織方も行なうことになった。

寛政六年(一七九四)七月、綿打仲間の取締方として職札を願い出ると共に、五匁上納を同前に心得て出銅の上仕法を立て、難渋する仲間は救い合うように仕立てている。その救い銭は一人前に銭五匁宛、毎年正月に取り立て銘々懸別当に預けることにした。急な難渋に際しては通帳に記して受け取ることができるようにしている。そこでこの度の綿打札渡を機会に、来る正月から取り立て根帳を用意し、世話人を立てて進めている。

熊本町では藤崎宮・祇園宮の両宮および、本座・新座の両座による祭礼行事が、前々から盛んに行なわれてきた。

文化七年（一八一〇）には、菊池居住の渋江時之允より熊本町配札御免を願い出て、水難除川守札配札が差し許されて、夏の内子供の役にたった。文化六年（一八〇九）には、肥後国の一の宮である阿蘇宮は、前々より町在配札を続けてきたが、中絶していた熊本町では、この節より配札を再開することになっている。

近年熊本町の盆後踊に伴い、踊衣服が殊の外華美になり、丁々にある若者組と共に油小屋における言動と奢侈不遜の態度が問題になり、別当中から若者組差留の内意が町方に伝えられていた。そこで文化一〇年（一八一三）になって、これらの費がましい根元となっている若者組の停止を、町中に申し付けている。(10)

④文政より弘化まで

古金銀通用・新金銀吹立・諸国酒造などの件に付き、公儀触が相次いでいた当時にあって、天保八年（一八三七）二月、大塩平八郎の乱が起こり、大塩平八郎に加担した大井正一郎・河合郷左衛門人相書通の者が、紛れ込んだ場合は差し押さえ、奉行所へ申し出るように達している。その後間もなく乱に加担した者数名が召し捕られて自滅することになったが、一人が残り油断なく捜索を続けることを達している。

家中には切米取養子取組や、家中譜代家来の養子取組について、文政二年（一八一九）懸々へ達した記録がある。切米取養子取組では無苗の者子弟および町在の者は許されず、身近な親類血脈の者は許されるが女系の者は取組できなかった。家中譜代家来養子取組については容易に許されず、家中譜代家来に召し抱え、苗字刀御免になった者の子弟養子取組については、容易に許されなかった。

熊本町人数の内には鰥寡孤独老幼年廃疾不具などで、家業ができず貧窮に差し迫っている者、裏屋借屋懸人数の者があるとして調査を進めていた。天保五年（一八三四）になると、これら近年下方一統格別難渋者に対する、救恤一件取り扱い筋としてまず至貧の者の調べ方を進めた上帳面を作成している。その上で更に右しらべ帳によって難渋の厚薄人数の多少に応じて、大躰一二月中旬ごろ懸々を通じて渡すことにしたのである。

文政一三年（一八三〇）になると、国中町在共に諸職人に運上銀を課すことになった。大工・柿葺・左官は銭一匁宛、木挽・畳刺・張付師・瓦葺・萱葺・鳥葺は銭五分宛と定めている。続いて天保一一年（一八四〇）の諸職人手間料は次の通りである。大工・真石剪・鳥葺は賄悪銭四匁宛、二度賄三匁宛、左官・瓦葺・灰石剪は賄無銭三匁七分宛、二度賄銭二匁七分宛、萱屋根葺は賄無銭二匁八分宛、一度賄銭二匁三分宛などであった。

町中の賑わいには、両宮・両座の祭礼行事の外、盆後踊があった。この外に地蔵祭も盛んであった。文政三年（一八二〇）にこの地蔵祭の節の市中作り物が問題になり、仰山な作り物や華麗な作り物をしないように達している。作り花類は紙一式、人形類は有合の野菜類で二つ三つ、また至って軽ヒ・杓子類の小道具や貝がらなどに限って使用し、小屋はこれまで通り有り来りのもので、間数二間か三間までなどと町中に達している。

ここで付け加えておきたいことは、文政一三年（一八三〇）の松雲院町丁内一統申談熟和につき、丁頭共に鳥目を渡されていることである。松雲院地子屋敷に始まるこの丁は、次第に繁昌し拡大して現在に継続しているものである。丁頭二人、組頭二人、家持の町人二一人は丁内一統申談熟和、商い基手銭などを助け合い、鳥目渡しとなったのである。[11]

三　家司公儀記録

①公儀諸沙汰一
安永四年（一七七五）二月二〇日「松井家家司日記」は、公儀触書付のことを掌る熊本右筆所から松井家中に触れるため、二月一八日の書付を家司中に遣わした記録である。この幕府大目付中の触状には、大名乗物・茶弁当等の外面

躰隠しのことが触れられている。続く安永五年(一七七六)八月一三日の家司日記は、諸大名の江戸における供廻りの儀について幕府より公儀触があり、奉行所機密間佐弐役中津佐左衛門より、松井家八代町奉行で安永四年五月熊本留守居役となった、皆吉埜左衛門宛の差出である。

天明七年(一七八七)八月二五日の記録は、同年六月の公儀触が八月になり、松井式部から家司衆五人に対して組中支配方達となり、家司衆五人の判形となったものである。支配才覚には分限相応の倹約を申し付け、若き面々には平日武芸出精を仰せ付けている。その後同年一一月二日の家司日記には、公辺倹約の公儀触が松井式部及び、熊本留守居役魚住吉之允から松井家奉行中へ達となった。また同年一〇月二〇日にも、質素節倹の儀及び、金銀通用の儀に付き、公儀触となり、松井家家司五人衆に達となっている。

明和六年(一七六九)一二月朔日の家司日記には、神善四郎手代千木秤改役人八代出役を記し、翌年正月の覚には、八代本町懸八丁分の千木秤二四〇挺、二之町懸六丁分千木秤一一五挺、合三五五挺の内、本町懸四二挺、二之町懸五四挺、合九六挺改差し出し、新規分二〇七挺の内、二之町古千木秤四五挺が差し出され改められている。

明和七年(一七七〇)二月一五日の記録では、八代分古千木秤九六挺の内六一挺、新規二二五挺、八代郡三手永分古千木秤八挺、新規二六挺の外、芦北・佐敷手永分などがある。

文化八年(一八一一)一一月一一日の家司日記には、分銅改役人の出張が熊本町へ達となったので、町奉行より八代へもその旨通達していることを記している。それによると、これまで同様後藤四郎役人等出張中の宿・人馬などに差し支えがないように申し付けているのである。明和三年(一七六六)八月の分銅改のように、改に差し出す分銅については前もって調べておき、改役人到着次第に早速差し出すように記されている。

宝暦四年(一七五四)五月四日の家司日記は、町中通用舛改に付き別紙の覚書を差し出し、町中に沙汰するように町奉行に申し付けている。その覚の中には町在の者通用の舛については、先年極印を打って通用するように申し付けているが、中には守っていない者がいるので、今後極印打方を守り通用させるように、町在共にその所の役人・五人組共に厳しく吟味するように八代家司衆へも沙汰している記録である。(12)

②公儀諸沙汰二

宝暦一一年(一七六一)九月一七日の家司日記は、諸国に当時通用の文字金銀・古金銀を質入する者があって、金銀通用に差し障るとして差し留めた大目付中よりの触状に付き、国中に沙汰するように江戸より書付が届き、松井家中へ触れ出した記録である。続く明和二年(一七六五)一一月二日の日記は、佐弐役長瀬宇平より松井家木本八十右衛門への書付である。その紙面にはこの度吹き立ての銀通用についても、大目付中よりの書付の趣旨を、国中に洩れなく触れ出すように、奉行所より沙汰したものである。

安永一〇年(天明元年)(一七八一)七月八日の家司日記には、借金銀返済方についての大目付中よりの書付が公儀触として記録されている。この書付には家中の者の借金銀が返済できず、金主の公訴が相次ぎその裁許やその後の取り扱い方の触状である。その後天明六年(一七八六)四月一五日の家司日記には、佐弐役安東角之允・久保傳太夫より松井家司五人衆への来札が記され、それには遠国勤めの面々が、支配所の百姓・町人より、金銀などを借用しないように申し付けると共に、町在へも触れるように達している。

安永九年(一七八〇)一二月二一日の家司日記には、熊本の右筆方より松井家司宛に書付が届き、家中より添書を以て町奉行へ達している。その覚の中には八代町において、仮名を作り鳥目を借用する者が出ないように、町中に達したものである。書付の中には八代町中侍躰の者の中に仮名を作り、偽名を以て鳥目を借り受けたいと申す者がいると聞くので、そのような場合は決して鳥目を渡さないように差し止めると共に、早々に町役人に申し出るように申し付けている。書付は会所で堤権左衛門へ渡している。

明和三年（一七六六）七月二六日の家司日記は、銅売買の件について目付中より差し廻しの書付が渡され、公儀触となったことを記す佐弐役長瀬宇平よりの記録である。書付には大坂廻船年寄共より、船持船主問屋共、大坂蔵屋敷塩飽屋清右衛門共を大坂会所へ呼び寄せ、諸国より銅積み登しの廻船が到着したら、積荷の多少によらず、今度銅座に改められた銅会所に届けると共に、町奉行所へも銅の積載量を届け出ることになったので、早速届け出るように八代町においても達し方を申し付けているものである。

宝暦一〇年（一七六〇）三月二日、熊本の佐弐役長瀬宇平よりの来状が記され、その記録には朱および朱墨売買のことにつき、江戸大目付差し廻しの書付のことが記され、町中へ沙汰するように松井家司衆へ仰せ付けている。朱墨の売り出しについては朱同様に、前々より朱座より売り出して来ているが、近年脇々で紛らしき朱墨を拵えて、売り出す者がいるので、このような脇商売をしないように厳しく申し付けたのである。(13)

③公儀諸沙汰三

天明六年（一七八六）七月晦日の家司日記は、草薢《ところ》製様の儀につき公儀触が届いたので、奉行所佐弐役安東角之允・久保傳太夫より、八代町中へも洩れなく触れるように松井家司五人衆へ達したものである。別紙によると草薢とは山薮等に生える薬草で、秘伝の製法によってその苦味を生薬として活用することができた。そこで草薢問屋株・売場を許し京・大坂、その外の国々へも相対を以て出店し、売り弘めるため右の製法を習得したい者は、最寄の与市出店に申し出るように触れたものである。

宝暦一四年（一七六四）六月二日の日記には、長崎で唐船に売り渡す煎海鼡や干鮑は、前々より諸国浦々で稼ぎ方致し、長崎俵物受け方の者が買い取っている。生海鼡・鮑漁や唐人向煎海鼡・干鮑仕立て不馴れの浦々も、その漁猟・仕立方聞き合わせ、出し方を増やし長崎俵物受負人に売り渡すように申し付けている。また串海鼡・串鮑のことについても、長崎廻し請負のものどもへ売り渡すように、領内残らず触方を記している。

宝暦三年(一七五三)七月一二日の家司日記は、長崎抜荷の儀について長崎奉行より彼地間役渡しの書付写の別紙を添えた組中への触状を、家老中より松井家へ沙汰し、長岡帯刀より家司衆へ沙汰した触状を、組頭中より各組中に達するよう沙汰している記録である。抜荷については前々より厳しく取り締まっているが、近頃沖合での荷物受け取りや過分の賃銭取など、不届な抜荷が行なわれているとしてその後も沙汰している。

安永六年(一七七七)二月七日の家司日記は、盲人支配について松平右近将監渡しの書付写を大目付中より国中に触れ出したので、別紙を添え奉行所より沙汰している。書付の中には、百姓・町人倅の盲人は検校の支配たるべきこと、武家倍臣倅の盲人については、市中に居住し琴、三味線、針治療などで渡世する者は検校支配たるべきこと、百姓・町人倅の盲人で親元にいる者、武家に抱えられている者は、制外と触れている。

天明三年(一七八三)四月一三日の家司日記は、京都六孫王社勧化の公儀触を八代町中にも触れるように、熊本佐弐役より松井家司中宛に達した記録である。右六孫王社諸堂並びに神宝等が大破に及び、公儀、清和源氏万石以上、万石以下共に、志次第の助力を求め、国中二〇ヵ国巡り勧化御免の仰せ出しにより、町奉行中に触れ出した記録である。

安永三年(一七七四)三月一〇日家司日記には、虚無僧の旅宿のことにつき、松平右近将監渡しの書付写が大目付中より差し廻され、別紙写が差し越されたので、八代町中に達するよう、熊本佐弐役より松井家司中宛に沙汰したものである。それには近年虚無僧の旅宿や止宿に関して無法の筋が無いように、厳しい取締方を触れている。(14)

④公儀諸沙汰四

安永三年(一七七四)一二月の家司日記には、奉行所佐弐役衆より家司衆へ、浪人者や旅僧などの合力銭止宿について、幕府より町在共に触となり、所々町奉行へ達となったので、八代町中へも触れるように達となったものである。

色々な難題を持ちかけて合力銭などをねだり取ることは不届きであると沙汰したものである。

天明四年（一七八四）七月の諸触状の内は、諸国疫病流行のため薬法の儀について、幕府より触となったので、奉行所より八代家司衆へも組中支配方へ達するように沙汰したものである。書付の薬法には「時疫流行之節此薬を用て其煩せめるべし」とあり、一〇項目が記され、疫病流行に当たって使い方を選ぶように記している。その後町方根取衆より町中の者に知らせるように達している。

天明二年（一七八二）一二月の諸触状の内は、廻米積船の儀について幕府より浦々・領内村々へも触となったので、八代川口番人共にも申し渡すように、奉行所より八代用人衆へ沙汰となっている。その触書写渡し方に当たって、別紙を添えて申し渡しとなっている。別紙には御領・私領村々宛の「諸国村触写」と、御料・私領浦役人・村役人宛の「諸国浦触写」が添えられている。

天明八年（一七八八）九月、町方根取中より松井家司衆への日記には、勧農・造酒減石などの儀について、幕府より差し廻しの書付が届いたので、八代町中へ達するように沙汰している。この触の書付には、近年の打ち続く凶作、米価高値、下々の打ち続く難儀を考え質素倹約・勧農を申し付け、山林の苗木植え足し、無用のものを作らず、造酒減石などを申し付けているものである。

寛政二年（一七九〇）三月の家司日記には、御前直々渡の書付が記されている。その書付には、一昨年当たりから米値段も下値になったが、諸色の値段はそのままで下がらず不埒なことであるなどとして、領内においても諸色値段の筋々を糺すように厳しく申し付けたのである。その後も諸色値段の高下は最初売出の根元より起こることであるとして一品々々出所を糺すよう、町奉行を会所に呼び出して達している。

寛政三年（一七九一）三月の日記には、在方より江戸表へ出店する者のことについて、公儀より触となったので、町方根取より八代へもその写を差し越したものである。触の中には在方より出店者が故郷へ帰りたいと思っても、路用銀が用意できず、立ち帰っても食べていくことも農具代などにも差し支えることになるので、町役人を差し添え吟味の上手当を渡すべきであるなどと記している。(15)

四　町会所記録

①公儀衆通行

『御町会所古記之内書抜』の初めには、公儀衆通行の記録がある。寛政一〇年(一七九八)六月一六日の高田手永惣庄屋小田宇七による、公儀勘定役平岩右膳通行案内についての町方達である。これは日向椎葉山御用のための八代通行、その後の八代町止宿に伴う賄い方について記しており、前宿の宇土泊の様子を伺い、不足分のことについては、本宿より別紙書付を差し出し、不足分の渡し方を願い上げている。

七月になると公儀役人衆が川筋見分のため、求磨川を下って求麻仮屋へ着船の予定であり、直ちに彼方泊となるか八代町泊となるかは不明であるが、川筋通船が差し支えないように、高田手永惣庄屋より達している。また日向椎葉山材木伐り出し川筋見分については、公儀普請役藤井信五郎差し越しについて、求麻一勝地役人の申し聞かせ、田浦・佐敷手永惣庄屋の添書を付け、芦北郡代より達するなど、川筋見分の準備が進んでいる。

八月に入ると日田代官羽倉権九郎の九州浦々俵物糺し方について、廻浦が始まることになり、高橋上陸より熊本・宇土・八代・佐敷・水俣筋通行につき、松井家司宛達である。その後この日田代官廻浦については、廻浦の節の心得が廻浦順道書と共に達となった。日田代官八代町宿泊は八月一一日と定まり、通行の節には不行規・不作法の無いように申し付け、火の用心・行規田子出、寺社方へは町役人より申し達、町に行燈出とした。

公儀役人平岩右膳・藤井信五郎求磨川筋下りについて、求磨へ外聞に遣わされていた植柳村の清五郎から、九月朔日付で紙面が届いた後、公儀衆の様子は良くわからず、何れ近日中下りの由、また高田手永惣庄屋小田宇七から八代郡代の元へも、公儀役人九月六日に求磨人吉出立八代へ求磨川下り、八代町宿泊の様子を知らせている。その後は公儀役人平岩右膳・藤井信五郎共に九日六ツ半頃八代町出立を、八代郡代より家司へ達している。

右の公儀役人平岩右膳並びに藤井信五郎上下八人、九月六日夕より同九日朝までの八代町止宿について、宿主栄蔵より町会所への賄入目銀渡し方願によると、平岩右膳分として一貫一六〇文、藤井信五郎分として六四二文、二口合わせ一貫八〇二文、その内二五匁七分四厘二毛は受取済のため、残る三一三両五分二厘八毛渡の願出である。

この度の日州椎葉山林より材木伐り出し、求磨川筋下ろし方一件は、材木はもちろん公儀御用につき、椎葉山林中へ大勢の山師共多人数の者共が入り込むので、粮物塩噌撫育の諸品を餘計に運び込み、川筋をも差し登ることになるので、これらも御用のものであることを認識して、五年間の伐り出し川下し方を奉行中より津方・町中へ達している。(16)

②役宅取建

『御町会所古記之内書抜』(五七七)の内には、役宅取り建てのことに関係する記録がある。安永八年(一七七九)二月、松井家司衆から魚住吉之允・藤木孫兵衛・堤権左衛門の三人が呼び出され、役宅引き渡しが仰せ付けられることになった。役宅の引き移りに当たっては、役宅大破の節は上より繕いとなるが、小繕いは銘々繕い方となるので、平生取り荒らさないよう申し付け、これまでの建具はそのままとし新宅については建具まで新調して渡した。

魚住吉之允は安永三年(一七七四)一二月奉行本役を仰せ付けられ、安永六年(一七七七)奉行根役・用人兼帯、安永七年(一七七八)には用人本役・奉行兼帯を仰せ付けられた後、安永八年(一七七九)三月作事出来の上、新しい役宅に引き移りとなっている。同年八月になると数年手全な勤め方により、御紋付の単羽織を拝領するなど、家司衆の詰間に呼び出され賞美となっている。

二人目の藤木孫兵衛は、安永七年(一七七八)二月作事頭兼帯を仰せ付けられ、その後奉公筋褒詞として御紋紗綾の単羽織を拝領している。安永八年(一七七九)四月になると、三本松役宅に移るように仰せ付けられ、同七月には兼々出精勤め方を賞され、三〇石の足高を拝領している。また安永九年(一七八〇)六月には、奉行本役を仰せ付けられると共に役料二石増し方などとなっている。

三人目の堤権左衛門は、安永二年(一七七三)三月西垣太右衛門跡町奉行役を仰せ付けられ、寺社方・類族方共に勤め上げ、同三年(一七七四)には役料二石増しの七石となった後、兼々役方に心を用い勤めると共に、旧記の内より記録を仕立てて御紋付上下一具拝領となった後も町奉行役一人に仰せ付けられ、同七年(一七七八)三月、五〇年の勤労を賞され二〇〇疋拝領・同八年(一七七九)正月町奉行役宅仰せ付け二月引き移っている。

安永八年(一七七九)二月の記録には、役宅引き替りの節の取扱方を記しており、建具はそのまま差し置いた上引き移るように申し付け、今度何れも渡される役宅へ附けられる建具の数などを帳面に記録した上に渡されることが定まり、引き替りの節跡に入居する面々へは、その帳面を引合に渡されることになり、自分拵えの建具は取り除きとした。ただし、今後の新役宅移り替えの節取替銀は双方共に渡されないことになった。

この外安永五年(一七七六)八月の記録には、先建て申し立ての町会所が今度会所内に出来となり、日々昼の内四ッ時より八ッ時まで詰めることと定め、今日より両人詰方になったと記している。口達には八月七日より両人共に四ッ時より八ッ時まで詰めることになり、差し急ぎの御用は役宅へ達するように記している。(17)

③町奉行の役向

八代町奉行は寛永九年(一六三二)一二月、松向寺(細川忠興)が八代城に入城して、魚住杢左衛門・吉住半右衛門に、八代町奉行役を仰せ付けたことに始まったものである。右魚住・吉住の両人の跡役は、正保三年(一六四六)五月、松井佐渡(興長)が八代城代となって入城した時まで八代町奉行役を勤め上げた、三浦新右衛門であったと記している。その後は松井家家臣が勤めるように仰せ付けられたが、引き続き御城付浅山太兵衛が町奉行役を仰せ付けられている。「官職制度考一」の「町奉行」の項には、「八代町二人」「此所は都下より十一里南方にして薩州境辺要の城地なり正保の初年より家老松井佐渡守ㇾ之代々此地の城代たり外に番兵四十餘人副守たり町奉行松井の家臣勤ㇾ之」などと記されている。右の町奉行の内吉住半右衛門は、石高三〇〇石で寛永一一年一二月から同一九年まで、熊本町奉行を勤めた。

慶安元年(一六四八)には浅山太兵衛が病気になったので、本藩御城付より一人を決めると共に、松井家家来から一人を定めて加えることができるように、藩主光尚に願い出たところ、八代は境目の町であり熊本からも距離を隔てているので、二人共松井家家臣から選び、万事松井家引き取りにした方が良いのではないかということになり、松井家家来から町奉行を勤めることに定まり、井口市郎右衛門盛重、草野善兵衛、遠藤九兵衛吉久、井口房太夫盛方などと続いた(18)。

延宝七年(一六七九)の記録に記される、松井家家臣田中弥次兵衛は、一二〇石拝領の田中善左衛門の嫡子で、松井興長代に跡式拝領、寛文二年(一六六二)に松井寄之の御書出を拝領、同七年(一六六七)三月に町奉行を仰せ付けられたものである。その後は松井寿之に付けられ、承応三年(一六五四)より二〇年の勤続であった。

宝暦六年(一七五六)の町奉行勤稜の覚書によると、松井佐渡(興長)が八代入城後、細川光尚により八代町奉行は松井佐渡の家来に勤め方仰せ付けられ、遠藤九兵衛、その後平田太郎左衛門・井口房太夫と続いて以来、両人にて勤め方となっている。八代町は細川忠興在城以来郡並の諸公役御免、細工町に職人を置き、水主町には水主の者を召し出し、両町は火番勤め町並の役は御免を続け、地子は松井佐渡入城の節より赦免と記している。また、徳淵・塩屋・植柳川口三ヵ所は町奉行支配を仰せ付けていた。その外八代町の不慮の出来事については、早速町奉行の裁判、城内出火の節は町の者共別当召し連れ、二之丸馬屋前に打ち揃い町奉行共裁判・城内入番頭共の指図・北の丸出火の節も東門勢溜には町の者揃い町奉行裁判、入り込みは番頭共の指図、小路・町共に同様と記している。(19)

④町方・寺社支配

八代町中支配の申し付けについては、延宝四年(一六七六)八月、町奉行中井藤太夫並びに本嶋甚五兵衛判の肩書条々がある。その中には町方御用の儀は、奉行所へ町奉行より直々には申し上げず、番頭中より窺い、奉行所も番頭中へ仰せ越されることに定まっている。このことは宝暦六年(一七五六)九月の町奉行勤稜の覚書にても同様であり、町支配の儀については、町奉行共より松井直之に達し指図を受けるよう書き付けている。

在人畜者の町家入り込みは、既に触状の通り在所へ引き取らせるべき者は引き取らせ、在中に所縁無き者については、宝暦一四年(一七六四)五月、この節まで町人畜入りを仰せ付けることにした。しかし奉公人はやはり奉公人のまとなり、在人畜の者で家主から引き受け願いがあれば、在人畜離れが仰せ付けられることになっていた。また町の者共が家中の家来になった場合は町支配を除き、町内の居屋敷等は別当・丁頭引き渡とした。

安永三年(一七七四)四月の記録には、八代町近年不商売のため往還筋の手入れが届かず、極々大破の宮之町について救い方願いとなっていた。八代新町などについても拝借銀願となっていた。寛政九年(一七九七)五月になると、新町・宮之町取り立てにつき、町中より寸志銀差し上げ一件が記されている。その中には賞美筋取り計らいを願い出ている別当・丁頭中四人と、町家の格合わせ相応を願い出た一〇人の者があった。

八代町奉行寺社支配については、享保元年(一七一六)九月、寺社方の内寺社領または山藪その外寄付の品もあり、先規による書出もあるので、細川綱利代の書出までに限って差し出すように沙汰となっていた。そこで細川忠興が織田信長を祀った泰岩寺についても書出一通を差し出している。春光寺については寺領や山などの書出や絵図などが、定めによって差し出されている。

寛延元年(一七四八)一二月の記録には、山伏中の年始御城御礼の儀について、郭内山伏は金立院支配であり、在中の山伏は熊本仙勝院支配であることを記している。そのため八代城下の山伏は前々より弑木社金立究支配のため、金立院支配の山伏名付や本山よりの掟書付け写し、その他品々を差し出すように町奉行中へ沙汰している。これら八代城下の山伏には金立院より札渡となっているので、それについても町奉行へ申し渡している。

安永二年(一七七三)六月の記録によると、町内寺院説法法事、鎮守祭礼等の節、近来接待油所などと言って、甚だ目立つ家台を拵えたり、仰山の作り物などを作ったりするなど、無駄遣をやめ貧窮の者を誘って商売を妨げないように心掛け、町内寺院説法法事を失墜させないように、町役人中より末々まで申し聞かせるよう町奉行より達している。(20)

おわりに

都市社会の研究を進めるために、この第三章では都市を支配・管理・運営に当たっている、奉行所の町奉行やその役を担う町役人による、公的記録を検討していくことによって、都市構造や社会構造を明らかにするように努めた。都市記録における都市の分節構造に留意して、検討を進めたものである。

忠利代の町方記録は元和一〇年から寛永一六年に及び、藩主留守中の公事御諚・自筆肩書・御印帳を初め、町中支配の直命御諚であり、支配する者は多様である。光尚代の町方記録は万事忠利代の如く政治を行なう旨の仰せ付けにより、寛永一八年から慶安二年に及ぶ、町奉行より町中支配の御諚申請には、老中肩書の御諚が続いている。綱利代の町方記録は慶安四年から寛文三年に及び、家老政治が展開して町中支配は老中御意となった。

次ぎに取り上げた「惣月行事記録抜書」は、貞享元年から弘化三年まで書き継がれた「熊本市惣月行事覚書帳」の抜書であった。町奉行の指揮のもと貞享元年以後、別当の中から毎月輪番で惣月行司となって、職務上必要な事項を書き残した記録なのであった。その中には、公儀触家中のこと、町中支配・諸職人のこと、宗教者のこと、その他特筆するようなことなど、多様な記録が残されていた。

その次の記録は宝暦二年から文政四年にかけて、八代松井家の家司衆によって記録された家司日記である。その公儀諸沙汰を記録したものには、参勤に関わる乗物や供廻など熊本より松井家中へ触れたもの。倹約を家中に達したもの、町中への升・秤・分銅改に続いて、金銀通用・借金返弁・金銀借用・銅売買・朱墨売買、産物・抜荷・盲僧・勧化・虚無僧の外、町方沙汰には判屋・質屋・納戸御用・搗剝染方・塩硝など多彩な記録である。

町奉行による町会所記録の初めには、寛政一〇年日向椎葉山御用のため、公儀衆八代通行・八代止宿賄方などの記録に始まる。続いて安永八年には町奉行の役宅取り建ての後に、新役宅引き渡し引き移りなど、武家の居住・勤労が記されている。また寛永九年以降八代町奉行役がどのように仰せ付けられ、その役向きについても記されている。その後には家中家来・町中救恤・寺社など、町中支配の実態を記している。

このように五ヵ町の中核となる熊本町と八代町の支配について、その町中支配を役向とする役人が記すこれら四つの記録を検討することによって、近世都市支配の法制構造の実態や、都市居住や都市居住者の社会構造などについても、その実態を把握する機会となった。都市居住者が決して町人ばかりでなく、分節構造把握や分節支配が必要なことを検討する機会となった。

注

（1）「町方之記録」永青文庫蔵熊本大学図書館寄託、以下同。『藩法集7熊本藩』一九三一―一九八頁「町方え可申渡事」二三二―二五〇

（2）『熊本藩年表稿』四二頁

(3)『藩法集7熊本藩』一九三・一九四・一九八・一九九頁「右同」二三二・二三七―二四〇
(4)『熊本藩年表稿』細川藩政史研究会編六八頁
(5)『藩法集7熊本藩』一九九―二〇三頁「右同」二四一―二四五
(6)『熊本藩年表稿』七〇頁
(7)『藩法集7熊本藩』二〇三―二〇八頁「右同」二四六―二五〇
(8)『熊本藩町政史料一』七九・九九・二〇五・一〇四・一四二頁
(9)『右同書』三一一・五二五・二八八・五二六・四二六・四二〇頁
(10)『右同書二』二〇七・五・二七三・六〇・三二九・四二八頁
(11)『右同書三』三三九・五・二八五・二三九・三五・二二二頁
(12)「公儀諸御沙汰三冊之内一」（マイクロ）熊大図書館蔵一五二―三
(13)「右同史料」一五二―三
(14)「右同史料」一五二―三
(15)「右同史料」一五二―三
(16)『八代市史近世史料編Ⅰ』二三―九三頁
(17)『八代市史近世史料編Ⅱ』一三九―一五九
(18)『肥後文献叢書㈠』「官職制度考」一一三頁
(19)『八代市史近世史料編Ⅱ』二六一―二九八頁
(20)『右同書』一〇三―二九九頁

第四章　都市法制の町方法令

はじめに

「当時迄律令格式不相立」として、宝暦六年(一七五六)に古格しらべ方を申し付けられたのは堀平太左衛門であり、律令格式しらべ方請込を勤めることになったのは、機密間根取長瀬宇平、同所物書中津佐助であった。このように都市法制は宝暦改革によって再検討され、編纂されることになり、そのための目録も仕立てられたのである。

「町方日帳目録」の口には、宝暦二年町奉行が差し止められて、宝暦六年奉行所分職支配となると、新たな式稿編纂のため、町方肝要の帳面である日帳、諸願控え、覚帳や四ヵ所町諸達控え等が、初より目録仕立となった。明和八年以降になると熊本町への達は「日帳」、四ヵ所町への達は「右町諸達扣」に記すことになり、今度の仕立目録は以前のことをしらべ書き立てたもので、以前の目録と違い本文を見出すための目安として定めたと記しており、目録仕立のねらいが示されている。

またこの目録には必ず年月が記されており、その年が改まると朱丸が肩書きされ、一年々々の境目に紛れることがないように、後年のため目安としていることに留意すべきである。寛政一〇年より仕立てられている「町方日帳頭書」は「町方日帳類寄目録」に変更され、賞美・町方御用・影踏・死亡・呼出・公儀達・盆後踊・改名・財政・出火等の類がある。嘉永三年仕立の「町方日帳頭書」には、右のような類寄は見られないが、頭書の一つ一つに年月日が記されており、これらのことに留意し「町方法令」と共に検討が必要である。

ここに取り上げる「触状控」の一つは、同じ内容の触状を寛文元年より寛延三年にわたって集め、文政一二年八月類別に編集したものである。それぞれ触状の内容は頭書の形式で記されている。もう一つは延宝期と元禄期の「触状控」である。延宝期には浦触・家中触や町触が続き、改元直後には酒造改の公儀触がある。元禄期には酒造・紙楮などの運上、奉公人・酒商売・江戸大火・銭遣などが記され、触状の形式や内容などと共に、法制や社会について検討することが必要である。

これらの外に三ヵ町については「町方御奉行触取次様頭書」がある。これは安政四年当時頭書が無かったので作成されたもので、明和四年より天保一三年にわたる町方奉行触について、召当分役等、諸御礼并御目見願・養子・縁組・旅行・身分伺い・忌中・産穢・病死・雑などの類別に編纂したものである。八代町については松井家の家司日記の内、宝暦二年から文政一三年までを記した、「先例略記　町方」を検討した。ここに取り上げた諸帳面は、都市社会の構造や都市法制の検討のために重要なものである。

一　町方法令と町方日帳

①宝　暦

外聞役の役目は常々商家の邪正を見聞し達することであった。奉行所の分職体制発足と共に町方横目が差し止められ、町方根取を仰せ付けられると、宝暦六年(一七五六)三月に聞合の儀は外聞役に申し付け、六月には先払いの役も外聞役に沙汰となった。このように外聞役の役目は町家の見聞から、町内御通の節に罷り出て御先払の役を勤めることなった。その後外聞役の儀は年々増えることとなった。

在中より送り出す新米や太米を町中に買い込む者は、何村何某と言う者からどれだけの量を買い込んだという書付を、日々町方へ達するように定まっていた。もし内密に買い込むことは許されず、町人が新米や太米を出買することは、一切差し止められていたのである。町在の間にはこのような厳しい関係が定まっていた。

町家に居住する町人はそこを拠点に営業し諸役を負担した。町人共が所有する家屋敷や諸道具類が重要な資産であった。町人共がその家・蔵・屋敷や家財等を分配したい場合には、了簡を極め五人組の内や丁頭の内両三人に当てて譲状を認め、封印をして渡して置くように定まっていた。本人の開封や認め直しは勝手であったが、死後になってどのようなことがあっても、譲状に認めた外は変更できないことが定まっていた。

町方では御国細工が少なく、商売物の多くが上方や隣国より取り寄せた物で占められているので、年々莫大の利分が他国に流れ、国内の町家は衰微の道をたどることになるとして、出来るだけ御国細工を呼びかけると共に、今まで通り他国の品々が入り込んでは自国の細工を育てるのに妨げとなる場合には、その様子を記し他国より入り込む品々を差し止めるように、宝暦五年(一七五五)七月、町家の者共の願い出を申し付けている。

町の者共の中には深あみ笠を着け、尺八を吹きながら徘徊する者があり、他国者に紛れることがあるとして、延享四年(一七四七)二月に式となっていたが、宝暦六年一二月に虚無僧本則往来所持の有無について、国中吟味により差し出しとなった。このことによって所持する者はその通り、もし紛らわしい者がある場合は押さえた上で沙汰となった。また虚無寺の弟子になりたい者は寺社奉行所に達し、指図を受けるように申し付けられている。

町人畜者の内には当分物貰に出かける者がおり、町別当共より札渡となっている。その札裏には町名やその者の名前を記させ、人別に渡されることに定まり、宝暦六年閏一一月には無札で出かけた場合は、丁頭や五人組まで越度とされ、毎年の影踏の節、物貰人別当分札渡帳を認め差し出すことになった(1)。

②明　和

御町横目三人の配置換に続き、町中各懸の横目役も差し止められると、先に商家の邪正を見分し達すべき立場にあった外聞役は、町中の治安維持の立場に立ち、町家の目当になる役方であるとして、明和六年(一七六九)九月、町家に対して何事にも身を慎み馴合にならないよう、外聞役に対する職務心得を仰せ付けたのである。このように新たに登場した外聞役は、重要な任務に当たる町方役人なのであった。

町中と在中の間には、町家の者が在人数の者を名目ばかりの養子にして、別宅に居住させているような不心得な者があった。そこでそのような在人数者の養子入込は認められないとして、在人数者の養子願書の外、町家の養父同居、家相続は紛れ無いものであるという、五人組より請合書差出が必要なこととなった。これは家の相続をしない養子願いは認められないという、明和五年(一七六八)正月の定である。

また在中には椀売・富山薬・紺屋形売等の名目で入り込み、小間物類・帷子類・絹類など色々な商売をしているので、熊本の小間物屋共の商売は滅亡する者があるとして、明和八年(一七七一)九月には熊本小間物屋中より書付が差し出され、郡代へも被見に入れ、以来遠慮なく申し出るよう申し聞かせている。在中商売については「在中御免之品商売札所持」の者以外の商人入込は堅く差し止められていることであった。

家中小路屋敷は家中の侍屋敷で、町人の居住する町中の町屋敷とは、はっきり分けられていた。ところがその家中小路屋敷内の所々に紺屋職の者が居住して、染物を干す者が居るというので、明和元年(一七七四)八月、家中屋敷内で染物を営むことを厳しく差し止めることになり、そのことを記した書付を町中廻役に渡し、家中小路屋敷内における紺屋職の居住を厳しく取り締っている。

近年町家日蓮宗の者の内には、日蓮宗の信者の講である題目講と唱えて、大勢の者達が在家において集会をしているというので、そのような紛らしい集会はやるべきではないとして、取り止めるように申し付けている。もし違反する者があれば吟味の上取り締るとして明和五年九月厳しく達したのである。

相撲取共は他国において身持が悪く、修行を怠り、業もつのり申さず、第一に風俗を乱し、御国のことも評判になるとして、相撲取共の身持を平日慎ませ、相撲の修行のことに出精するように申し付けている。明和二年(一七六五)一一月には、もしこのことに対して背くようなことがあれば許されないことであるとして、今後他国へ出すことは出来ないことと厳しく達している。(2)

③安　永

御家中家来の者の中には心得違いをする者がおり、万一法外のことがあれば刀差の者であっても、事により取り押さえ、屋敷に知らせて役人に引き取らせるように申し付けている。間には町中酒店において理不尽のことをしたり、買い物に事寄せ不届きなことをする者があれば、風俗を乱すことになるとして、安永元年(一七七二)八月には、町方根取まで申し出るように達している。

町中では馬繋ぎの仕方が乱れ不埒であるとして、お互いに心を付け申談するように申し付けている。安永八年(一七七九)六月には、馬繋ぎの舘や杭の打ち方などを詳しく記し、決して往来の妨げにならないように、厳しく申し付けたのである。このことは町中の問題であるばかりでなく、在中の者も注意すべき問題であるとして、在中に対しても紙面を渡して達したのである。

町中の者が他国へ出かける場合、請合証文が必要なことは言うまでもなく、その証文には如何なる用事で出かけるのかを書き記すべきところ、近年は用事のためとか、商売についてなどと簡単に記して申し出ることが多くなったとして、安永九年(一七八〇)二月になると、前々の通り何々の用事とか、「カ様〳〵」の商売のためなどと、詳しく書き出すように達している。

城下では御鍛冶方定出鍛冶職人が不足して、御用等が差し支えることになり、以来町中鍛冶屋共を惣輪番にして勤めさせてきたが、鎚打達者な者が必要であるとし、相対に雇い差し出すように申し付けている。このことについては御鍛冶方の請合であるとし、安永二年(一七七三)六月、御鍛冶方の指図を受けるように達したが、その後別当共の願により、御鍛冶方の触付となっている。

六所宮の祭礼では例年歌舞妓芝居興業となってきたが、今度取り止めとなり、安永元年九月、来る九日より一一日まで、本座・新座の両座より囃子興業が仰せ付けられることになった。また代継社の囃子興業についても、同年同月より舞を入れないように申し付けられている。続いて十禅寺・山王社祭礼においても、囃子興行は御忌日数のうちであっても苦しからずとして、囃子興業が続いている。

ここで町中の諸願書のことについて取り上げておきたいことがある。それは町人数を離れる時、あるいは欠落達や一季若党奉公願などの場合には、類族では無いことを書き加えることになっていたが、書き記していない者があり、安永九年一〇月必ず類族有無を書き加えること、他国へ出かける場合についても書き加えるよう申し付けている。(3)

④天　明

町中火事の節外聞役に手付きの役人がいないので、役目の裁判が届き兼ねるとして、今後小屋頭共を外聞役の手付役人とし、それらの指図を受け勤めるように申し付けた。そこで天明二年(一七八二)七月には、小屋頭共が外聞役共の手付となり、そのことによって小屋頭共は平日の町並番公役は御免となったのである。

また外聞役は宝暦六年、「御在国之砌所々御通」の節には、御先払としての役割を果たすことになった。そこで合羽代として三人に一五匁五分宛、町方集銀の内より渡されることになったのである。前々からそのようになってきたのであるが、御出かけの費用にかかるものは、町銀の内より負担する費用ではないとして、天明二年一〇月以来本方より出銭し渡すことに改めている。

新三丁目御門内の出小屋は本来御用地のため、この地に町家を建て居住することは認められないとして、安永三年（一七七四）一二月までとすることを、出小屋の者に達していた。天明二年八月になると新三丁目出小屋の者共は、須崎久左衛門跡屋敷に引き移り仰せ付けられて、新三町目の居住者として軒帳に記されることになり、天明二年一二月以来瓶屋町並番公役（軒役）などを勤めるよう、別当よりの願によって申し付けられることになった。

天明四年（一七八四）二月には、新三丁目御門勢屯の内西勢屯半分は、当時三方共町並になり、この町に掛かる分については、常々町方より掃除するように御掃方よりの達により、町方の達となったのである。

通掛六十六部、その外廻国躰の者の一夜宿については、旅人問屋中惣輪番で受け持っていたが、その通りでは廻国躰の者共が難儀するので、新坪井鍛冶屋町の米屋惣吉に一夜宿を仰せ付けられることになった。その勤料として熊本町中の旅人問屋共より、一ヵ月に鳥目を一匁二分宛、惣吉へ合力することに定めたのである。

これまで廻国躰の者ばかりが惣輪番と定まっていたが、心得違いにより一宿とさえいう者は差別なく廻国躰の者と同様に扱ったので不都合であるとして、一夜宿には廻国の者ばかりにするように申し付けることを定め、天明三年（一七八三）三月、書付を惣月行司・別当共・惣吉にも渡し、申し渡している。

天明六年（一七八六）八月には、浪人躰の者が町家に立ち入り、合力銭をねだり取る者が出て来たので、そのような者が入り込んできた場合は、それが刀を差した者であっても、たたき伏せ、押え捕り、差し出すように町中へ達している。町中には家中家来による法外のこともあったが、浪人者による不法なことも起こっていたのである。(4)

二　町方法令と町方諸帳

①寛　政

新坪井堀端町において、御奉行所根取南良右衛門居住の屋敷を、「独礼已下刀差身分」の者へ譲ってよいかどうかの伺いに対して、町家に刀を差している者の雑居は認められないとして、近年新たな借宅は許されず、数十年間御家人居住の後引き譲ることは、丁所の故障さえ無ければ、新規の居住とは違い苦しからずと僉議に及び、寛政一一年(一七九九)正月その旨達しており、武家の町家居住に対する考えが示されている。

一方在人数者の町家奉公に対しては、去年一統に差し止められたが、その通りでは難渋する者がおり今まで通りとしている。しかし町家奉公に出る時身分や村方故障の有無については郡代より厳しく吟味するように定めている。そこで在人数者が町家に奉公するに当たっては、決して町家の風躰をしないように心懸けると共に、その抱え主からも堅く申し付けるように、寛政三年(一七九一)正月町中に達している。

町家より家中屋敷内を借り受け居住している者については、諸品居商売はこれまで達している通り差し止められていたが、近来一統に守られなくなり、酒・綿・小間物類・その外諸品商売をするようになり不届であるとし、小路内の出商売は今まで通り認められ、居商売については、享和三年(一八〇三)一二月今まで達の通り、町内同職の者の訴えや吟味を厳しくし、商売の品を取り上げ、廻役の小路内取締などを達している。

鍛冶方御用については町鍛冶共惣輪番で勤めるようになり、町鍛冶共の内より頭取を立て、何事によらず頭取へ申し付けることになり、天明二年には頭取名を名付帳に記録した。輪番触や宿仕事などを見計らい、不同の無いように割り付け方を取り計っている。これらの仕法は安永三年(一七七四)一〇月に定まったが、寛政九年(一七九七)三月、

表1「町方法令」　注…『藩法集7熊本藩』「町方法令」「町方帳面」により本田秀人作成

(1)藩法集	町方法令	町方帳面
収録番号	収録目録(抄)	収録年代
①宝暦	「市井式稿」　藩法集　五九一～六一三頁	「町方日帳目録」
二六	一町横目役被指上候、聞合せ之儀ハ外聞役ニ相成候事	宝暦六年三月
三四	一新米・太米買込候ハ、日々達出買之儀ハ去年已来指留	宝暦六年八月
一一二	一家屋敷譲状認直シ幾度も不苦死後譲状之外分配難成候	宝暦六年一一月
四六	一御国ニ而可致出来品々細工致し候様奢美音信贈答差留	宝暦五年七月
一〇七	一虚無僧本則致所持居候との儀寺社奉行え可相達候事	宝暦六年(一一月)
一一〇	一物貫札相渡候様毎年影踏之節物貫人別当分札渡帳差出	宝暦六年閏一一月
②明和	「雑式草書」　藩法集　八四二～八五〇頁	「町方日帳目録」
三二	一外聞役之儀対町屋心得違聊之儀たり共無之様及達候事	明和六年九月
二六	一在方より養子父子同居家相続紛無之段受合書差出候様	明和五年正月
三七	一名目を以在中え入込商人多く差留方小間物屋中書付達	明和八年一〇月
八	一御家中小路屋敷ニ而紺屋職不致様廻役え書付渡候事	明和元年八月
二八	一町家題目講と唱致集会者有之紛敷企仕間敷様及達候事	明和五年九月
一六	一相撲取共他国ニ而身持不宜他国へ出シ申間敷旨達之事	明和二年一一月
③安永	「雑式草書」　藩法集　八五一～八六三頁	「町方日帳目録」
四四	一御家中家来町家ニおいて心得違之者有之様子ニ付達候	安永元年八月
八三	一町中ニ馬を繋候儀不埒之至ニ候、往来之妨ニ不成様達	安永八年六月
八八	一町中之者他国他国江罷越候節請合証文ニ用事次第書出	安永九年二月
五五	一町中鍛冶四人宛日々輪番ニ而御鍛冶方江罷出相勤候様	安永二年六月
四五	一六所宮祭礼例年歌舞伎芝居相止囃子興業被仰付候之事	安永元年九月
九四	一町家之者身分ニ懸ル諸達書、他国罷越証文ニ類族書加	安永九年一〇月
④天明	「雑式草書」　藩法集　九〇〇～九〇一頁	「町方日帳目録」
一一九	一火事之節裁判届兼候ニ付、小屋頭共外聞役之手ニ付候様	天明二年七月
一九八	一外聞役之合羽、代町銀之内より渡来候処以来御本方渡シ	天明二年一〇月

二〇三	一新三町目勢屯出小屋之者須崎久左衛門跡屋敷引移仰付	天明二年一二月
二一一	一新三町目御門勢屯之内町ニ掛り候分常々町方より掃除	天明四年二月
二〇五	一通り懸六十六部外廻国躰之者一夜宿米屋惣吉被仰之事	天明三年三月
二一八	一浪人躰之者町家江立入合力銭ねだり取候儀押捕指出シ	天明六年八月

(2)藩法集	町方法令	町方帳面
収録番号	収録目録(抄)	収録年代
①	「市井雑式草書　乾」　法と政治　六二〇〜六五七頁	「町方日帳」
八一	一町家ニ刀差之者雑居は不宜、数十年御家人居住跡不苦	寛政一一年正月　日帳
一	一在人数者町家奉公被差留難渋之筋有之候今迄之通不苦	寛政三年正月　日帳
一二〇	一町家より小路内出商売ハ基通、居商売ハ差留候様申達	享和三年一二月　日帳
五八	一熊本町鍛冶頭取共依僉議在勤中丁頭同列被仰付旨及達	寛政九年三月　日帳
九六	一町並之寺院町屋敷取入分差返ニ付別段を以有来通差置	寛政一二年五月　日帳
五	一他国之芸者芸興業前御国法遵守之証文已来町別当差出	寛政三年三月　日帳
②	「市井雑式草書　坤」　法と政治　六七二〜六九六頁	「町方日帳」
六三	一御家中手廻日雇之者日雇方頭取之差図受候様被仰付候	文化五年九月　日帳
三八	一在中より熊本え罷出候者共新タニ熊本罷出渡世難叶達	文化五年八月　日帳
五七	一町家売買之節指出五歩銀之儀受払帳印形根帳ニ記差出	文化六年八月　日帳
六五	一諸職人共御家中誂物質ニ入手筋悪敷仕形有之由改候様	文化六年一二月　日帳
三〇	一僧侶之頼ニよつて町内一統ニ過分之取立不仕様及達候	文化五年四月　日帳
二	一物貫ニて致渡世候者ハ教悦より提札相渡掟書読聞せ候	文化三年五月　日帳
③	「市井雑式草書　坤」　七〇一〜七〇六頁	「町方諸帳」
一〇六	一刀指之類寛政六年以来新規差留住居来候類も引払候様	寛政六年四月　東台町諸願扣
九四	一八代本町之者今度家来分扶持人ニ別段召抱有之候様達	寛政一〇年五月　四ヵ所町諸達控
一〇二	一八代町之者無往来ニて他国罷出候ニ付過料被仰付段達	文化五年二月　町方万覚帳
九九	一旅人問屋之者他国者を鬢付職ニ雇入度願出入職難叶達	文化六年九月　町方諸願控
八九	一高橋町より熊本町迄之人足在方差出本馬ハ高橋町指出	寛政三年二月　四ヵ所町諸達扣

九三	一怪敷風俗之者罷越無心カ間敷難仕候ハヽ、旅僧留置注進	寛政五年四月　四カ所町諸達扣
④	「市井雑式草書付録」　九〇九～九六四頁	「町方日帳」
二一一	一国中外改所之儀両所之内ニ差出改極印を受致通用候様	天保一二年一一月　日帳
二二六	一在中付出穀類出買心得違之者指押、買取候穀類取上達	文政四年一〇月　日帳
一八九	一市中之者共養子取組・女子縁約各ゑ相達差図之上取極	弘化二年六月　日帳
一一三	一諸職人重キ御用被仰付非常之節持除駈付夫町夫被召仕	天保一一年八月　日帳
一〇五	一五カ所町之商人共別紙寺社祭礼ニ限極外之品持越差免	文政七年四月　（日帳）
九七	一領内歌舞妓芝居其外見せ物興業旅芸者加候儀被差留候	文政一二年九月　日帳

熊本町鍛冶頭取共は僉議により、在勤中丁頭同列を仰せ付けられる旨達となった。

町並寺院の内、町屋敷を内証で買い取り境内に取り入れた分については、二〇年限町並に差し返すよう仰せ付けられ、年限に至り町役人に引き渡すように仰せ付けられたが、願書差し出し一統困窮のため、別段を以て今まで通りに差し置き、寛政一二年（一八〇〇）五月、町並出銀、年々改方等、これまで通りと達している。

他国の歌舞伎芸者などが入国して、芸興業に取りかかる前に、滞在中国法を堅く守る旨の証文を、これまで請け負った者が町方横目へ達して来たが、寛政三年（一七九一）三月証文は町別当に差し出させることになり、中印の上町方根取へ達するように達となったのである。(5)

②文　化

御家中雇の手廻日雇の者共、余計の賃銭を取り風俗も乱れた様子につき、今後取締のため熊本蔚山町の右助および同京壱丁目の理平次を、日雇方頭取仰せ付け、これらの者一切両人の差図を受けるように仰せ付け、文化五年（一八〇八）九月に両人は町並番公役、影踏共に御免となっている。また頭取両人に町方口の間根取より申し渡しの書付を渡し、家中惣触として取締に当たらせている。

熊本町造酒屋・揚酒屋共酒売出の節は、高利を取らないように熊本町中に達していたが、在中より熊本へ出て酒荷などの渡世をする者があり、これまでそのような渡世をして来た者については、その通りに差し置かれたが、文化五年(一八〇八)八月、新たに熊本に出て右のように酒荷などの渡世をすることは許されないことを、在中へ達するように郡代に対して沙汰したのである。

町家の者が家屋敷売買の節差し出すことになっている五歩銀の内、半分の二歩半は各懸の別当に預け、残りの半分は中古町へ引き渡すようになっていたが、各懸別当預分は文化六年(一八〇九)八月以来町方根取、同横目より右受払帳に印形を用いるように申し付けられて、一懸限の根帳出来の上差し出すように達となり、それぞれ印形を用いて渡している。それ以来出入の節々右根帳に記し差し出すよう達となった。

職人共の内には御家中の誂物を質に入れ、質物を取る者までにも迷惑をかける者がいたので、以来不届の筋があれば取り締まって来たが、年久しくなったので諸職人共に対して心得違の無いように申し付け、質屋共にも武器類など紛らしい物は質に取らないように心得を申し付け、文化六年一二月には、もし心得違の者があれば厳しく仰せ付ける旨、熊本町中に達している。

僧侶については堂塔建立など、相対の施物を受けることは当たり前のことであるが、間には僧侶の頼によって、所の役人や若い者などに対し、町内一統に取り立てさせるようなことがあり不埒であると、今後止めるように達した。この頃堂建立や地築の加勢頼に、懸総出や丁々割付寄附申し付け、にわかなど過分のことがあるので、文化五年四月今後そのようなことをしないように、熊本町中に達している。

病身などにて仕事が出来ず、物貫などで渡世する者については、教悦より提札を渡すことをこの節達となった。この提札は一年に一度改め、その節教悦より掟書を読み聞かせ堅く守るように申し付けている。文化三年(一八〇六)五

月には提札を拵えるには費用が懸かるのでわずか宛札料を受け取り、札を受けない者は外の渡世をするように達した。(6)

③寛政後

士席浪人や侍の隠居など侍身分の者の町家居住は、類例の無いことであるとして認められないことであった。しかしこのような刀差の者も、以前は願によっては町家居住が許される場合があった。寛政六年(一七九四)になって僉議が行なわれると、同年四月には新規のことについては禁止となり、町家にこれまで居住して来た者についても、事のついでに町家を引き払うように申し付けられたのである。

八代本町の井桜屋儀左衛門は、松井主水の用向きを勤め扶持方を遣わされ、今度家来分扶持人に召し抱える旨家司役より達となった。町家の者が家中譜代や一季抱の家来になることは、願出次第に許されることであったが、直に町家に居懸となることは許されないことであった。八代町に見合わせもあり、寛政一〇年(一七九八)五月、別段をもって抱方となり、今後このような取り計らいは容易に行なわないように達している。

八代町の町人が往来手形なしに他国へ出かけたことに対して、本人は過料として銀一枚、丁頭は銭一貫文、組頭は銭五〇〇文、五人組は銭三〇〇文宛などの過料を仰せ付けられて達となった。文化五年(一八〇八)二月、今後抜け参宮をした者については、右の目当をもって過料を申し付けることとし、追ってそのように町中に達するよう、八代町奉行へ達することにした。

熊本町旅人問屋の者より、他国の者を鬢付職に雇い入れたいと願出が出されることになった。入職のことについては願出次第に許されることになっていたが、近年旅人の逗留については改められることになり、入職の件についても自国にて出来致し難い職業で、国の御用に役立つ者に限ることになり、その他の者については認めないことが決まったので、文化六年(一八〇九)九月、右の願出については叶い難しとして達となった。

高橋町へ渡海の者が熊本までの人馬で難渋しているので、人足は郡方より差し出し、本馬は高橋町より差し出したいとの別当共の願書について町奉行より達となった。そこで人足は在方差し出しと究め、別当より池田会所へ達し、急な場合は別当より大塘村・高橋村へ連絡し、荷物改め、人足の積りの上達するよう、寛政三年（一七九一）二月、高橋町奉行へ達となり、在方へは郡方より達となった。

他国の侍が欠落人探しのため八代町へ参り、路金を無心したので町役人より金一両を世話し遣わすことになった。この後このようなことがあったらどのようにしたらよいか、町奉行より問い合わせにより、僉議の上如何なる者も怪やしき風俗の者、無心がましい者、色々申し分のある者については、寛政五年（一七九三）四月、旅宿に留め置き、早速注進とした(7)。

④文政後

これまで度々国中升改所の儀につき、熊本細工町斎藤茂左衛門、八代二ノ町平田三郎兵衛へ仰せ付けられ、すべて両所の内に差し出し改、極印を受けて通用するように達となったが、いよいよ以てこの達を守り、升作りは町方より札渡を願い出るように厳しく申し付けた。天保一二年（一八四一）一一月以後、右の申付に背いた場合は、厳しく仰せ付ける旨各郡ならびに五ヵ所町へ達し、町方受込廻役へ厳重に改方を達した。

在中より付出の穀類を出買差止については、これまで達して来たことであったが、最近心得違の者があり不埒であるとして、そのような心得違の者に対しては、抜け米見締在役人は見付け次第差し押さえ、買い取った穀類は取り上げ名前を達するよう、文政四年（一八二一）一〇月、見締役へ達すると共に、町中へも漏れなく達するように、惣月行司へ達している。

市中の者共の養子取組や女子の縁談の節については、各々に対して連絡を密にし、指図の上に取り極めることは当前のことであるが、これまでこの当然の手数をおろそかにしていたことがあったのではないかと考えられる。これら縁談のことは市中の者共にとって重要な事柄なので、弘化二年(一八四五)六月、今後右の手数を漏れなくいたすようにと、町中一統、小前の者に篤と示し置くよう、惣月行司・別当共へ達している。

職人町の火事場出方は御免となっていたが、寛政九年(一七九七)一二月、六所宮や高麗門新牢近火の節の火事場出方が、新町中惣受け持ちとなると、職人町も脇町並に火事場出方となった。諸職人に御召物等重き品等の御用の節に、もし出火など非常の節について、天保一一年(一八四〇)八月、持ち出しの駈け付け夫は最寄りの町夫を召し使うこととしたが、それは町内に居住する諸職人に仰せ付けるまでとなった。

熊本町並びに四ヵ所町の商人共の在中商売の品については、これまでも度々達となってきたが、文政七年(一八二四)四月、郡代よりの内意により別紙一二寺社の祭礼の節に限って、別段として在中商売の品に決まっていない品々も持ち越し、商売を差し許すことを定めている。その外の日は一切在中商売に決まっている品以外の商売は、決して許さない旨五ヵ所町へ達している。

領内において歌舞伎芝居繰りその外見せ物興業に、旅芸者を加えることは、前々より堅く禁じられており、近くは文政八年(一八二五)一二月にも、委しく達した通りであるが、文政一二年(一八二九)九月、今度の僉議により不審な者は廻役の召し捕り、たとい興行の初日たり共それ限りに差し止め、請負の者までその後差止めと定めた。(8)

三　触状(内容・形式)

①触状控え(三)

この帳面は、「一御法度制禁、一音物・振舞・家作・衣服等之制并倹約筋、一諸商売并升・秤・分銅等之制」等、同

じ触状の内容を寛文元年(一六六一)より寛延三年(一七五〇)にわたって集め、文政一二年(一八二九)八月に編集したものである。それらはそれぞれ頭書の形式で記している。

寛文元年(一六六一)八月、キリシタン宗門改の触に続いて、高札書き直しのことと共にキリシタン宗門の者が今もって所々より現われるので、町人・百姓共の改に当たっては、庄屋・町年寄の者は油断なく改めるように触れ出している。その後寛文五年(一六六五)三月、国中キリシタン穿鑿惣奉行に田中左兵衛尉が仰せ付けられた。

元禄九年(一六九六)四月、「御法度筋被　仰出之事」の中には、公儀法度書の趣旨を怠慢なく拝見し堅く守ること、切支丹宗門改をいよいよ入念に行なうこと、生類憐れみのことを堅く守り犬馬を入念に取り扱い、自分法度書を絶えず拝見し堅く守ること、武芸学問に常々励み、子供は特に励まし、風俗を乱さないように仰せ付けている。

寛保二年(一七四二)七月、熊本町・河尻町・高瀬町・高橋町の者、家中家来支配になった者は、直ちに当時居住している町宅居住を差し止めている。このような家中家来になった者は、当時居住している家屋敷を町役人に引き渡さなければならないことが定まっていたのである。

享保九年(一七二四)正月、「町人衣服之儀ニ付沙汰之事」には、まず町人の衣類は勝手宜しい者であっても木綿の上着を着用し、羽織は絹紬を過ぎず、儒医たり共木綿上着、女の衣類は木綿の上着に帯を着け、上だけは勝手次第など、扶持職人、諸町人に至るまで今後脇差九寸五歩より一尺三寸を限るなどとした。

延宝八年(一六八〇)八月、「熊本町諸掟之御書付之事」には、質物盗物は相対を禁止し、質物の紛失は元銀一倍返済、質物損分か焼失は質札面の通り、その身に不相応の売物、質物の節は五人組に届け請け人立て、町人の在入り込み穀物買い停止、在商売品究や夜中食物振売停止、町中古金無札停止などを定めている。

宝永二年(一七〇五)一一月には、八代町・佐敷町・宇土町・川尻町・高橋町・高瀬町そして鶴崎町など、七ヵ町における絹物や帷子商売は苦しからずと許し、在町におけるこれら絹物や上方染帷子、上方晒布などの商売については、

在中商売と同じように停止することを定めている。(9)

②触状控(五)

この触状の帳面は、神社・仏閣、僧侶・山伏・盲人、一自他宿駅・人馬・船、津々・陸口出入、旅行、一屋敷・道筋、一諸奉人、追放搆、一出火・洪水・非常・異変などの外、雑多な法令が寛文元年(一六六一)より寛延三年(一七五〇)にわたって集録され、文政一二年(一八二九)八月に編集されたもので、これも①触状控(三)と共に(一)から(五)にわたる五冊の内の一冊である。

正徳三年(一七一三)一二月、元禄一五年(一七〇二)以来、国中寺社本末改が仰せ付けられ、その後寺社本寺替寺号替古跡再興等の節は、直ちに寺社奉行へ達すべき旨定めている。この寺社本末改については、既に元禄一五年(一七〇二)に達しており、前々よりの御免地等について書き出させている。

享保三年(一七一八)七月、宗論などを致さず、希有なることを取り上げて人を迷わす者がいるので、他の宗旨をあざけり、自分の宗旨だけを申し立てるなどかたよった申し分をする者に対しては、堅く慎みかたよったことを申さないように、厳重な達を行なっているのである。

享保一六年(一七三一)一一月、町在の諸廻船で肥前嶋原や茂木浦へ、商売のために出船する場合は、嶋原・茂木浦両所の船宿へ連絡するように定めている。これに先立ち享保一二年(一七二七)には、大坂入津の諸廻船については、何国船・何百積・船頭名などについて、帳面に仕立て一ヵ月限に差し出させている。

延宝三年(一六七五)一二月、屋敷絵図が改められ今後は申すに及ばず、近年に屋敷替をした者は屋敷奉行衆に達するように沙汰している。その前寛文九年(一六六九)正月には、侍衆の屋敷には日雇取に宿を貸すことは堅く停止すると仰せ付けており、小路内商売についても同様である。

宝永元年（一七〇四）正月、家中奉公人で江戸で欠落した者は、どこに居っても引き戻され斬罪が仰せ付けられ誅伐となっている。また欠落の節給銀などのことについては受人手前より弁済についても沙汰となっている。また江戸召し連れ欠落の節については、立て銀のことについても沙汰となっている。

宝永四年（一七〇八）三月、昨一〇日の新坪井職人町竹屋丁出火の火事については、焼失家数など見廻るように沙汰となった。この火事は一〇日昼頃より出火五ッ時頃までに丁数八丁程が焼失し、千反畑屋敷にまで類焼している。これに先立つ三月五日山崎侍衆屋敷からの出火は侍衆屋敷ばかりでなく町屋四懸りに及び、死人を出す大火となった(10)。

③触状控（延宝期）

延宝四年（一六七六）四月、この書状は異国船入津の節領内入念申し付けにつき、長崎奉行牛込忠左衛門より細川越中守家老衆宛に達したものである。そこでその翌日家老有吉四郎右衛門・米田助右衛門は、領内九浦に対し浦触状一通を歩小姓後藤喜太夫に、領内七浦に対し浦触状一通を歩小姓野原少右衛門に持たせ遣わしている。右浦触状は今までは日帳までに写し置いたが、当年よりこの帳面に写し置くことにしたものである。

延宝四年（一六七六）六月、この口上書は例年六月一四日の祇園会神事能見物につき、与中の者にも達するよう組頭衆に対する家中触状である。細川修理・長岡与八郎・長岡半左衛門・長岡左門に一通・長岡監物・有吉四郎右衛門・米田助右衛門に一通、その他組頭中に合わせて六通の家中触状が奉行所達となっている。

延宝八年（一六八〇）六月、奉行所では来る二四日より晦日まで、千部の法会を妙解寺で執行するに当たり、最前より触れている通り、町中に諸事穏便を申し付け、火の用心等についても油断しないように、川尻・高瀬・高橋・佐敷町奉行、八代町は松井家司中、および郡中へは郡方より沙汰した、町中への触状である。

延宝八年（一六八〇）八月、この書付は町中火の用心を始め堅く守るべき条々等、熊本町諸掟を覚書とし、町奉行衆より町中へ触れるように、川尻・高瀬・高橋町奉行・八代町は佐渡殿家司宛に達し、またこの外諸郡中在町については、郡間より触状として仰せ出している。

延宝八年(一六八〇)九月、同元年の上知令による町人共穀物切手買一件についての覚である。当年より奉行所・惣銀所・切米所による、郡方加印の切手買は停止となったため、銘々切手主より所々蔵へ切手を付けることになったのである。そこで蔵奉行預手形の売買は出来る極であることを町人には知らせ、支配人加印の切手を直買しないように堅く差し止めたもので、奉行所より川尻・高橋・高瀬・佐敷町奉行、及び佐渡殿家老中へ一通宛、在町には郡間より沙汰している。

天和元年(一六八一)一一月、酒造改のことにつき公儀より触状となったので、その写差し廻しについてである。それぞれの町改め方については手付きの者に申し付け、定めの米高を越えることが無いように、書物に酒屋共の判形を毎月取るように、申し付けたものである。また書物案文を差し越し、堅めや誓紙についても申し付けたものである。この触状も奉行所より、高瀬・川尻・高橋・佐敷町宛となっている。またその外に見届け人を記すことや、念のために触状に奥書き判形するように記している。(11)

④触状控(元禄期)

元禄一〇年(一六九七)一一月、酒商売人が多く、下々に酒呑みも増えているため、酒の直段が高くなったとして、今度公儀より酒運上取り立てが仰せ付けられることになっている。そこで四人の家老中より所々町や郡中へ触れるように沙汰している。このことについて三人の奉行より川尻・高橋・高瀬町奉行中、八代松井家司中、並びに諸郡奉行中へ支配の町中・郡中に触れるように申し付けたのがこの触状である。

元禄一〇年(一六九七)一一月、国中の紙並びに楮の他国出しは去る冬停止となっているが、領内の紙が不足するようになったので、他国の者に一切売らないようにすること、また領内浦々船積・陸運、締売買共に差し止めるよう、奉行所より熊本・川尻・高瀬・高橋町奉行、松井家司衆宛各一通宛、所々郡奉行衆・南蘭番人・坂梨番人各一通宛、これらの外所々浦番人等へも触れ出したものである。

元禄一一年(一六九八)正月、奉公人抱えについての触状である。下々奉公人は渡世の心当りも無く、奉公を止めると不届きなことをしでかすことになりかねないので、在中においては惣庄屋、町方においては町別当共が僉議し、在所へ引っ込んで百姓とするか、渡世の見込みの無い者は奉公に出すように、奉行所より熊本・川尻・高瀬・高橋町奉行、八代は松井家司中、諸郡奉行へは郡間より触れ出している。

元禄一一年(一六九八)二月、領内へ今後上方その外他領の酒を取り入れて商売をしないように、支配の町中・在中へ堅く申し付け、家中または寺社方町の者も、自分入用に上方より酒を買い入れる節は、大坂蔵屋敷・役人証文、湊口・陸口通り手形を受け取るよう、奉行所より熊本・川尻・高瀬・高橋・八代町奉行、諸郡奉行衆・番人衆へも各一通宛沙汰し、八代町奉行へは松井家司より申し渡し、所々浦番衆へも一通宛申し渡した。

元禄一一年(一六九八)一〇月、今度の江戸大火による上屋敷類焼による作事仰せ付けにつき、家中、在中米差し上げ、町中、在中上げ銀の沙汰により、町中より四五〇貫目、在中より五〇貫目、合わせて五〇〇貫目差し上げについて、諸町奉行・諸郡奉行衆を一人宛奉行所へ呼び出し、右の件の書付渡しとなった。町奉行に対しては一〇月二七日、郡奉行には一一月一一日渡しとなっている。

元禄一一年(一六九八)一一月、これまで銀遣いの儀については、一匁に六六文宛取り遣いとなっていたが、当時銭直段が上がり差し支えるようになったので、今後は一匁につき六〇文宛の取り遣い方を定め、奉行所より熊本・高橋・高瀬・川尻町奉行、八代町は松井家司衆より別当共へ申し渡し、下方へも沙汰するよう申し付けている。(12)

四　触状(町方奉行)

①川　尻

この帳面は安政四年(一八五七)、町方奉行触頭書がなく不便のため、明和より天保に至る川尻町奉行の「召当分役等、諸御礼幷御目見願、養子・縁組、旅行、身分伺、忌中・産褥・病死、雑」などのことについて、この一冊にまとめたものである。この一冊の中には川尻・高瀬・高橋の三ヵ町が記され、八代は記されていない。

明和六年(一七六九)三月、宝暦八年(一七五八)八月に川尻町奉行となっていた妹尾牧太は、同年三月七日側弓十張頭に役替を仰せ付けられ、跡役石寺甚助が川尻町奉行として引越までの間は、今まで通り川尻町奉行役を勤めるよう当番所より知らせている。跡役の石寺甚助が川尻御用宅に同年五月に着任して交代し、機密間達込となった。

文化二年(一八〇五)三月、川尻町奉行当分を仰せ付けられた服部武右衛門は、同年七月川尻町奉行本役となり、若殿への御礼・披露のため、御花畑呼び出しとなり、同人嫡子服部左太允は当年一六歳の時、御目見願の内意を伝えたところ、文化六年(一八〇九)二月に御目見を受けられる旨達となった。

文政三年(一八二〇)八月、川尻町奉行となった不破敬次郎の二女と、小野権兵衛との縁組願、不破敬次郎二男不破已之助を小野権兵衛養子にしたい旨の内意が続いた後、右同人の嫡子不破万之助と志方半兵衛の孫娘との縁組が進み、文政七年(一八二四)四月に両人の婚礼が整い達となっている。

寛政一三年(一八〇一)二月、寛政一〇年(一七九八)三月川尻町奉行となった境野嘉十郎は、嫡子境野丈之助を長崎諏訪社へ参詣させたいとして、日数五〇日の暇を願い出ている。また享和元年(一八〇一)には、支配内の九〇歳達については、去る九月に達すべきところ延引することになり、身分伺を差し出している。

安永一〇年（一七八一）七月、川尻町奉行当分役の松下久兵衛は、高祖母病死のことについて本頭への達、奉行中へも達すべきかについて、前役小坂九郎助方まで内合を行なっている。諸御用筋は町方根取達、入れ組の儀は別当を以て達し、加印などについては平常の通りの返答となっている。当人が本役になったのは同年八月であった。

天保六年（一八三五）八月、嶋又左衛門川尻町奉行仰せ付けられ、未だ引越しない内に藤崎宮祭礼神事能の節、桟敷に出ることについて都合を尋ね、また引越をした上で用務のない場合、両祭礼能の桟敷に出ることの都合についても、同様の伺い方について奉行所より付札を以て達している。(13)

②高　瀬

この帳面は安政四年（一八五七）当時、町方触状頭書が無く不便のため、明和四年（一七六七）より天保一三年（一八四二）に至る、高瀬町奉行の「召当分役等、諸御礼并御目見願、養子・縁組、身分伺、忌中・産褥・病死等、および雑」などに付いて、この一冊の帳面にまとめたものである。これには前の川尻町の中にあった「旅行」については記されていない。

明和五年（一七六八）二月、高瀬三郎が末松左助跡に高瀬町奉行を仰せ付けられ、同月七日に役儀の代り合いが済んだことを達している。その後安永六年（一七七七）四月になって御用のために呼び出され、十挺頭を仰せ付けられることになった。高瀬三郎の跡役には梅原丹七が仰せ付けられ、代合を届けている。

寛政四年（一七九二）七月、林平格が高瀬町奉行を仰せ付けられ、続いて御礼を受けられる旨仰せ出されている。同年八月、高瀬町奉行を仰せ付けられて引越すことになると、高橋川口より浦船で積み廻すことにするため、川舟を雇い下るように願い出ることにしているのである。

安永九年（一七八〇）五月、高瀬町奉行を仰せ付けられた志方弥十郎は、安永一〇年（一七八一）四月、妻と不和になり離縁の達となった。天明元年(一七八一)五月になって、志方又次郎の妹を後妻として縁組したいとして達したので、これに対して勝手次第に心得るように達となった。

文化六年(一八〇九)三月、高瀬町奉行を仰せ付けられた平野太郎左衛門は、九〇歳以上達し後身分伺い書付を達すべきところ、差し控え及ばずとし、入念に勤めるように達した。右について、別当共身分伺い中諸勤稜については加印し、津方・町方の儀については、町横目共に代勤申し付けについて届となった。

文政一一年(一八二八)三月、横井岳之助は高瀬町奉行当分を仰せ付けられた後、座席持ち懸りで高瀬町奉行本役を仰せ付けられた。同年六月には高瀬町廻当分の西加久兵衛が漁先きで川に落ち、家に引き取った後急病により病死し、文政一三年(一八三〇)三月には横井岳之助自身の三男が病死するなど不幸が続き、機密間達となっている。

天保一一年(一八四〇)四月、松崎九郎平は高瀬町奉行を仰せ付けられ、同年五月引越申し継ぎなど代合を済ませている。前役留守居切米取触頭を勤めていた松崎九郎平は、高瀬町奉行を仰せ付けられて高瀬町へ引越となると、同人の隠居を熊本屋敷に居住させたい旨届を行なっている。(14)

③高　橋

この帳面は安政四年(一八五七)当時頭書が無く不便なため、明和より天保に至って、「召当分役等、諸御礼并御目見願、養子・縁組、旅行、身分伺、忌中・産褥・病死、雑」などの町方奉行触をこの一冊にまとめたものである。この帳面の中には川尻・高瀬・高橋の三ヵ町が記されているが、町方直支配の熊本町はもちろん、四ヵ町の一つである八代町についても記されていない。

明和元年(一七六四)閏一二月、井口傳左衛門は高橋町奉行を仰せ付けられ、同人に対して印判相済み次第差し遣わすように分司より達となり、同二年(一七六五)五月に高橋に引き越し、前任の末松左助と代合となったことを達している。井口傳左衛門が高瀬三郎助と御書出を頂載したのは明和六年(一七六九)正月のことである。

寛政六年(一七九四)一二月、斉藤権之助は高橋町奉行を仰せ付けられて御礼を申し上げ、用意済み次第に高橋へ引越すことを達している。斉藤権之助は去年の洪水の節支配内厚心の働きが尊重に達して書付渡となった。その後寛政一〇年(一七九八)一〇月には座席物頭列を仰せ付けられ御礼となった。

文化四年(一八〇七)四月、吉海万平は座席持ち懸りにて高橋町奉行を仰せ付けられ、文化七年(一八一〇)九月になると鉄炮十丁頭を仰せ付けられている。文化五年(一八〇八)七月には、吉海万平二男を吉海又八の娘と縁組したいとの内意を達し、同年八月に本達となっている。

寛政六年(一七九四)一二月、高橋町奉行を仰せ付けられた斉藤権之助は、嫡子左太郎を薩州霧嶋大明神へ宿願のため参詣させたいと五〇日の暇願を差し出した。続いて嫡子宿願のため太宰府天満宮・長門下ノ関阿弥陀寺・豊前国宇佐八幡宮を参詣させたい等と、往来五〇日の暇を願い出ている。

文政五年(一八二二)一〇月、高橋町奉行を仰せ付けられた香山俊介は、文政六年(一八二三)一一月娘が病死して月末まで忌中となった。文政九年(一八二六)には嫡子が病死で忌中達となり、更に文政一一年(一八二八)九月には香山俊介自身が病死するなど、家内の忌中が続いている。

天保八年(一八三七)三月、高橋町奉行を仰せ付けられた荒川蕩平は、同年四月異国船入津の時分浦々を見聞して廻り、異変が無いことを達している。天保一〇年(一八三九)には荒川甚左衛門が手当て受け持ちでこの任に付き、天保一三年(一八四二)正月には、荒川蕩平が病死して、飽田郡代が当分支配を仰せ付けられることになった。(15)

④八　代

この帳面は八代町の町方に関する記録を、「家司日記」や「町方会所日記」などの諸記録から集めたものである。

元文期から文政期に至る町方記録は、「判屋之事・附升改役兼務、質屋之儀ニ付御達筋等之事、御用達等之事、搗剝屋之事、当所於町家煙硝土取方之儀ニ付従熊本御達之趣ニ付御用捨ニ相成候様御達相成候事」などの諸記録から成り立っているものである。

宝暦二年（一七五二）二月、勘定所より八代町奉行宛の紙面には、判屋共金銀包を今度改めることになったことを、差紙一通にして差し越すように沙汰している。判屋宛には、今まで一貫目に付四匁を受け取ってきたが、今後一貫目に付二匁宛とし五百目以下は右の当たり、受け取り金子は百両に二匁五分、百両以下は右の当たりの差紙である。

文化九年（一八一二）四月、八代判屋平田三郎兵衛は判屋の外升改役も七代にわたって続けて来たが、勤料を拝領している熊本町に対してこれまで勤料は拝領せず、国恩に報じるために今まで勤めて来たが、判屋勤も難渋のため、勤料拝領方願い上げの口上書を、別当・惣別当・町奉行宛に差し出している。その後勤料一ヵ年に銭五〇日渡となった。

明和三年（一七六六）一一月、これは奉行所佐弐役長瀬宇平より八代家司中三人への達記録である。この達帳面には当年当月に始まる質屋札交付が記され、質高の多少や当座質であっても、質を取る者全てに質札を渡し、名付帳面を当月晦日限に差し出させ、無札質商売を厳しく差し止めることを、八代町中へ達するように申し付けている。

享保一八年（一七三三）四月、領内鬢付商売は熊本新二丁目平塚藤左衛門手前よりの請売となっているが、納戸御用分については前々の通り、井桜屋勘七練り差し上げを家司寄合に申し上げ、町奉行より本町役人へも沙汰し、本町役人より藤左衛門手代に申し聞かせ、紛らしきことが無いように沙汰するように申し付けている。

安永四年（一七七五）三月、先達て内達の搗剝師安之允願書差し出しについて、町奉行中へ達したものである。搗剝師安之允は小間物所諸御用搗剝染方について、染手間代は寸志に差し上げるとして今後の御用達を願い上げている。そこで奇特の至りであるとして染方の節の柿渋代五匁渡を達するよう、町奉行中に達している。

文政四年（一八二一）一二月、今度古庄自然に浜町（細川斉茲）御用の白煙硝製法を仰せ付けることになり、町在の所々において床下土を相応の値段で相対で取り決め、都合の良い所から製造するため、焼き子共の心付け方を申し付け、都合の良い所から始めることを、八代町から達する様町奉行に申し付けたものである(16)。

おわりに

町方日帳や触状によって、都市の社会構造や法制について検討することを、本章の課題として取り組んできた。町方日帳は「町方日帳目録」や「町方日帳類寄目録」・「町方日帳頭書」を検討し、触状では「触状控」や「町方御奉行触取次様頭書」、「先例略記町方」などを検討の対象とした。

「町方日帳目録」の口に記されている通り、この「町方日帳目録」仕立てが、宝暦改革以後新たな式稿編纂のために町方肝要の帳面の一つであったことを示しているのであった。既に前著『近世都市熊本の社会』において、「付録―終章にかえて」として「町方法令と町方帳面」に記している通り、町方帳面の一つである日帳が、「市井式稿」や「雑式草書」などの「町方法令」編纂にとって、基礎資料を提供する「町方帳面」だったのである。

右に記した「町方日帳目録」と同じように、「町方日帳類寄目録」・「町方日帳頭書」においても、町方新法編纂のための形式・内容が志向されており、町方法令との関係について検討を進めることができた。「町方日帳類寄目録」は「市井雑式草書乾・坤」のために、続く「町方日帳頭書」は「市井雑式草書附録」のために仕立てられ、活用が進められている。内容においても町中の支配が広く社会や地域に及んでいることを定めている。

ここで取り上げた触状の一つは、同じ内容毎に文政一二年に編集した頭書形式の「触状控頭書」であり、もう一つの触状は、延宝期および元禄期を中心に編集した「触状控」であった。これらの触状の内、「触状控頭書」は触状の記す内容把握が、類別となっていて容易であり、もう一つの「触状控」は頭書として編集されていないので、触状の内容ばかりでなく形式を把握するのに役立てることができた。

四ヵ町のうち川尻・高瀬・高橋の三ヵ町については、安政四年仕立ての「町方御奉行触取次様頭書」を検討することができたが、八代町については松井家の「先例略記町方」の帳面を検討することになった。これらの帳面は藩内の都市を検討するに当たって、中核となる熊本町をはじめ、五ヵ町のうちの四ヵ町については、主要な検討対象帳面であった。これらの帳面においても、触状の形式や内容を重視して検討を進めることができた。

このように第四章で検討を進めた帳面には、形態を異にする日帳や触状があったが、どちらも都市支配の実態を把握するためには不可欠の帳面であった。町方日帳を始めとする頭書や目録仕立は、その目的通りに、新しい「町方法令」の貴重な記録を提供する、基礎的な帳面となっている。また形態を異にする触状も、都市支配の形式や内容を把握する重要な史料となり、都市社会の構造を把握する検討史料となった。

注

(1)『熊本藩の法と政治』五九一・五九三・六一三・五九八・六一二・六一三頁。「町方日帳目録」永青文庫蔵、熊本大学図書館寄託　以下同
(2)『藩法集7熊本藩』八四八・八四七・八五〇・八四二・八四七・八四四頁。「町方日帳目録」右同
(3)『藩法集7熊本藩』八五二・八六一・八六二・八五四・八五二・八六三頁。「町方日帳目録」右同
(4)『藩法集7熊本藩』九〇〇・九〇二・九〇一・九〇四頁。「町方日帳目録」右同
(5)『熊本藩の法と政治』六四四・六二〇・六五六・六三七・六五〇・六二二頁
(6)『右同書』六九二・六八五・六九一・六九五・六八三・六七二頁
(7)『右同書』七〇六・七〇三・七〇五・七〇四・七〇二頁
(8)『藩法集7熊本藩』九六四・九三九・九五八・九〇九・九三四・九三二頁
(9)「触状控頭書三」永青文庫蔵、熊本大学図書館寄託　以下同

(10)「触状控頭書五」右同
(11)「触状控」(延宝)右同
(12)「触状控」(元禄)右同
(13)「町方御奉行触取次控頭書」(三ヵ町町方奉行触頭書)右同
(14)「右同史料」右同
(15)「右同史料」右同
(16)「松井家文書(マイクロ)」「先例略記町方」熊大図書館蔵

第二部　近世熊本の都市社会構造

第一章　惣町社会の代行運営

はじめに

熊本藩の都市運営を検討するためには、中核となる熊本町の有力町人の内から、町奉行が任命する別当を取り上げ、特に惣町運営に当たる惣月行司・別当の検討が必要である。右のような町役人が惣町運営に当たる都市の機構の中では、人や物の動きに直接関わる人馬会所と、都市支配や自治的な機構となる可能性のある惣町会所の検討をすることになる。

有力町人のうち町役人の主役となるのは、町奉行所が任命する各懸々の別当中であり、惣町運営の代行に当たるのは、惣月行司・別当だと考えられる。懸々の運営における主導的役割はもちろん、惣町における惣月行司・別当の主導的役割は不可欠である。特に早くから惣町運営に当たるようになっているのは、別当中の輪番による惣月行司・別当が、重要な検討課題であると考えられる。これらの町役人の任命や職務について検討すると共に、その職務やその取計方について、注目する必要がある。

惣月行司の職務の中で、人馬会所の機構や機能は重要である。惣町の人や物の動きばかりでなく、他町や郡村との往来・移動・他国との往来・交流には、各懸では考えられない惣町の機構や機能が必要であると考えられ、特に惣月行司の職務が重要なことである。さらに人馬会所における惣月行司の職務の中には、町人の移動や商品の流通に関するものだけではなく、宿役として重要な御用宿に関わるものもあるのではないかと考えられる。惣町運営に当たる惣月行司の役割は、ますます大きくなるのではないだろうか。

熊本町では早くから各懸には懸会所があり、懸の町役人もそれぞれの役目を果たしていたと考えられている。またその懸会所と丁々との関わりも機能していたのである。しかしここで取り上げるのは、その懸会所のことではなく惣町会所設立のことである。既に熊本町には町人自治があったとしても、急な惣町会所設立は考えにくいことであり、文化期になり惣町会所建て方が具体的に進むことは注目する必要がある。有力町人共による惣町会所建て方が、町奉行所監督下の補完的なものであっても看過することはできない。惣町会所建て方が有力町人共によって進められ、町奉行所の許可を得て進み、惣町会所の機能が発足し、移動を重ねて展開し更に発展しようとする時、惣町会所が町奉行所に改変されることは、藩政の動向と惣町運営を検討する上で、重要なことであると考えられる。また、復活した町奉行所には別当や丁頭等の町役人共が、無禄のまま勤めとして詰め方を続けることをどのように考えたらよいか、町奉行所復活後の惣町会所の存在や、詰め方などについても検討する必要がある。

一　有力町人の別当役と惣月行司役

①別当役の任命

熊本町の別当役任命は、細川氏の肥後入国直後、寛永一〇年（一六三三）正月七日に、町奉行吉田縫殿助・河喜多五郎右衛門宛の、「町方え可申渡事」が初見である。

一其町之頭を申付、大形之儀ハ頭として肝を煎可相済事に始まるものである[1]。

右の「其町之頭」とは、その後の町役人となる町(丁)頭ではなく、別当役のことであり、「其町」とは「懸」のことである。細川氏入国後の熊本町は、このような「懸」を中心として運営されることになり、それらの「懸」の運営の大役に当たった町役人が別当役なのであった。寛永一四年(一六三七)三月、これらの別当中と考えられる町人共より、駄賃の件に付町奉行宛の「申上覚」には、一一懸り一一人の名前が記され、当時の行政区画と町役人の実態を見ることができる[2]。

承応元年(一六五二)一〇月、佐渡殿御上り前の老中寄合伺頭書には、「古町殊之外広ク御座候を別当三人ニてさはき申候」「所広クむさと仕たる者共集り居申候ニ付、何事そ出来仕候儀ハ多分古町よりおこり、一円しつかに無御座候間、三人之別当ニ古町を三ツニ分て面々之さはきに申付候ハヽしつまり可申候」「添別当壱人宛新敷加へ可申」「手永を分可申と存候」〔朱書〕には「尤ニ被思召候間ヶ様ニ申付候へ之由」とある[3]。

享保一九年(一七三四)になると、懸は次第に一六懸まで増加することになった。

新壱丁目	壱丁	西古町	十壱丁	京壱丁目	壱丁	本坪井町	六丁
同弐丁目	六丁	中古町	十壱丁	同弐丁目	一丁	新坪井町	十弐丁
同三丁目	四丁	東古町	十丁	今京町	一丁		
蔚山町	壱丁	紺屋町	七丁	出京町	三丁		
職人町	四丁						
細工町	七丁[4]						

寛文三年(一六六三)七月には町中別当の下に町(丁)頭を別当共として仕立て[5]、明和元年(一七六四)の五月には、この丁頭申付も町方口の間、別当仰せ付けも同所では不都合であるとして、今度中古町の市原屋惣五郎が別当役を仰せ

付かるのを機会にこれを改め、別当役は奉行所佐弐役の申し渡しとなり、堅めの儀は今まで通りに町方口の問にて申し付けることになっている。丁頭は別当仕立であるが、別当役は佐弐役申渡であり、明らかに任命者が異なっていることがわかる(6)。

②別当役の職務

宝暦二年(一七五二)七月、宝暦の改革で町奉行を差し留め、町方奉行支配になると、惣町より別当四人を呼び出し、奉行支配の諸事は今までの通りと町中へも沙汰させている。今度の町支配の条々には、公儀法度のこと、役所に役間を定めること、諸願事に付振舞音物等一切停止のこと、振舞音物等は双方越度とすること、侍中への無礼を堅く差し止めること、両社神事の町奉行桟敷を止めること、軒懸出銭減らしなどがある(7)。

今度熊本町支配の儀が藪市太郎一人に仰せ付けられ、町中に申し渡して祝儀が済むと、天明八年(一七八八)三月、御用宅に別当・丁頭を残らず召し寄せ、条目渡となった。その条々には、法度・達を堅く守ること、懸内の風俗一切は別当の任たるべきこと、商家は高利を貪らないようにすること、五人組は相互に申談・一人の越度は組中の越度、孝悌惇朴・産業精勤の者は達すること、鰥寡孤独の者は憐愍を加うること、何かあれば根取役に達すること、諸出銅懸物は簾直に沙汰し省減すること等を申し付けている(8)。

寛政元年(一七八九)一〇月には、別当中寄合の儀について、一ヵ年に四月と一〇月に輪亭にて寄り合い、町方の締方について話し合うように申し渡している。この席には一人前一〇五銅を持ち寄り、寄合は脇になり饗応振舞になることを禁じている。その後別当中寄合の儀については、八ヵ条にわたる別当中寄合の心得を、町方根取中より別当中へ出し置き、これらのことについて工面の付いたものは達し、寄合の惣体の様子ばかりでなく、工面の付いた懸よりも達するように申し付けている(9)。

寛政九年(一七九七)五月になると、これまで渡されていた条目が改められることになり、これまでの条目は取り揃え懸々より町方へ返納させ、その節引替に新しい条目を渡す旨、懸々へ通達するよう町方根取中より惣月行司へ達した。[10]

一公儀御法度御国制を堅く守ること
一懸り内の風俗一切は別当の任たること
一商売方に出精し、高利を貪らないこと
一壱人の越度は組中の越度であることを、丁頭・組頭より沙汰すること
一孝悌淳朴産業精勤の者など、変わったことがあれば達すること
一鰥寡孤独の者が難儀しないよう憐愍をくわうること
一何事も少しも遠慮なく根取役へ達すること
一諸出銀懸物等は廉直に沙汰すること

右の通りに書き改めた条々を一懸に一通宛、別当預に渡している。[11]

③惣月行司の輪番

寛永一四年(一六三七)の熊本町には一一町が記され、古来市町には「惣別当」を置いて、町ごとの別当をまとめ、町奉行の指揮の下に町政を担当していたと考えられている。貞享元年(一六八四)になると、別当の中から毎月輪番で「惣月行司」が選ばれ、町奉行の指揮を受けて町政を進めることになっている。これらの惣月行司はこの時以来、弘化三年(一八四六)まで一六三年にわたって一〇六冊の「熊本市中惣月行事覚帳」を記録した。[12]

最大の都市江戸では、上級の町役人である町年寄がこれに当たり、大坂では惣年寄がこれに当たると考えられる。

これらの町年寄や惣年寄は、市中の有力町人の中でも特に人望のある町人が選ばれ、町政組織の重要な位置を占めて町政に当たったが、給料は無かった。熊本町では、寛政四年(一七九二)八月は新坪井町懸、九月は西古町懸、寛政五年(一七九三)正月は本坪井町懸、二月は紺屋町懸、四月は新二丁目懸、五月は東古町懸などと、その後一六懸に整備された懸々から、輪番で惣月行司を勤めた(13)。

江戸や大坂の町年寄や惣年寄は、町奉行伝達の触書・達類などを下達するばかりでなく、大都市の町政全般にわたる職務に当たっていたと考えられている。熊本町の場合も享保一一年(一七二六)の惣月行司記録の中に、町奉行両人の定の寄合日に当たっては、その日その日に惣月行司別当が出勤し、町奉行衆より直に達を受けたと記している(14)。職務は藩主御用から寺社祭礼、役所出勤から諸通達帳、運上触状から旅人旅宿、諸入目の町中割賦など、懸別当では果たせない惣町運営の役目を果たしている。

文化六年(一八〇九)八月の「惣月行司田瀬賀兵衛覚書」は、輪番の惣月行司が永年に記録した帳面の整理や保存の仕方外、御客屋諸道具の取扱方などのことを記している。六・八月惣月行司の儀信用失墜の事、定め帳仕立の事、諸帳面整理の事、諸書付整理の事、簞笥・長持修理・整理の事、諸帳面・目録仕立改正の事、両社絵図・帳面仕立の事、御客屋諸道具の整理・管理の事、六・八月勤前についてのことなど、惣月行司の輪番に関するもので、四番仕立の改正の儀が注目される(15)。

惣月行司の輪番に当たってまず必要なことは、惣月行司御用帳を引き継ぐことであった。天保二年(一八三一)一〇月の「惣月行司御用帳一式指送候控」の記録はそのことである。一覚帳壱番より五拾番、五十一番より九十一番まで、一算用帳壱番より拾番、拾三番より四十番、五十壱番より五拾五番まで、海陸帳壱番より十四番まで、牛馬帳壱番より三十四番まで、他国より御当地へ御通の御侍衆雇夫増銀帳(壱番より五番まで)、御客屋人足帳(壱番より弐番まで)、諸色組合帳のことなどが詳細に記されている(16)。

④惣月行司の職務

宝暦一一年(一七六一)四月には、去々年以来の江戸における物入が続き、熊本町中へ格別才覚が仰せ付けられ、銀一八五貫目を納めることになった。そこで元利は蔵米一俵一四匁宛の直段で代米を以て渡すことを定め、受け取り方済み次第証文返納を達している。元利は二〇四貫四二五匁受取とあり、差紙には新米五千一一〇石六斗二升五合を、惣月行司中へ渡すように、勘定所押印の御蔵支配役衆名による差紙である。(17)

天明八年(一七八八)八月例大祭があったが、両社祭礼の節の神燈を献ずることは当然なことであるが、物数奇をいたし物入多く、風儀も宜しくないので、宝暦の初から油小屋を差し留め、惣月行司は提灯懸・欄間彫刻・酒宴の取締等を詳しく達した。(18)

寛政六年(一七九四)六月には、両社祭礼の節御客屋へ諸道具受け取り渡に当たり、掛の町方役人が立ち会い、受取が済むまでは惣月行司も立ち会っている。また鏡間詰の横目衆の所は、惣月行司の取り計らいと定まっていた。

享保一一年(一七二六)の頃は、町奉行は両人宛で、一人宛月番となり、毎月寄合日を定めて、その日その日に惣月行司は町奉行宅へ出勤し、町奉行から直接に指図を受けていた。惣月行司はそれを各懸々の別当に達し、別当は更に丁頭などへ通達した。(19)その後の通達は様々なものがあり、元禄二年(一六八九)町中鉄炮調の惣月行司帳面から、惣月行司の所で明和元年(一七六四)触状・沙汰等の大帳仕立や、同九年(一七七二)の魚問屋名付、寛政八年(一七九六)の町中割賦物帳面の廻文等多様である。

宝暦八年(一七五八)四月に、御花畑繕御用町夫が仰せ付けられ、合五二人を達したところ、書付通りに町中間割差し出し、賃銭は決まり通りに渡すよう、町方根取中より惣月行司へ達となっている。同年五月には町中道造が仰せ付けられ、藩主帰国道筋のことは特別なことであるが、もし道造のことで御掃除頭衆より、丁役の者へ何か申し付けられることがある場合は、惣月行司より指図の上、町中へ触れ出すように町方より通達している。右のように惣月行司の職務は多く、入国後早い段階から惣町運営に不可欠となっていた。[20]

明和六年(一七六九)一〇月には、新壱丁目高札場、同所御門の上、塩屋町並びに高麗門西勢屯の掃除夫賃三七匁五分、その外惣月行司の諸入り目七〇目など、合百七匁五分を町方費用として町割賦している。[21] その後寛政一一年(一七九九)より享和三年(一八〇三)にかけては長六橋架け直し繕の費用、合三七貫三二匁八分八厘が小物成方より出し方となり、熊本町分を文化二年(一八〇五)六月五日限に、小物成方へ収めるよう達となった。惣月行司はこれらの外多様な職務に当たり、惣町中へ通達した(表1・2)。

二　人馬会所の惣町運営

①町馬と会所定請

細川忠利は肥後入国を果たすと、領内宿駅を設けて、公用・商用などの便を図り、寛永年中より往還宿町の地子上納を免除した。「官職制度考五」には一九ヵ所の宿町を記し、熊本町の五〇疋を始めとする駅馬を定めている。『肥後国地誌集』には「領内往還宿町之事」「国中馬数之事」などのことが記されている。[22]

享保一九年(一七三四)には、「馬数五拾壱匹　内弐匹　当時闕馬」とあるが、翌享保二〇年(一七三五)八月には、「御用馬五十疋之処、市中馬持零落仕欠馬立継出来兼、当時四十疋之内病馬等有之弐十疋之外用立不申諸御用御差支も有之候ニ付、相撲芝居御国者共晴天十日一ヵ年ニ弐芝居宛三ヵ年御免被下候ハヽ、欠馬立継可申段願書控有之」とあり、「右ハ相撲芝居之儀別て御免難成事ニ候得共無拠趣ニ付、先当年一芝居晴天七日宛御免被成候」と、御用馬立て継ぎに尽力している。[23]

宝暦六年(一七五六)の町方根取より惣月行司宛の「覚」には、町中割賦馬差給銀と馬差会所諸造用分の別当中への

表１　惣月行司の職務　　　　　　　　　　　（注）『熊本藩町政史料一・二』により本田秀人作成

	年	月	内容（惣町に対する町触・達書など）	町方	輪番惣月行司
正徳	4	10	家屋敷売買五歩銀利合拝領　奉願口上之覚	町奉行	惣月行司（京1）
享保	7	10	惣月行司　物書筆功料40目宛控	町方	惣月行司
	11	2	御定寄合日月番町奉行より惣月行司、別当へ達	月番町奉行	惣月行司
	15	11	止宿之旅人病気の際の手続きニ付沙汰	町奉行	惣月行司
	17	閏5	他国商人小売・触売差留之事、乍恐奉願口上之覚	別当共	町奉行両人
	21	正	町中家売買五歩銀之儀、惣月行司取揃差越	町方	惣月行司・別当
元文	3	正	町横目職務確認、別当中へ沙汰	町奉行	惣月行司（水坪）
宝暦	2	7	御町奉行差留、町方奉行所支配、別当町中沙汰	奉行所	惣月行司・別当
	2	8	藤崎宮祭礼能番組取合、花畑当番奉行、小姓頭	奉行所	惣月行司（新坪）
	2	8	町中諸願ニ付向後御礼廻りニ不反之沙汰	町横目中	惣月行司
	2	9	覚、七拾目惣月行司入目、外受負夫銀、番人賃銭	（奉行所）	惣月行司
	2	11	覚、熊本御町御免軒之儀	奉行中	根取中
	3	12	惣月行司相勤候節、物書筆功料時節柄差留	（奉行所）	惣月行司
	5	9	惣月行司之御達巡達、廻り留より差返	（奉行所）	惣月行司
	6	正	口上書、下々奉公人出替之儀、別紙覚町触	町奉行所	惣月行司（新1）
	6	正	下方差出願書不行届無之様丁頭中之申聞置	町方根取中	惣月行司（新1）
	6	2	馬差給銀・会所諸造用割賦取立、別当中之沙汰	町方根取	惣月行司（本坪）
	6	2	馬差例年渡弐両銀・行司給銀渡別当中之沙汰	町方根取	惣月行司（本坪）
	6	3	商人の他国商売願ニ付心得、町触	町奉行所	惣月行司（細工）
	6	5	商家之者共願書遅滞ニ付町触	町奉行所	惣月行司（蔚山）
	6	6	町奉行所沙汰之紙面参候節、為御請罷出達	町方根取中	惣月行司（中古）
	6	7	町御用馬馬差会所定請分懸々出方申触	町方根取中	惣月行司（新坪）
	6	7	馬銀上納日延願ニ付月々出方の沙汰	町方根取中	惣月行司（新坪）
	6	7	非常之救ニ付他国より帰参之者取扱の町触	町奉行所	惣月行司（新坪）
	6	7	熊本座頭共前借申懸禁止町触	町奉行所	惣月行司（新坪）
	6	8	藤崎宮祭礼之節町中進上物目録差上		惣月行司
	6	8	揚酒本手之取扱一代限りの心得	町奉行所	惣月行司（東古）
	6	11	町人之内虚無僧之弟子成候者ニ付沙汰	町方根取中	惣月行司（京二）
	6	11	御用馬療治の件ニ付沙汰	町方根取中	惣月行司（新二）
	6	閏11	町別当より物貰札渡、影踏之節当分札渡帳差出	町奉行所	惣月行司
	7	正	今度古町医学寮出来、町中之不洩様可申触	町奉行所	惣月行司
	7	8	旅人無支宿仕せ可申、別当中問屋共之可有沙汰	町方根取中	惣月行司
	7	12	雇鳶ニ強儀之様子有、不届之至ニ付可有沙汰候	町方根取中	惣月行司
	8	4	花畑繕御用町夫差出、町中間割差出賃銭究之通	町方根取中	惣月行司
	8	6	夜着旅人翌日御印受、問屋外相対宿致候者不届	町方根取中	惣月行司
	8	7	諸方御出之節道見分、掃除頭衆ニ丁頭付添申付	町方根取中	惣月行司
	8	9	廻船於他国難儀の節、委敷申出候様ニ可有沙汰	町方根取中	惣月行司
	8	9	地子懸り限書付差出、右地子委敷懸り々々沙汰	町方根取中	惣月行司
	8	10	一駄橋町受之入目銭、迎町新右衛門達当月割賦	町方根取中	惣月行司
	8	12	年頭御礼ハ三日七日、春より定沙汰ニ心得候様	町方根取中	惣月行司
	8	12	道中人馬先触組中触、御尋者深編笠之者町中触	町奉行所	惣月行司
	9	3	家中家来慎方之沙汰、菜種子・綿実大坂積廻調	町方根取中	惣月行司
	9	7	御賞方之面々名前出、名字御免中尾伴次洩申達	町方根取中	惣月行司
	9	7	他国往来町奉行所調、添手形別当仕出急即刻渡	町方根取中	惣月行司
	9	閏7	熊本町紙楮受込之儀、書附差越町中へ可有沙汰	町方根取中	惣月行司
	9	閏7	松屋伝右衛門之寸志、独礼・加増・座席之仰渡	町方根取中	惣月行司

	年	月	内容(惣町に対する町触・達書など)	町方	輪番惣月行司
宝暦	9	8	隆徳院於妙解寺法事、火用心入念穏便心得町触	町奉行所	惣月行司
	9	8	泰勝院於泰勝寺法事、諸事穏便心得方町中申触	町奉行所	惣月行司
	9	10	大坂積廻菜種等之儀、大坂渡書附写町中之申聞	町奉行所	惣月行司
	9	11	扶持方被下置職人中、別当上座被仰付沙汰記置	町方根取中	惣月行司
	9	12	屋敷差置在人畜書出、町家入込在人畜町中沙汰	町奉行所	惣月行司
	10	正	別当中御礼之儀廻文、人別吟味抱暇差出達申談	町方根取中	惣月行司
	10	2	馬差渡給銀御用馬分、取立可相渡別当中へ沙汰	町方根取中	惣月行司
	10	2	紙楮受込人被差止候、紙楮他所出差留町中沙汰	町方根取中	惣月行司
	10	2	町中物貰者物貰札渡、当春より相改別当中通達	町方根取中	惣月行司
	10	2	一駄橋町受石垣築立、積前銀高町中不時割賦達	町方根取中	惣月行司
	10	2	大坂渡海候船々之儀、往来手形添手形町中沙汰	町奉行所	惣月行司
	10	3	朱并朱墨商売之儀ハ、朱座ニテ買受商売町中触	町奉行所	惣月行司
	10	8	町中弐百石以上廻船、無御座段懸り々々差出達	町方根取中	新壱丁目
	10	9	胤次様所々御出被成、御先足軽罷出町中へ沙汰	町方根取中	細工町
	10	11	魚問屋共仕切値差止、直段廉直ニ商売町中沙汰	町方根取中	吉左衛門
	11	正	巡見衆御休御用申渡、町中掛々別当中へ諸沙汰	町方根取中	細工町
	11	2	為商売鉄炮町人所持、遂吟味鉄炮持主書付可達	町方根取中	八兵衛
	11	3	唐船正荷物売買之儀、不苦事ニ付手広売買町触	町奉行所	別当共
	11	4	たつ揚心得違有之候、弐尺以上堅揚申間敷町触	町奉行所	別当共
	11	5	揚酒本手貸借り之儀、相対ニてハ難成事懸通達	町方根取中	弥平次
	11	6	御霊屋御宝塔御普請、此段同役中へ可被知置候	町方根取中	西古町
	11	9	文字金銀古金銀質入、自今堅停止之事可被触候	町奉行所	別当共
	11	10	旅人興業後止宿候者、済次第本所差戻し町中触	町奉行所	別当共
	11	12	御両敬ニ被為成候儀、心得方町中へ可令沙汰候	町奉行所	別当共
	11	12	格別才覚銀仰付之儀、元利代米を以渡仰付沙汰	町方根取中	理兵衛
	12	4	百姓地所之寄附譲地、容易ニ難成儀町中可申触	町奉行所	別当共
	13	7	火術稽古場達ニ付而、鉄炮ハ角場以外難叶町触	町奉行所	別当共
	13	10	揚酒屋ニて揚酒商売、不届ニ付町中へ可被申達	町方根取中	西古町
	13	10	広東人参商売停止儀、公儀達之趣可相守町中触	町奉行所	別当共
	13	11	長崎町人当地罷越儀、俵物買入之者共へ可申聞	町方根取中	荒木平蔵
	13	12	才覚銀差出可申内意、当暮元利不残請取申候事		京弐丁目
	14	正	去暮渡ニ成候才覚銀、元分上納候様廻文有之候		渡辺甚三郎
	14	正	他所入込薬種差留類、心得違無商売不仕様申付	町奉行所	別当共
	14	5	中古町布屋金次郎儀、扶持渡格仰付組入名改達	町方根取中	伊右衛門
明和	元	7	町之者男女縁約之儀、家持・借屋、無差別懸通達		新弐丁目
	元	9	国中通用候升改之儀、焼印受通用仰付町中申付	町方根取中	白木儀右衛門
	元	10	塩硝商売願差出仰付、吟味之節為証拠書附町触	町奉行所	別当共
	元	11	国中銭遣改候ニ付て、高利取不申様心得町中触	町奉行所	別当共
	5	9	町家日蓮宗題目講唱、大勢致集会由違背仕間敷	町奉行所	別当共
	7	正	太守様少将拝任候段、奉恐悦町中不洩様可申触	町奉行所	別当共
	7	正	唐船漂着之節人数出、手当仰付之節不届無之様	町奉行所	別当共
	9	7	町中魚問屋立方仰付、名付七拾弐軒相達候書附		惣月行司
天明	7	2	祝能拝見町人祝物受、独礼祝物取集渡可有通達	町方根取中	広瀬嘉右衛門
	8	正	以来馬会所御用之儀、建継御用馬見分之節支配	(藪市太郎)	惣月行司別当
	8	4	造酒高并株高調ニ付、町中造酒米高書上帳差上	町方根取中	本坪井町
	8	5	造酒之儀猶申来ニ付、町中造酒株酒造米高差上	町方根取中	白木藤七郎
	8	7	町中人別出銅上納儀、向十年間一人前五銅宛願	町方根取中	西村伊七郎

	年	月	内容（惣町に対する町触・達書など）	町方	輪番惣月行司
天明	8	7	町屋敷吟味御達之儀、新大工町之内御達申上候		西村伊七郎
	8	8	糸挽賃銀吟味仕候儀、一応吟味仕御達可申上候		若園理兵衛
	8	8	糸挽銀町中割賦之儀、根元清正公御城成就之由		若園理兵衛
	8	8	両社祭礼之節油小屋、物入多風儀不宜堅停止候		惣月行司
寛政	3	正	盗物質取返答書之節、何屋肩書いたし差出候様	町方根取中	白木喜十郎
	3	3	他国歌舞伎芸者證文、各手前ニ申付中印差出達	町方根取中	渡辺甚三郎
	3	4	長崎湊通船石銭取立、以来石銭差出不及通船達		東古町
	3	5	町中急飢取救之備銭、以来差止用心米ニ加置達	町方根取中	本坪井町
	3	6	桧物屋中職札渡願書、願之通職札渡組合立仰付		新三丁目
	3	6	高瀬御蔵濡米入札払、所持米ハ差出代銭受取達	町方根取中	京二丁目
	3	8	米穀売買取次所之願、難被及詮儀旨候条沙汰候		細工町
	3	9	両神事能道具運之儀、夫方拾人町割願出増夫達		西古町
	3	10	直段元ハ諸事心を用、元直段を糺下直を可心得		西古町（小寺）
	3	11	穀類出買仕間敷候段、雑穀たりとも難叶町中達		新壱丁目
	3	12	余計之足銀多難渋願、足銀町中増割賦仰付之達		新二丁目
	4	正	十五日限酒造込之儀、日限ニ至横目差廻桶数改		今京町
	4	閏2	往来不所持留置達方、貧窮之者止宿難渋見聞達		本坪井町
	4	3	瑶台院様病身ニ被為、為湯治国許御越勝手次第		京壱丁目
	4	4	玉目拾文以上之筒ハ、宮園村角場試申出受差図	町方根取中	新二丁目
	4	4	今度之嶋原大変之儀、前代未聞之事荒増ヲ書記	町方根取中	新二丁目
	4	5	熊本町中人数之覚		細工町
	4	6	出火之節駈付之者共、股引も渡置被下候様願書		渡辺甚三郎
	4	7	壱人馬弐疋宛牽者有、心得違無之様人馬会所達	町方根取中	東古町
	4	8	藤崎宮祭礼随兵馬、五疋差出伺例年通心得方達	町方根取中	新坪井町
	4	9	太追物御覧候ニ付、町中より拾疋差出候様申達	根取中	西古町
	5	正	専蔵預り馬病死達、書付達後町方横目差出見分	根取中	本坪井町
	5	2	他所晒蝋商売差留、国製晒蝋商売一切仰付町達	町方根取中	紺屋町
	5	4	二本木御屋形近火、古町中鳶之者弐拾五人駈付	町方根取中	新二丁目（海津）
	5	5	弐本木御屋形近所、若出火之節町火消差出駈付	町方根取中	東古町（吉村）
	5	6	本座年行司銀納方、別当預りを以無遅滞納通達	町方根取中	東古町（甲斐）
	5	6	町中諸願書町方滞、御互に下之滞塞り不申候様	町方根取中	
	5	7	盆中町家挑灯燈籠懸、例年之通可被相心得旨事	町方根取中	西古町（小寺）
	5	8	藤崎宮経蔵大破之儀、町中令寄進世話有度通達	町方根取中	新一丁目（寺尾）
	5	9	賄物所御用焼酒酒粕、直段決ニ付願出	町方根取中	新坪井町（釘沢）
	5	10	歌舞伎芝居旅芸者之者差止	根取中	中古町

表2　惣月行司の職務　注：町方法令・町方帳面により本田秀人作成

町方法令		町方帳面
	(市井式稿)	
二八	一高正院様御卒去ニ付、町中二日蔀を閉候様	享保六年閏七月式
〔朱書〕	「恵雲院様御逝去之刻、二日見世店閉候段」	元禄十三年八月惣月行事大帳
	(雑式草書)	
〔朱書〕	「町中ニ馬を繋候儀ニ付尚又建之事」	天明七年十一月尚又惣月行事達
八三	一町中ニ馬を繋候儀猥ニ相成、不埒之至候	安永八年六月日帳
一七三	在人畜之者町方之入込　惣月行司	宝暦十二年六月日帳
	(市井雑式草書　乾)	
七四	一御鷹之餌ニ相成候付　惣月行司之及達	寛政十年四月日帳
八八	一町人之絵荷を貸渡相止　惣月行司別当之達	寛政十一年六月日帳
〔朱書〕	「駈通之旅人、絵符持参　直ニ人馬会所へ	同年十二月日帳ニ記」
	(市井雑式草書　坤)	
二〇	一甲斐清三郎、一人役之間惣月行司勤之御免	文化四年十一月日帳
四〇	一町夫四百人御側権持御用　惣月行司別当達	文化五年十一月日帳
四九	一惣月行司請持、三懸組合ニて一ト輪番受持	文化六年二月日帳
五六	一熊本町飛脚宿無異儀止宿、惣月行司別当え	文化六年五月日帳
六八	一旅人問屋共宿引出シ不届、惣月行司別当え	文化七年三月日帳
一一九	一徒刑年限相済候者差返節、惣月行司別当え	
	(市井雑式草書附録)	
八	一市中流行病等有之節、惣月行司別当之口達	文政八年二月
一一	一御手当御用町夫之儀、惣月行司之及達	文政十二年二月
一四	一六月・八月之惣月行司、以来職人町を省	文化十年十二月
一六	一両社外祭礼、本妙寺之挑灯懸、惣月行司え	文政四年五月
二三	一市中之者犯事有之年限満候節、惣月行司え	文政八年三月
二四	一町家相対取救之儀高積り狙方、惣月行司え	文政八年十一月
三〇	一他支配之者通帳ニ記別当元届、惣月行司え	文化十二年三月
三三	一負銀不埒之譚ニより分散候者、惣月行司え	文政四年十月
三四	一町家作事之節両隣之境出入、惣月行司え	安政三丙辰年十二月
四〇	一現銭他所密出不行届之儀、惣月行司え	文政七年五月
六三	一徒党狼籍躰之儀人別印形請書、惣月行司え	文政十一年七月
七五	一質物利足之儀・請季月数之儀、惣月行司え	天保十四年十月町方日帳
七六	一質物利足之儀、道具類利合、惣月行司え	天保十四年十一月町方日帳
七七	一当座質之儀、衣類・道具共、町奉行所詰え	弘化三年午閏五月町方日帳

沙汰と、当年分の給銀渡、取り立て渡を沙汰している。馬差給銀は七二五匁八分三厘、馬差会所造用分は三〇〇目と記されている。これまで町御用馬五〇疋はそれぞれ懸々に持ち主を定め、馬子共に預けて御用を勤めてきた。ところが馬子共の仕い方が悪く、間もなく病馬や欠馬となり、馬持共の飼い方も悪いので、今後は馬差会所定請とし、懸々受持馬数は今まで通りと定めている(24)。

天明八年(一七八八)一〇月になると、町御用馬一疋に付、一八〇日宛の請負では勤め難いとして、馬差(指)より増方願となったが、両三年の間は今まで通りに勤めるよう惣月行司から引き取り方を願い、もしまた入目不審となれば古法に復し、懸建とした。同年一一月には、「御用

八六	一地蔵祭之節、作り物之儀、　惣月行司え	文政三年十月
八七	一女子供等三味線稽古之礼物、　惣月行司え	文政四年三月
九〇	一御昇組之者無礼入込差留、　惣月行司え	文政六年十二月
九二	一寺社開帳見せ物興行旅芸者、　惣月行司え	文政八年十二月
九三	一見せ物興行ニ旅芸者加候儀、　惣月行司え	文政八年十二月
九七	一歌舞妓芸者共雑芸者養子難叶、　惣月行司え	文政十二年九月町方日帳
一〇九	一縮緬・絹類之髪飾商売仕間敷、　惣月行司え	文化十三年五月
一一〇	一煮売商売之儀近年ゆるみ差留、　惣月行司え	文政元年五月
	料理茶屋躰之煮売差留、　惣月行司え	文化十年閏十一月
一一一	一商ニ出候節は失念なく商礼　惣月行司え	文政二年正月
一一二	一桧物弓職餘職片手難叶、　惣月行司へ	文政二年四月
一一六	一花火線香拵売出売廻差留、　惣月行司へ	文政四年二月
一一九	一他国産物上品高価之品差留、　惣月行司え	文政五年四月
一二六	一在中付出候穀類出買仕間敷、　惣月行司え	文政四年十月町方日帳
一二七	一在中付出竹木類出買停止、　惣月行司え	天保十五年三月町方日帳
一四一	一町家之者御侍中之無礼無之様、　惣月行司え	文政二年八月
一四二	一若者組と唱組合立候儀停止、　惣月行司え	文政四年六月
一四五	一衣服制度之儀を堅相守候様、　惣月行司え	文政十二年四月
一四七	一別当町会所集会之節故障知せ、　惣月行司え	文化十年三月
一五八	一町家之者欠落違三十日限、　惣月行司へ	文政三年八月
一五九	一男女縁約之儀猥ヶハ敷儀不埒、　惣月行司へ	文政三年八月
一六二	一町中風呂屋之儀男女打込難叶、　惣月行司え	文政四年七月
一六八	一揚弓流行餘ハ貪着過不可然、　惣月行司え	文政六年六月
一七一	一乱心者等に子供礫投不埒、　惣月行司え	文政八年四月
一七三	一子供の駒はね揚候事差留、　惣月行司え	文政八年十二月
一七五	一町家豪富之面々心得違不様、　惣月行司え	文政九年十二月
一七六	一産業不心懸ニて日を送候者、　惣月行司え	文政十年十一月
一七七	一御婚礼御祝御用不行届の件、　惣月行司え	文政十一年四月
一八三	一市中法度書読習せ方、　惣月行司え	文政十二年六月
一八六	一刃物類持遊不申様制候様、　惣月行司え	天保元年二月
一八七	一弐尺以上たつ揚申問敷、　惣月行司え	天保元年二月
一八八	一揚弓増長候儀於風儀不宜、　惣月行司え	天保元年五月
一九二	一職人町を省人別順番、　惣月行司之儀	文化十年十二月
一九五	一八月惣月行司受持之儀名前操替、　今京町	文政三年五月
二一〇	一、心得方等開之町物書引替　惣月行司え	天保元年八月

馬五拾疋之内三疋九合新三丁目受持居候処、弐疋ニ被仰付被下候様奉願候処、御付紙左之通　此儀本行之内壱疋九合分ハ以来中古町受持ニ被仰付段御達有之候」と記されている[25]。

建馬請負の儀は、馬差の断り願い出のため、前々の通り町中懸々建て方となるべきところ、馬差請負が三〇年来続いて困難なため、今後は一八〇目を二〇目増に二〇〇目宛として、馬差に請負を願ったが断り出て、請負の名目のみを残し、町馬の取計方は今まで通りとし、馬銀も一八〇目宛と変わらず、毎年一二月に惣月行司へ引き渡すことにし、馬子への給銀・飼料代渡は馬差立ち会い、惣月行司より直々渡し、残り銀も惣月行司預け方など、記録を残し翌十二月に引き譲ることを定めている[26]。

②町馬の取扱

町御用馬五〇疋の内懸々受持分については、馬一疋に付一ヵ年に銭一五〇目宛を、懸々別当共に一二月一〇日限に、馬差会所へ納めるように申し付けていた。もし今後この日限まで納めない場合は、一疋について五〇目宛増方によって取立となることを、馬持中に触れるよう、宝暦六年七月に町方根取中より惣月行司宛に申し付けている。右の馬銀上納の儀については、来る二月までの上納となるように、別当中より日延願が出されている。これに対してはその時だけに割賦するのではなく、月々に出すようにすれば町中の出方も良くなるのではないかと、町方根取中より惣月行司へ沙汰した。(27)

（宝暦六年）七月

一御用馬五十疋会所定請持被仰付候馬銀百五拾目宛十二月十日限若及延引候得ハ五拾目増銀右銭辻ニ而建継馬具等ニ至迄相済馬医礼銀ハ右之外ニ而候事

但十二月中ニ相納度由相願候得とも難叶事(28)

宝暦六年閏一一月、御用馬の病馬療治について、馬医より御用馬町中残らず療治を仰せ付けられるなら、怠慢なく灸治を続け、病馬を減らすことができるとし、御用馬一疋について薬礼銀四匁のところ、三匁宛の書付を差し出したので、もっともなこととして沙汰することにし、薬礼銀は一懸限馬数に応じて渡す旨別当中へ通達するよう、町方根取中より惣月行司へ沙汰している。(29)

明和七年（一七七〇）七月、駄賃馬の取扱方の「覚」には、他宿より荷物を付越す戻馬に、熊本付出の商売荷物を付け越す時、訳立つ分は馬会所へ揚荷銭を払えば印鑑を渡して来たが、今後熊本付出荷物を他宿の戻馬には差止となった。ただし、通荷は今まで通り馬子共の強儀差し止め、駄賃銀は定法の通り荷物は懸の馬子付越し、輪番立て付出荷は熊本馬子付出、揚荷銭は馬差より馬子へ申し付け、隈府・山鹿戻馬塩物類付越は、他宿荷同前などと定めている。(30)

熊本町馬は、町中惣割賦で建て方となったもので、宿役の外は御用たりとも賃金を渡して召し仕うことになっている。家中の面々の相対雇の節は程よく賃銀を渡して雇うことに定まっているので、心得違いをしないようにすることが大切で、家来共の強儀を差し止めた。定の賃銀で町馬を雇う者は、佐弐役か町方根取役に達して差紙を受け、定めの賃銀で町馬差出となっている。相対雇の者は馬主共が迷惑しないように賃銀を決めて雇うことと定めていた。(31)

③惣月行司請込

領内駅馬人馬賃は、享保の頃銀一匁銭相場八〇銅通用の際、本馬一疋に付一里三二銅で、人足は一里一六銅で継ぎ合わせていた。元文の頃銀相場が一匁七〇銅の相場になると、人馬賃は三二銅が二八銅に、一六銅は一四銅となっていた。しかし宿駅の者難儀のため領内宿駅人馬賃銭は、公辺へ伺い先規の通り本馬一疋一里三二銅、人足一人一里一六銅などと定まっている。(32)

公儀の触書、薩州・求磨継送の品、日田・天草送りの先触などについては別当宛に継送、諸品はその時々人馬会所より東古町別当中へ送り届けとなっていた。そこで別当中はそれぞれを遅滞なく継ぎ送り、夫賃銀はその後町中割賦によって償なったのである。このようにいつとなく東古町別当取計の定受持となっているので、東古町別当中の一人を惣代と定めて勤めさせるか、廻持にして勤めさせるなどの書付差出となったが、不便利なことであり手馴れた者が良いと積書を仰せ付けた。(33)

安永四年(一七七五)一〇月には、右の件に付町方根取中から次の達となった。まず日田天草取遣の御用状持夫賃銀は、当年も馬差請負を仰せ付け、銭六〇〇目を町中割賦によって、馬差渡とする。町別当当継送の諸御用物継送の儀は、銭二〇〇目にて、この節より馬差請負を仰せ付け、人馬会所手付の三人には銭二〇〇目を増給銀として渡すことなど、合わせて一貫目を町中割賦として、早々に馬差へ渡すことを達している。(34)

寛政元年（一七八九）になると、建馬の儀に付、馬差から諸色高値のため足銀無しでは建継は困難であるとして、去々年来請負断願が続いていた。そこで検討を重ね一疋一八〇目を四〇目増の二二〇目にして、都合一一貫目割賦を仰せ付けた。その上馬子共への給銀渡には馬差立会い、残銀は惣月行司に預け置く等を定めた。懸々に建て置くべきだという者もいるので、そのような詮議は今後のこととして、当年は去年の通り惣月行司の取り計らいとし、馬子への給銀は一人々々呼び出し直渡した。[35]

寛政二年（一七九〇）四月、町方根取中の「覚」には、川尻まで一駄の賃銀が記されている。

一、古町より川尻迄之俵物、三俵付ニシテ壱駄分　此賃銭弐匁五厘
一、新町より　右同断　同　弐匁五分
一、坪井町より　右同断　同　弐匁六分五厘
一、京町・出町より　右同断　賃銭　三匁三分[36]

④馬会所諸込

寛政八年（一七九六）九月、この度の熊本駅馬改正により、中古町別当市原藤三郎と、新壱丁目別当寺尾勘右衛門の二人が、駅馬請込を仰せ付けられ、在勤中刀並びに年始門松御免となり、紺屋町の山西屋甚兵衛が馬差役を仰せ付かって、在勤中別当列を仰せ付けられた。そのためこれまで惣月行司が取り計らって来た人馬会所御用の儀は、今後月行司の取り計らいに改められることになった。[37]

一熊本駅場今度改正被仰付、別当役之内中古町市原藤三郎、新壱丁目寺尾勘左衛門駅馬請込被仰付候、依之右受込之町別当在勤中苗字刀并年始門松被成御免、馬差役之儀ハ在勤中別当列被仰付筈ニ此節相究候間、以来引代等之節は其者之身分応し、右稜々迄之儀ハ於町方及僉議、右之書付選挙方え差廻候筈ニ候事

寛政八年九月日帳(38)

寛政一一年(一七九九)二月には、馬子共の心得方条目を定め、年二回人馬会所において読み聞かせを行なうことになった。その定は、一無礼や不法な馬引きをしない等、一荷物を丁寧に取り扱うこと、一馬の口綱を長く取り追い懸け行きをしないこと、一一人で馬二疋を引かないこと、一馬の行き合いは口綱を短く、相互に左へ寄せて引き通すこと、一口引きの者は馬に乗らないこと。一駕との行き合いは、口綱を短く取り左に寄り駕を先に通すこと、一車との行き合いは車を止め馬を引くこと、一定めの貫目を守ること、一会所刻限を守ること、一定めの賃銭を守ることなど一一条であった。(39)(40)

文化九年(一八一二)一一月、御横目井場吉右衛門より町中御用馬書付差出が申し付けられ、惣月行司より御横目宛に、懸々何疋々々と急ぎ書記して差し出すことになった。これで懸別御用馬数を確認することできることになった。

一、御用馬弐疋九合　新壱丁目　　一、同　壱疋四合　同弐丁目
一、同　弐疋　同三丁目　　一、同　弐疋九合　蔚山町
一、同　壱疋九合　職人町　　一、同　四疋　細工町
一、同　七疋　西古町　　一、同　四疋九合　中古町
一、同　七疋　東古町　　一、同　三疋　紺屋町
一、同　壱疋　京壱丁目　　一、同　壱疋　同弐丁目
一、同　壱疋　今京町　　一、同　弐疋　出京町
一、同　四疋　本坪井町　　一、同　七疋　新坪井町

合　五拾疋(41)

三　惣町会所の設立と建替

①建方と壁書

寛政二年（一七九〇）一二月町奉行所が差し止めとなり、宝暦期の通り奉行所にて御用を取り計るため、来る二五日から町方役人が奉行所に詰めることが町中達となった。(42)文化四年（一八〇七）には、惣懸よりの願により、新三丁目に町会所を取り建てることになり、御用によって町方根取外町役人が出張し、諸役を取り計ることになった。(43)

同年二月には、新一丁目別当寺尾勘右衛門と、新三丁目別当河嶋平三郎の両人が、遠方の惣月行司では届き兼ねるとして、新町懸別当中から主になり取り計らい方となった。惣町会所となる新三丁目の菊屋長兵衛宅の取り繕い料は、鳥目四貫目と修覆料二貫八〇〇目の合計六貫八〇〇目は、惣町の拝借分として年賦返済となり惣町会所発足となった。(44)その後、この家の富組は町会所付に改め、年賦上納と修覆料の助成としたばかりではなく、年賦皆済の上は年々備銭となるように申談し、取り立てを進めている。(45)

文化四年七月には惣町会所普請出来に付き、使用心得の六ヵ条を定めた「覚」がある。まず第一条は、惣町会所に出席する面々の無用の滞座を差し止め、別当中寄合の儀から外れることなく、町中の締り方を第一に取り計らうことである。

第二条は、用向きによっては時間が長くなり、弁当が必要になることは当然であるが、その場合でも酒宴を差し止め、無用の滞座を具体的に示し、用向き遅延の際の惣町会所における弁当や食事の仕方のことまで定めていた。

第三条の両社祭礼については、前々から年行司の勤めと定め、その居宅を使って用向きを進めていた。そこで年行司の用向きの際も、この惣町会所を使用することが勧められたのである。このことからも別当中の寄合ばかりでないことがわかる。

第四条は例年諸懸影踏の節の惣町会所活用のことである、踏み残しの面々がその定日達になり、懸役人の召し連れによって落踏となっているので、やはり惣町会所の利用は別当中の寄合ばかりではなかったことがわかる。

第五条は町家の者の吟味の節には、吟味筋の町人にその五人組の者が付き添い、懸々別当・丁頭が同道して、この惣町会所に罷り出ることに決まったので、この会所が町人吟味の場合においてもこれまでとは大きく変わり、町人吟味の公的な場となったのである。

第六条は町人の刑法仰せ付けの際、即日に教諭申し聞かせることになり、親類・五人組の者付添の上、懸別当召し連れの上罷り出ることになっていることから、惣町会所は右ヵ条書の外臨時の用向きにも活用するようになっている。(46)

②別当中の口上

文化四年(一八〇七)二月、惣町中の願によって新三丁目に惣町会所が定まり、主になる取り計らい方も達となると、文化五年(一八〇八)三月より当町会所で落踏となり、毎月六の日は旅人改方となった。このように惣町会所の活用が進むことになると、町中別当共の惣町会所打ち寄り申談や、町方への「口上之覚」差出などが続いた。

文化五年(一八〇八)八月、「異国船渡来之際人数差出町方引受」については、早速の打ち寄り申談により、一人前三合にして人足二千人分を役間割、村方渡の木札と握飯引替を伺っている。おろしゃ御手当備米についても打ち寄り申談を重ね、近年商売方不手廻のため、半蔵と代銭上納、直々御蔵備、代銭上納には手形を渡し、御備米願い下げの者への対応などを願い、備米高を欠かさぬことを口上としている。(47)

文化九年(一八一二年)二月、町方では町中倹約筋をはじめ諸法度や心得方の改善が進まず、どうすれば良くなるか別当中の僉議を求めていた。そこで熊本町の別当共はこの問題について打ち寄り僉議を進めることになった。別当共は町方からの町中倹約筋等を改善する見込を立てるように、度々打ち寄って申談を重ねることにしたのである。しかし、そのための良い方策は見つからず、別当共から町方への実効ある書付は無かった。

右の件に関係して、盆後踊の際の華美な風俗についても、これまで度々の達や取締が続いており、今後の取締の見込についても、油小屋一件と共に篤と申談を重ねている。町中には子供の成長と共に、どこの丁々にも若者組があって、この若者組が奢侈不遜などの出来原因となっていると考えられているのである。そこで町中倹約や質素の風儀についても、この若者組を差し止めることで可能になると申し上げている。(48)

文化一〇年(一八一三)三月には、他国産物の移入差止の中で、職業要用の物で国産に無い場合、渡世や日用の必需品は申し出るように申し付けられたので、別当共が町会所に集まって選び出すことになった。また店々注文秋冬物呉服・太物類は御免を願い出た。また諸間より町家の者へ払い物代銭や拝借等、年賦返済などが滞るような場合は、相対ではなく私共別当中に申し付けられたら御世話する旨の内意を口上している。(49)

同年七月になると、別当中に対して御銀所小預の問題が口達となった。これに対して別当共は、小預の書替や大預との引替については問題にせず達している。しかし、御銀所預の数々の振り出しは、一統便利のためであって有難いことであるが、余りにも砕けてくると問題が出てくるのではないかと、別当共の申談の結果を申し上げ、百目預や拾匁預など、小預書替について申し上げている。(50)

③書付渡し

文政一二年(一八二九)六月、町方は市中法度の趣旨や内容が、町家の者に未だよく分からず、よく行なわれていないので、法度書を帳面一冊にして懸々に渡し、別当共に対して懸中人別印形を作成して差し出すように申し付けたのである。このことについては、当時町方が最も重視している政策で、惣町会所の寄合申談となったものである。

そこで正月影踏の節は町方根取出役で、法度書を丁頭・組頭に読み聞かせとし、その後別当共に懸々を見計らい、三ヵ所か五ヵ所に家内・子供を集め読み聞かせた。続いて丁頭に写を作らせ、御触等について小前の者を集め教諭書と共に教えている。組頭共に対しても写を用意させ、受持の組内家内子供にもよくよく申し聞かせている。市中の手習師匠共に対しても、別当申談により手習子への教え方を申し付け、読み習わせ書き習わせている。ただし、別当申談によってもこの件について教え方が行き届かない師匠は、市中における手習師匠はできないと申し聞かせている。

書付に記された申付の内容は以上の五つであった。小前の者共が心から納得するように度々親切丁寧に話して聞かせるように、町会所において町方分職奉行から惣月行司・別当へ書付を渡し、惣月行司・別当から懸々別当へ通達したのである。(51)

右のことに引き続いているのは、市中法度書条々でありその全容を見ることができる。町家の者共に対しては、これまで法度筋や心得方などについて仰せ付けられてきているが、法度筋が仰せ付けられ年数を重ねて分からなくなり、知らず知らずの中に罪を犯してしまって、咎を受けてしまうことがあるので、この機会に改めて町家の者に対して、市中法度書の条々を示している。

市中法度の条々は四六ヵ条にも及ぶ程で、町方が町政運営の大きな障害と考えている、倹約筋を始めとして、市中の法度筋や町家の者の心得方にまで及ぶ程の法度書である。町中倹約筋については、かねてから仰せ付けられている衣服制度を心得、いよいよ質素を守ることが大切である。商家の妻子が駕に乗ることを止め、祝事の際や旅行の節などで酒長することのないようにすることを定めるなど、質素倹約に関する条々が定まっている。町家の者は侍中や家中の者など御家人に対しては、無礼や無作法の無いように心得ることを定めている。そこで途中で侍を見かけたら無礼にならないように脇に寄り、人通りの多い所でも脇によって通るように申し付けており、無礼の無い心得を最も重視しているのである。町中で若者組と唱えて組合を立てることは堅く差し止めており、婚礼の節の礫投げ停止も厳し

く申し付けるなど、その他多くの条々が重要な政策となっている。(52)

④移動と建替

文政四年(一八二一)八月、当時の町会所は新三丁目高塚屋正太郎の旧宅のため、昨年暮から旧宅の拝領と町方出し方の五ヵ年賦上納の願で、惣懸申談の達となった。そこで、町会所の儀は仕方の無いことであり、今のままを願っているが、もし同じ懸中に代わりの家屋敷が差し出されるのであれば、相談に応じる旨口上書を差し出している。

その後も話合が続き、文政八年(一八二五)三月になって、当時の惣町会所は家主正太郎に引渡となり、新一丁目に町会所相応の売家を見付け、代銭一一貫目で買い取ることになり、正太郎差出の五貫目と利分を加え差し出し不足は拝借を願い出た。本行の五貫目は殖やし方取り計らいとなり、元利合わせ六貫二四一匁二分余となった。その外の不足分は拝借を願い出るなど、返済の仕法について申談を続けている。

文政九年(一八二六)二月には、新壱丁目町会所の取繕は出来し、町方の諸御用筋はこの町会所で取り計らうことになった。文政一〇年(一八二七)四月になると、町会所内に市中御救御備米蔵建て方が仰せ付けられて、地形揚げ方並びに地突き人夫町中から六〇〇人や町中鳶役共が、五月一四・一五両日に突方を仰せ付かっている。地形揚に必要な道具類は作事所において手当になり、持参不要の廻文となっている。

文政一二年(一八二九)八月になると、奉行副役綾部四郎助が町会所へ出掛けることになったので、町会所寄合でやっているようにいつもの通り、各懸々から別当一人宛の町会所出席を達することになった。その後同年九月にも、奉行永田金左衛門が同じく町会所に出方になり、前回と同じように各懸々から別当一人宛が町会所に出席するように達しており、この度は奉行所から相次ぐ出方となっている。

その後、市中御備米買入を行なうと共に、天保四年(一八三三)一二月には、市中救恤を手厚く進めることになった。

懸々で幸不幸がないように、なるだけ綿入をまず渡し、できる場合は白米を渡すようにしている。この救恤というのは一時的なものではなく長く続けていくことなので、各丁頭も町会所に寄り合い、横目役など町方役人なども加わって委しく申談や調べ方を重ね、帳面を仕立てて手続を進めることになった。

天保一二年(一八四一)一二月の熊本町会所建替願には、願の通りに建て方が仰せ付けられ、質札所持の者共の質札差し出しや、身分違い無役の面々申談の通り、まず出銭取り立て差出達となっている。つづいて天保一三年(一八四二)の正月には、町会所建替棟上に当たり、熊本町別当中はみんな揃って参加し、新しい惣町会所に移るように達している。(53)

四　惣町会所新規建て方と町奉行所詰

①町政の動向

横井小楠は江戸遊学の後、天保一二年(一八四一)の秋、治安・風俗が乱れ悪事が横行する現状を批判して、「時務策」を著わしている。これは小楠が直接藩庁に提出したものではなく、家老長岡監物に対して、私的に提出されたものであると考えられている。そこには同志が居り、相互に論じ合う仲間の者が居るような所であったと思われる。

この「時務策」には藩政全体に対する批判だけでなく、町方の抱える質素倹約筋や、諸法度・心得方の改善などのことも含んでいたと考えられる。このことは前にも取り上げられたことがあり、別当中の町方に対する口上書にも記されている。惣町の問題なのである。「時務策」の提言の中には、根取共に依存せず、以前のように町奉行を置くこととある。次に根取以下役人共の勝手を許さず、町方のことは町奉行の決定に従い、町別当は日々町奉行宅に出勤し、町人の賞罰も厳しくすることなどを上げている。(54)

右の「時務策」でも問題となっている、町方に制度をつけるためとして定めたものは、文政一二年(一八二九)七月の「市中法度書」であった。そのために同年六月には惣町会所で分職奉行より惣月行司へ書付を渡し、丁頭・組頭より町中に読み聞かせている。その後、文政一二年八月二九日には副奉行綾部四郎助が町会所に出かけるのに合わせて、懸々から別当一人宛を出席させることにした。更に同年九月二六日には、奉行永田金左衛門の町会所出方に応じ、懸々から別当一人宛を出席させているのである。[55]

天保六年(一八三五)一〇月には、奉行中より市中の模様などを聞きたいとして、毎月一六日・二九日の両日を定日と決め、惣懸で一〇人を選び、五つ時(午前八時頃)、分職奉行両人宅へ五人宛集まり申談するよう達し、稲津・西浦両奉行宅への輪番を達している。天保七年(一八三六)七月になると、毎月両度の懸々別当共の分職奉行宅輪番出方を伺うと、最早同役出方も行き渡り市中の模様も大方聞取が出来たので、これまでのように出掛ける必要はないという廻文が、当時の惣月行司中山清左衛から出されている。[56]

天保七年ごろになると、今まで町方限とされていた事件のほとんどが刑法方の監督下に置かれることになり、単純で軽微な罪は町方に返し刑の執行をするように改正している。[57]

地方官手限のものは、町方では第三条の「日限相極居候諸書付等、達後之類」である。しかし、天保一一年(一八四〇)ごろになると、刑法方の監督から次第に外し、町方手限の事件に戻している。当時の町政は藩政の動向と連動しており、惣町会所建替の時を迎えていたのである。[58]

②新規建方

文政九年(一八二六)二月、新壱丁目惣町会所の取繕方が出来して、諸御用筋がこの後ここで取り計らいとなったが、元々古家のためこの家の取繕が求められてきた。

天保一二年(一八四一)一一月、熊本町別当共から惣町会所新規建方のためとして、「奉願口上之覚」が差し出されることになった。願出には次のような内容を記している。熊本町会所は文政八年に新三丁目より新壱丁目に引き直しになったが、元々古家破損の箇所が多く、近年手入を重ねても御用を勤めることが出来なくなって来た。そこで別当共が寄合申談を重ね、新規建方をしたいと考えて、出銭の仕法につき検討を進めた。それによると当時熊本町居住無役豪家の面々の寸志は二〇貫六〇〇目、別当中より一〇貫目差し出し、丁頭以下身代宜しき者共から銭八貫目余差出申し出により、都合三八貫目となったので、大工共に積書を差し出させた上、新規建方を願い出ると共に、もし不足の場合は少々出し方についても願い出たのである。(59)

天保一二年一二月になると、早速熊本町々会所を願の通りに、新規建方を仰せ付ける旨達となった。このことは別当共ばかりでなく熊本町居住町人の願だったのである。それに続いて町会所建替のために、申談通り身分違無役の面々の出銭取立差出達となっている。(60)

天保一三年(一八四二)正月の「新町之町会所作事打立ニ付割賦」記録の中には、まず銭六〇〇目宛に中山清左衛門を初三人、銭五〇〇目宛に渡辺甚三郎を初六人、銭四〇〇目宛に渡辺全右衛門を初八人、銭三〇〇目宛に大野伝右衛門を初六人、銭一〇〇目に白垣次郎右衛門一人、銭五〇目宛に白垣次郎右衛門を初五人が記され、当月二九日限りに惣月行司に渡すこととなっており、その合わせ高は銭一〇貫一〇〇目也と記される。

それに続く「町会所作事ニ付無役之面々割賦」記録には、銭一貫五〇〇目宛に中古町懸友枝太郎左衛門を初二人、銭一貫二〇〇目宛に新壱丁目伊藤喜右衛門を初八人、その後銭八〇〇目宛に新壱丁目松本弥左衛門を初九人の外、京町中請持と記され、合わせ高は二〇貫六〇〇目となっている。その後銭八貫目が熊本町丁頭以下と記された後、これらの惣合わせ高は三八貫七〇〇目と記されている。(61)

天保一三年正月には、今度の町会所建替棟上、移り方などの際は、熊本町別当中は残らず出席するように達となっている。それに続いて二月になると、今度の町会所建替に当たって地形揚をするために、町中出夫を二月二〇日より同二二日まで、出方を仰せ付けることになった(62)。

③町奉行所の復活

天保一三年(一八四二)一一月、嶋又左衛門が町方分職奉行を仰せ付けられることになると、評議により、この節新規取建になった町会所を、今後寺社町奉行所に改められることになった。このため新規建方総入目は藩の出し方が仰せ付けられ、町人が差出した建て方寸志は全て、町人共に返却されることになり、寸志を差し出した者達へ通達するよう申し付けられ、そのために九人の請込役が申し付けられている。

同年一二月になると、新壱丁目町会所がこの度寺社町奉行所に仰せ付けられ、分職奉行嶋又左衛門が当月二四日より新奉行所に出席して、別当共を始めその外の町役人も新奉行所に詰めて諸御用を取り計ることに定まったのである。そのためこれまで諸書付の取扱や内意筋のことなど、根取宅へ達してきたことなどは、全てこの新奉行所で取り扱うことになるので、何事も同所達とするよう達している。また小前の者の訴訟の件についても、町役人の所で留滞したり迷惑を掛けないよう、町奉行所詰合役へ申し出させている(63)。

この年の一二月二四日、町方分職奉行嶋又左衛門は、この度の町奉行所復活に当たり、市中の者の心得方について町方の者に書付二通を渡して、今後の方針を示している。書付の一通は町役の者に対しており、他の一通は市中一統の者に対するものである。

まず別当を始め町役人に対しては、別紙の趣旨を小前の者共に親切に教えると共に、町役の者が自ら率先して風俗を改める心構えが必要であるとしている。今後の風俗取締を進めるためには、町役人の一層の尽力を求めている。

市中の者共に対しては、近年悪くなる一方の市中風俗は、年々にわたる奢侈増長の結果であるとして、この市中一

表3　町奉行所請込，詰方　　注：『熊本藩町政史料三』により本田秀人作成

	天保13年(1842) 11月　請込	天保13年(1842) 12月　町奉行所詰
新一丁目	別当　渡邊全右衛門	別当　渡邊全右衛門
新一・二丁目	別当　寺尾喜三郎	別当　寺尾喜三郎 (丁頭　酒江源兵衛)
新三丁目		別当　河嶋平三郎(天保14年正月) (丁頭　上田捻七)
蔚山　町	別当　渡邊甚三郎	別当　渡邊甚三郎
職人　町		別当　平田彦三 (丁頭　矢野政右衛門)
細工　町		別当　大野傳右衛門 別当　本田又次郎(天保14年正月)
西古　町	別当　小寺弥三郎	別当　財津九十郎　丁頭　高尾忠兵衛 別当　小寺弥三郎(天保14年正月)
中古　町		(丁頭　衛藤善十郎)
東古　町	別当　中山式八郎 別当　中山清左衛門	別当　中山武八郎 別当　中山清左衛門
紺屋　町	別当　出田弥平次	別当　出田弥平次
京一丁目		
京二丁目		
今京　町		
出京　町	別当　大久保八左衛門	別当　大久保八左衛門
本坪井町	別当　吉村源次郎	別当　吉村源次郎
新坪井町		

統の華美の風を改めることが必要である。そのためには質素倹約を第一とすることを求めている。

右の書付の中で、「右等之儀ニ付ては今度拙者え屹ト被仰付候趣も有之、此上御触之条々被行兼候ニ付ては弥以奉恐入事ニ付」と言っていることは、このように厳しい政治情勢に町政に当たる、町奉行の信念を示しているものと見ることができる(64)。

天保一三年の寺社町奉行所の再興については、同年一一月二一日に新規取建の町会所を、以来寺社町奉行所に改めることを通達した後、同年一二月二一日にも、新壱丁目の町会所を寺社町奉行所に仰せ付け、何事も町奉行所詰合の役へ申し出るように布告しているが、右のような町方分職奉行の書付渡や、町方分職奉行を始めとする町方役人の出勤が、この一二月二四日から始まったことを見ると、執務開始の一二月二四日を寺社町奉行所再興の日とすることができる。

④町奉行所詰

天保一三年一一月になると、厳しい藩政の中新規取り

表4　町奉行所詰別当・丁頭　注：熊本市史『近世　町役人名附』により本田秀人作成

新1・2丁目	弘化5年3月賞　別当　渡邊全右衛門	文久元年8月免　別当　寺尾久左衛門
	嘉永2年閏4月詰　別当　渡邊平右衛門	慶応3年12月詰　丁頭　米村儀助
	安政2年12月詰　別当　寺尾久左衛門	
新3丁目	弘化5年3月賞　別当　河嶋平三郎	嘉永3年4月詰　別当　永田常助
蔚山　町	嘉永2年2月詰　丁頭　竹下九兵衛	慶応6年2月詰　別当　渡邊甚三郎
	安政6年3月詰　別当　田代善次郎	
職人　町	嘉永2年閏4月詰　別当　平田彦三	
細工　町	嘉永2年12月詰　丁頭　本多章太郎	安政2年12月詰　丁頭　姫路屋七蔵
	嘉永5年10月詰　丁頭　藤茅清吉	慶応4年8月詰　丁頭　藤茅才助
西古　町	嘉永3年10月詰　丁頭　小島利兵衛	慶応4年5月詰　丁頭　甲斐勝次郎
	安政4年7月詰　丁頭　永田伊三次	明治元年2月詰　別当　宮田規三郎
	安政4年8月詰　丁頭　清永清四郎	明治2年11月詰　丁頭　益田壽之助
中古　町	嘉永2年閏4月詰　別当　衛藤捻四郎	慶応3年12月詰　丁頭　杉村柳平
	嘉永4年4月詰　丁頭　永田清九郎	慶応3年12月詰　丁頭　久村利右衛門
	文久元年5月賞　丁頭　永田清九郎	慶応4年4月詰　別当　江藤捻四郎
東古　町	弘化2年4月詰　丁頭　津田十次郎	安政3年6月詰　別当　永田兼次郎
	嘉永2年閏4月詰　丁頭　岡田甚兵衛	安政5年12月免　別当　中山清左衛門
	嘉永6年9月詰　別当　出田草平	安政6年10月再勤別当　中山清左衛門
	嘉永6年9月免　別当　中山清左衛門	慶応3年12月詰　丁頭　木村全助
	嘉永6年12月再勤別当　中山清左衛門	
紺屋　町	天保14年閏9月詰丁頭　菅　常次郎	安政6年7月詰　別当　菅　萬兵衛
	嘉永3年10月詰　丁頭　吉井太左衛門	慶応3年12月詰　別当　菅　平左衛門
	安政5年12月詰　別当　松田敬次郎	慶応3年12月詰　別当　吉井太左衛門
京1・2丁目	弘化2年9月詰　別当　甲斐清次郎	嘉永3年11月詰　別当　津崎庄次郎
出京　町	嘉永2年閏4月詰　丁頭　粟津新右衛門	嘉永6年2月詰　別当　大久保豊次郎
	嘉永5年11月詰　別当　清藤清七	嘉永7年7月詰　丁頭　船越杢助
本・新坪井町		

建てとなった町会所を、今後寺社町奉行所とするために、惣町中から九人の別当共を選んで、受け込ませることになった。新町地区から、渡邊全右衛門・寺尾喜三郎・渡邊甚三郎等三人、古町地区から小寺弥三郎や中山武八郎・中山清左衛門・出田弥平次等四人、京町地区では大久保八左衛門の一人、坪井地区でも吉村源次郎の一人などで、町奉行所に近い新町・古町地区の者が多い(65)。

同年一二月、惣町中の別当共一一人に続き、翌正月には別当三人を加え、町奉行所詰方町役取り計らい方を申し付けている。新町地区は七人、古町地区は五人、京町地区から一人、坪井地区も一人であった。これらの別当の外に丁頭共も町奉行所詰を仰せ付けている。新町地区は三人、古町地区から二人となっている。町奉行所詰の場合を見ても、受込の場合と同じく、町奉行所に近い新町地区や古町地区の別当共を中心に選んでおり、その上丁頭共についても、新

表5　町会所詰別当・丁頭
注：熊本市史『近世　町役人名附』により本田秀人作成

新1・2丁目	文化15年4月詰　別当　寺尾勘右衛門
	天保13年12月請込別当　寺尾喜三郎
	天保13年12月請込別当　渡邊全右衛門
	文久元年12月詰　丁頭　杉谷庄右衛門
新3丁目	文化15年4月詰　別当　河嶋平三郎
	文久3年9月詰　別当　庄林嘉兵衛
蔚山　町	天保13年12月請込（　　）油屋茂八
職人　町	文久元年12月詰　別当　平田彦三
細工　町	
西古　町	文久2年3月詰　別当　清田蘇平
中古　町	文久3年12月詰　別当　毛利休兵衛
東古　町	天保13年12月　請込別当　中山武八郎
	天保13年12月　請込別当　中山清左衛門
	文久元年11月詰番外別当　中山清左衛門
	文久2年2月免　別当　永田兼次郎
紺屋　町	天保13年12月請込　別当　山田弥平次
京1・2丁目	文久3年5月詰　別当　甲斐清左衛門
今京　町	慶応2年1・2月詰　丁頭　高木宗四郎
	慶応2年1・2月詰　別当　森　庄市
出京　町	
本坪井町	文久元年11月詰番外別当　吉村源次郎
新坪井町	文久3年9月詰　別当　美作英次

町地区・古町地区から選び申し付けている。[66]（表3）
その後、近年の町奉行所詰や別当永年精勤のため、扶持を渡された別当が二人、町奉行所詰や丁頭多年出精の丁頭一人が記されているが、新しく町奉行所詰となった惣町中の別当は二二人、その内の二人は再勤、その外に三人が御免となっている。惣町中から町奉行所詰となった丁頭は二一人で、その外一人が町奉行所詰や役方多年出精等で、苗字御免となっている。やはり天保期と同じように、再興した町奉行所近くの新町地区や古町地区の別当・丁頭が中心となっており、京町地区は少なく坪井地区は一人も居ない。
新たに町奉行所詰となった者を地区別に見てみると、新町地区は、別当六人、丁頭六人、古町地区では、別当一二人、丁頭一四人、京町地区は、別当四人、丁頭二人であり、坪井地区では、本坪井町懸や新坪井町懸から、別当・丁頭共に一人も詰めていない。このことは坪井地区が町奉行所の立地する新壱丁目から遠いことにあると思われるが、既に文化年中本坪井町は不商売となり、本町助成のための出銀取立を行なう程、隣接する村々の賑があり、坪井地区の町役人の出方が多忙になっていることも考えられる（表4）。
文化四年（一八〇七）二月、新三丁目に惣町会所が開設され、新壱丁目懸別当寺尾勘右衛門と、新三丁目懸別当河嶋平三郎が主になって取り計ることになった。その後天保一三年一二月には、惣町会所が町奉行所に改められた後も、新たな請込や詰め方が続くことになった。新町地区は請込三人、詰方五人、古町地区は請込三人、詰方三人、詰方番外一人、御免一人、京町地区は詰方三人、坪井地区は詰方一人、詰方番外一人となっており、惣町会所を新設していることが分かる(表5)。

おわりに

熊本藩の都市行政は、寛永一〇年のころより「懸」(カカリ)を中心として運営されることになり、その大役を担ったのが別当であった。この別当には各懸々の有力町人が選ばれ、奉行所において町奉行より任命され、その指導の下に職務に当たり、丁頭とはその任命から職務まで違っていた。それらの別当が早期より輪番で惣月行司・別当となっており、町奉行から直接指示を受けて、惣町運営の職務に主導的役割を果たしていった。しかし、これらの町役人には役料の定めはなく、奉行所詰の町方役人とは違っている。

惣月行司の職務の中には、惣町運営に大きく関わる人馬会所の役目があった。その中には町馬の取扱に関することから、町馬の賃金など多様であり、馬差の問題も重要なことであり、町馬請負については常に気を抜くことのできないことだったと考えられる。さらに人馬会所の町馬については、町中割賦の問題があり、惣町の負担を考えることが必要であった。また人馬会所の移動や建替などについても、人馬会所の機構や機能ばかりでなく、町中の割賦に関係する問題であった。

懸会所は町中の懸々に存在して、それぞれの別当共によって運営されていた。ここで取り上げるのはそのような懸会所ではなく、惣町運営のために建てることになったという惣町会所のことであった。惣懸の願による惣町会所の取り建ては文化四年であった。惣町中の拝借と年賦返済を定め、富組による修覆料の助成まで進めた惣町会所の運営は町人自治の成立をも思わせるものであった。しかし惣町会所の利用に当たっては、町方によって使用心得が定められ、別当中寄合の定から外れることは許されなかった。

その後惣町会所の移動や修覆が続き、更に新築を進めた惣町会所は藩政の動向と共に、新たな町奉行所として復興することになったのである。この時から請込役に続いて始まったのは、町奉行所詰の町役人共であった。その役には別当共の外丁頭も選ばれていた。この町奉行所詰には役料は無く、宝暦期の奉行所詰に当たった役人達とは違ったものになっている。その後の様子を見ると、町奉行所復活のため無くなった筈の惣町会所が復活し、この町会所でも有力町人の別当・丁頭など町役人の町会所詰が続いたのである。

右のように別当を始めとする有力町人共は、惣町＝都市運営の代行を勤めることになり、無禄の惣月行司・別当として惣町＝都市運営に当たった。文化期より続いている寄合申談、町中別当共の内意申上の覚なども、町政に対する別当共の自信の表われである。しかし、町奉行嶋又左衛門の執務開始に当たっての書付にあるように、市中の者の心得方を改め奢侈増長を改めるためには、別当を始めとする有力町人の尽力が必要であった。

注

（1）『藩法集7　熊本藩』（九三頁　二三二「町方え可申渡事」

（2）『新熊本市史　通史三』六三二―六三三頁「申上覚」

（3）『藩法集7　熊本藩』二〇四頁　二四七「得御意中候覚」

（4）『熊本藩町政史料一』四六頁「熊本惣町八六丁」

（5）『藩法集7　熊本藩』二〇八頁　二五〇「奉得御意覚」

（6）『右同』八四二頁「雑式草書　七」

（7）『熊本藩町政史料一』一〇〇頁「覚」（条々）

(8)『右同一』五〇五頁「別当への条目」
(9)『右同一』五五九頁「別当中寄合の心得」
(10)『右同二』一一九頁「条目改め」
(11)『熊本藩の法と政治』六三八頁　六二「条々」
(12)『熊本藩町政史料一』(七頁)「弁言」
(13)『右同一』(一一頁)「惣月行事の選出」
(14)『右同一』三五頁「二番帳終」
(15)『右同二』三二六頁「惣月行司田瀬賀兵衛覚書」
(16)『新熊本市史　史料四』四二四―四二五頁　四一五「荒木家の記録」「覚」
(17)『熊本藩町政史料一』二三八頁「熊本町中へ才覚銀」
(18)『右同一』五二七頁「両社祭礼之節油小屋差留」
(19)『右同一』三五頁「弁言」
(20)『右同一』一八五頁「御町中道造」
(21)『右同一』三〇七頁「諸入目」
(22)『肥後文献叢書㈠』二〇七頁「官職制度五」「駅馬」
(23)『熊本藩町政史料一』四七・四八頁「馬数」「御用馬」
(24)『右同一』一五〇・一五五頁「馬差給銀」「馬差会所定請」
(25)『右同一』五三五頁「御町御用馬請負増し方」
(26)『右同一』五三七頁「建て馬請負」
(27)『右同一』一五六・一五八頁「馬銀日限り出し方」「馬銀上納日延べ」
(28)「町方日帳目録」永青文庫蔵、熊本大学図書館寄託「馬銀上納日限り」
(29)『熊本藩町政史料一』一六四・一六五頁「御用馬療治」

(30)『熊本藩町政史料一』三一三頁「駄賃馬の取り扱い」
(31)『右同一』三三九頁「熊本町馬」
(32)『右同一』三五三頁「領内駅馬人馬賃」
(33)『右同一』三六二頁「継ぎ送り」
(34)『右同一』三六三・三六四頁「馬差し請負」
(35)『右同一』五六二頁「御建て馬惣月行司別当受け」
(36)『右同一』五八〇頁「川尻迄一駄の賃銭」
(37)『熊本藩町政史料二』一〇九頁「熊本駅馬請け込み改正」
(38)『熊本藩の法と政治』六三六頁「市井雑式草書乾五三」「熊本駅馬改正」
(39)『熊本藩年表稿』二四六頁「馬子共心得方条目」
(40)『熊本藩の法と政治』六四七頁「市井雑式草書乾九〇」「馬子共締り方条目」
(41)『右同二』三八六頁「熊本御町中御用馬」
(42)『右同一』五九六頁「町奉行所之儀」
(43)『熊本藩法制資料㈤』八七―一一〇頁「町方」「旧章略記」
(44)『右同二』二七三・二七八頁「新三丁目町会所」
(45)『右同二』二九五頁「藤崎富元願」
(46)『熊本藩の法と政治』六七八頁　一五「新三丁目町会所壁書」
(47)『熊本藩町政史料二』三〇七頁「おろしや御手当米」
(48)『右同二』三六六頁「町中倹約筋」「油小屋一件」
(49)『右同二』三九六頁「他国産物移入統制」
(50)『右同二』四〇七頁「御銀所預」
(51)『藩法集7　熊本藩』九五四―九五七頁「市中御法度之趣」

(52)『熊本藩町政史料三』二〇九―二一四頁「御法度書」
(53)『右同三』四九・一一六・一三九・二一六・二七四・三八一頁「町会所の移動・建て替え」
(54)『熊本史学四三』一一頁「天保期熊本藩政と初期実学党」「時務策」
(55)『熊本藩町政史料三』二〇九・二一六・二一八頁「町方・町役人出方」
(56)『右同三』三〇二・三一六頁「分職奉行輪番出方」
(57)『熊本藩の法と政治』七〇八頁「市井雑式草書一一二」「町方御咎筋」
(58)『右同』三二九―三三〇頁「抜参宮処罰」
(59)『新熊本市史　史料編四』四七六頁「奉願口上之覚」
(60)『熊本藩町政史料三』三八一頁「町会所建替」
(61)『右同三』四七四―四七五頁「新町之町会所作事打立ニ付割符控」
(62)『右同三』三八六・三八八頁「町会所建替」
(63)『右同三』四〇三・四〇七頁「寺社町奉行所」
(64)『右同三』四〇八・四〇九―四一一頁「書付二通」
(65)『右同三』四〇三頁「町会所請込役」
(66)『右同三』四〇八―四一二頁「町奉行所詰」

第二章　商家社会の「御書出」と家格

はじめに

都市の社会においては、有力町人の中に都市を構成する住民や組織に対して、社会的な自由を制限する社会的主導の問題が指摘されている。ここでは早くから「御書出」を拝領している有力町人と、町方の商家を興し奉公人を雇って経営している有力町人の、藩政を始め商家社会との関わりについて検討する。

まず初めに特権町人と呼ばれる有力町人は、どのように成立したかについて探ることから始めなければならない。それは伊津野氏の出自や、熊本町成立の過程から検討する必要がある。その上で特権町人としてどのような取扱を受けたのか、どのような地位を受けることになったのか、藩主の交代と共に代わる「御書出」などと、伊津野氏に対する領主側の動向についても注目する必要がある。

さらに特権町人が藩中枢や町方の行政当局から、どのような処遇を受けることになったか探ってみる必要がある。そしてその過程や内容などについても注目しなければならない。その上で特権町人の有する特権というものが何であるのか、明らかにすることが必要であると考えられる。そのようにして成立することになる特権町人は、町民に対してどのような社会的主導をするのであろうか、検討する課題は様々である。

特権町人に続いて、都市社会における社会的主導が問題となるのは、商家社会の有力町人である。有力町人には大店を所有する資本力があり、拡大するための経営力が見える。ここで取り上げている代物屋には、早くから商業活動で蓄積してきた資本が用意されると共に、流入する在人数者を始めとする奉公人を育て、多くの営業を重ねて拡大を続け、商家社会における有力町人であると考えられるからである。

有力町人の基本的な考え方や経営方針というものは、先代から記される家憲や格式として守られている。代物屋の格式や経営方針は、永代に記録される家格にあると考えることができる。このことからこの格式について検討することが必要である。それに加えて業務や資本の拡大と共に、有力町人への成長についても注目する必要があると考えられる。その上流入する村人数者を含め、町方奉公人仕立と有力町人の主導も検討すべきである。

上から与えられる特権町人の特権とは如何なるものであり、特権町人の社会的主導とはどのようなものであるかを検討することと共に、有力町人の成立と共に、その有力町人となった者達が、他の商家や仲間に関わりながら、どのように社会的な主導をするようになるのかなどについて検討することになる。

一　商家町人の「御書出」

①祇園社の新座

北岡神社（旧称祇園宮）は、肥後の国府が託磨府から飽田府へ移転した後、承平四年（九三四）頃古府中湯原に鎮座していたが、後に古府中車屋敷から更に勢高山（祇園山）に遷座することになった。この祇園山の周辺には清水・加茂・春日などの社寺が点在し、平安初期の凶徒退散の意味を以て創建されており、飽田国府移転の前後に祇園社の鎮座を見ることができる。(1)

江戸時代になると現在地に遷座され、五男三女神を祭祀して「天下国家安全」を祈願することになり、明治二年(一八六九)には北岡神社と改称することになっている。このような祇園社には勅使代として光永氏が常在し、大宮司として吉経氏を、祇園社からは郡司・吉安・廣直・太十郎を差し添え、供僧として本覚寺・長徳寺・福正寺が差し添えられた。また供奉には社人として禁中より楽人六人を差し添え、祇園社の能楽師となっている(2)。

祇園社の祭礼は六月一四日で、古来神事には勅使を立て神輿を下宮に御幸を行ない、作り山を曳き、その山の内にて舞楽座を勤めてきたのである。その舞楽座の者は始めは往昔京都より当社勧請遷座の時、禁中より楽人六人を差し添えられた者の子孫なのであった。また祇園社司のことを記したものの中には、今北岡の地に奉祝する祇園宮を昔京都より御下りの節、供奉した者で今も家名があるのは、友枝・笠・小早川・伊豆野その他吉田・平田などであり、その時の社は山上にあって六家が代わり合って勤めていたと記している(3)。

また祇園社の本座六人は、宮中の楽人を差し添えられた者で、毎月朔日・一四日・一五日・二八日の神事に当たり、管絃を勤めている者達である。新座三人と言うのは、この本座六人の楽人の内より、伊津野但馬守と申す者が平治年中に、皇位の安全と将軍家の長久祈願の御札を持って上洛する途中、大永二年(一五二二)長門の国で白狐を捕らえて宮中に捧げたので、新座許可の綸旨を得て、大永三年(一五二三)の神事から新座として、本座同前に舞楽をしたと伝えられる。伊津野・渡邊・鳥居の三家のことである(4)。

覚

一先祖伊津野丹波守祇園山おゐて白狐を取り禁裏江献すこれにより新座の號を給りて御輪旨頂戴す其子佐京大夫官位を給り祇園社神事の職を勤也
　但新座三名とは伊津野渡邊鳥居也

右に記される通り、祇園社には大永二年の綸旨の後新座が成立し、本座と新座の両座が出仕することになったのである。[5]

②佐々氏の「御書出」

近世を迎える前に国府の政治的・経済的支配が及ばなくなった隈本町では、祇園社・藤崎社の影響力が増し、都市住民の経済活動が盛んになっていったと考えられている。この両社には近世以前から本座・新座の両座があって、舞楽座としてそれぞれ能楽を奉仕していたのである。年間三三度の祭礼に変わりはなく、新座の成立は新町の成長とそれを支える町衆の存在があり、隈本町を支配する者の交代が考えられる。[6]

天正一五年(一五八七)六月、秀吉から肥後の一国領主に任命された佐々成政は、秀吉の御制書に定める国衆への先規知行を渡さず、三年検地の禁止を守らず、同年七月検地を施行しようとしたことから、肥後北部の隈府城主隈部親永が不当であるとして籠城したことを発端として、肥後北部の国衆をはじめとして、肥後の多くの国衆たちが立ち上がる国衆一揆となったのである。近世大名佐々成政の国衆知行政策は、本貫地の一円的な宛行ではなく、散在的な知行宛行であり、国衆の中世以来の領主権を否定するものであった。[7]

そこで天正一五年七月、成政は山鹿の居城に引き籠った隈部氏を討つために山鹿に出馬している。ところが隈本へは国中から敵が押し寄せ、二の丸を攻め破り放火しているとの知らせがあったので、山鹿より引き返し茶臼山で一戦の上、強敵を破って勝利している。このような時、祇園社の神領はことごとく破壊され、神領の勤めは無くなって離散して商人になっている。伊津野善左衛門も二本木中町で造酒業を渡世としている時、城中より落人があり、善左衛門がこの若い武士を助け、成政が帰城した後城内に送り帰したと言う。[8]

佐々成政はこのことに感悦し、善左衛門の手柄は比類なしとして、知行を渡し召し抱える旨仰せ出したが、善左衛門は特に願い出ることではないとして御断りしたので、成政は感心し「御書出」を渡し、これ以降町家の頭として諸事沙汰する旨仰せ付けることにした。

成政公御書出[9]

今度一揆令蜂起之刻平左衛門家来之者令馳走之旨忠節之条諸役等令免許者也

（天正一五年）八月十七日　　成政公在判御書判

中町いつもの

善左衛門

その後秀吉は浅野長政らに一揆の原因を調査させ、国衆を処分すると共に喧嘩両成敗として、天正一六年閏五月一四日に摂州尼ヶ崎で切腹を命じたのである。この時に秀吉の使者には加藤清正が派遣され、科書の中には秀吉の宣教師追放令にさからって、キリスト教布教を宣教師に許可したことも含まれている。[10][11]

③加藤氏の「御書出」

天正一六年（一五八八）閏五月、秀吉より肥後領主に任命された加藤清正は、最近になって早速新隈本城の築城に取り掛かったと考えられ、新しく惣構の侍町を設置したり、新しい商人町の町建に取り掛かったと考えられている。[12]

慶長一一年（一六〇六）、加藤清正の治下に両宮・両座が復興し、飽田国府の伝統につながる祇園社の本座の町古町と、藤崎社の新座の町からなる、城下町となったのである。両宮の神事の演能は、本座・新座の両座で催されて来たものである。本来いずれも本座の演能が先に催されて来たが、新座は藤崎宮の氏子でもあり、同宮演能は新座が先に勤めさせて欲しいと申し出、清正もその主張を認めて、本座と新座の争論に裁定を下している。ところが、本座側はこの裁定を承知せず、両座双方の争論となると共に、本座側の国守に対する過言もあって、藤崎宮の本座演能を差し止め、課銭・課役などの過料が命じられた。当時伊津野屋は商人となって造酒業を営み、神役の者を雇った後桜間氏

となった。(13)

天正一六年六月、加藤清正が隈本へ入城すると、善左衛門事次右衛門を召し出し、佐々成政代同然に仰せ付け、「御書出」となっている。

御書出(14)

去年一揆之所平左衛門家来者馳走之由平左被申候間不相替町諸役等令免許候也

(天正一六年)七月十日　　加藤主計頭

清正公在判

御書判

中町いつもの

次右衛門

慶長年中次右衛門卒後、その子弥七郎を召し出され、継目として「御書出」となり、清正より判物父子二通を受けた後、弥七郎は別当役を勤めることになっている。

御書出(15)

先年佐々陸奥守入国の刻一揆蜂起之時父次右衛門令忠節之中就其町諸役等相赦候親相果付而不相替為免許次目之状如件

(天正一七年)七月一七日

清正公御在判

御書判

中町いつもの

弥七郎とのへ

④細川氏の「御書出」

細川氏肥後入国後の有力な特権町人として、古町商人で中唐人町の伊津野屋を挙げることができる。伊津野屋はもと古府中に住み酒造業を営んでいたが、祇園社の神事では能楽の新座をつとめる者であった。佐々成政の国衆一揆の時には、家来の者を酒樽に隠して助けたので、当主の中町いつもの次右衛門は、佐々成政から賞され町の諸役御免となったことで知られ、その後も特権町人となった者である。(16)

寛永一〇年(一六三三)三月、榊原職直は細川忠利宛書状の中で、「熊本町役、御ゆるし被成候由」と記しており、これに対して同年八月、細川忠利も「一町之役、悉ゆるし申候事」と榊原職直宛の書状に記した。(17) このように当時町人に対する町諸役免除は、公儀となっていたと考えることができる。このことは細川忠利が寛永一〇年正月の肥後入国当初に、町中に申し渡した「町方え可申渡事」の条々で、まず初に申し渡した「一地子ニいたる迄諸役免除候事」に、既に明示されていることであった。(18)

寛永九年(一六三二)一二月、肥後に入国した細川忠利は、伊津野屋弥七郎の子長兵衛を召し出し、佐々成政・加藤清正の「御書出」を上覧の上、更に「御書出」を渡した。

　　御書出(19)

先年佐々陸奥守成政一揆退治之刻対祖父善左衛門判形之書付就其加藤肥後守清正両通之書出令一見了感之当町中之者礼之節者可為初諸役之儀者惣町中茂赦免之上者不及書載者也

　　(一六三三)四月二八日　　　　忠利公御書判

　　　　　　　　　　　　　　　　熊本中町

　　　　　　　　　　　　　　　　　長兵衛へ

右長兵衛より代々にわたって別当役を仰せ付けられ、数代相続して役儀を勤めることになり、寛文四年(一六六四)

六月には、細川綱利より長兵衛の子長左衛門に「御書出」となっている。

御書出[20]

対曽祖父善左衛門度々書付之通遂一覧所任先規之旨也

（一六六四）六月八日　綱利公御書判

熊本中町

遺長左衛門え

長左衛門の代より身上も衰微し造酒も止め、西古町より樽料を受け取ることとなっている。

二　商家町人の礼式と合力

①町人御礼の出仕

熊本町では藩主の入国の節、御城御礼・祝い能拝見・家督相続祝・元服祝・年頭御能などと、町人御礼の儀について定めていた。天明六年（一七八六）正月、細川治年が新藩主となって、正月一八日に家督祝となり、家中の者は御花畑出仕、町人共は分職奉行宅へ罷り出ている。これは家督祝のため、これまでお祝に出ていなかった町独礼の者や、年頭御礼の町人も罷り出、丁頭共は分職奉行宅へ祝に出かけている[21]。

同年六月一三日の御城御礼の儀については、独礼の町医師・独礼町人一、別当上座職人二、町別当三、別当同列四、丁頭上座五、扶持職人六、諸町人七などの名付各一通を差し出し、座順通りの御礼となり、町人よりは扇子一箱宛を差し上げ、独礼の町人以下は銘々扇子一箱宛差し上げ、職人は差し上げないこととなっている。町人共は五ツ時（午前八時）に揃い、御中小姓の組脇より独礼段の切米取・町独礼の者が御礼を申し上げ、御酒頂戴、その後歩小姓・船頭・惣庄屋・諸役人段・一領一疋・地士・扶持職人と続いた。[22]

天明七年(一七八七)正月一四日の家督御能の節には、独礼の町人拝見の広間内には、連台の仕切の外、座札打があり、年頭御礼のため役人入口より入り込むよう申し付けている。紙札は渡さず、町人の供の者共は全て門外にてお開きにするよう申し付けている。今度御能の節は芝居入の町人は、朝七ツ半(午前五時)表門向こう腰掛前に集合し、門が開き次第六ツ時(午前六時)に入り込むことを定め、町中の火の用心を入念にして、立番なども油断なく廻るように達している。[23]

天明八年(一七八八)正月の細川斉茲元服祝には、家中の面々は花畑へ出仕となり、独礼の町人・町別当や別当同列の者は、御祝のため町支配の藪市太郎方へ罷り出た。[24]

斉茲公元服祝達[25]

一太守様旧臘廿三日御元服、斉滋公と御改被遊候段御達、正月十一日、御元服御祝御花畑ニて被仰付候段御達、

平野新兵衛被差下被仰渡候ニ付、二月九日御花畑出仕御達

祝能の節町中の者拝見は先例六百人であったが、門札の儀は別当共は独礼町人並門札無に仰せ付けられ、丁頭分は六百人の外に、この節増人を仰せ付け、御白須内拝見場の儀は、今まで諸町人打ち込みで殊の外混雑したので、別当並びに同列丁頭共まで、一切尺竹でそれぞれ仕切るように仰せ付けられるよう願い出ている。御能拝見人数は七百人、一日に三五〇人宛となった。独礼町人は御間内より、別当・上座職人以下は白州から拝見となった。[26]

②町礼の座配出仕

文政五年(一八二二)五月、伊津野屋惣兵衛の先祖は、町礼の節の始とすることを、細川忠利より代々にわたって「御書出」となってきたが、参勤発駕・下着御目見の場所などについては、これまで仰せ付かっていないので、仰せ

付けられるよう願書を差し出している。これに対して、別当の場へ出るように仰せ付けられることになった。惣兵衛(宗兵衛)の「覚」には、座配などの儀は養父長兵衛同前の仰せ付けであると記している。[27]

文政九年(一八二六)の「口上書」によると、今度の入国町人御礼の儀は、七月一一日朝六ツ半(午前五時)時に揃い、御城で御受になるので、麻上下を着けて大手門に集合すること、供連については小姓頭達、大手門よりの不形儀が無いよう申し付けている。町人御礼の要領は、町独礼の町人、別当上座の職人、町別当、別当列並びに丁頭上座を仰せ付けらる者、扶持諸職人、諸町人などと記され、独礼の町人名付一通と、別当上座の職人より諸町人までの一通を座順の通り調べて差し出すように達している。[28]

今度の御城御礼の節、座並の御礼申し上げる面々の揃い所については、平左衛門丸の内に究められ、座札を打つので、その所に集まり、御礼始まり前に使い番より達し次第に御門内に入り込むこと、闇御門内の雨天通行は差し支えなく、小者は帰すように達している。御礼当日の衣服については、紋付の品一ツは不苦、麻上下・帷子重着は遠慮すること、御制外の衆であっても越後地の帷子は遠慮すること、独礼の面々の控所は御座所近くなので高声を出さないこと、召連れた供の者の高声、たばこも一切差し止めている。[29]

文政九年三月、宇土支藩主から熊本藩の本家を相続した細川斉護は、帰国後の文政一〇年(一八二七)正月、家中の面々の年頭御礼の儀を終えると、正月一一日に独礼町医・町人、正月一八日に別当列町職人・諸町人の、当年頭御礼の儀を行なうことにしたのである。町独礼御礼出仕の儀は、惣懸共いずれも病中故障などで一人も出方が無いという達であるが、座席を与えられ年頭御礼をも受けられるという、上よりの取扱筋を無にすることは、年頭御礼の席を召し上げられても仕方の無いこととし、六七人の出仕を達した。[30]

弘化元年(一八四四)五月、藩主斉護の世子慶前が初めて入国し、御目見並に年頭御礼の儀を行なうことになり、奉行所より五項目にわたる口上書を達することになっている。若殿の入国御礼の儀は、六月一九日に独礼の町医町人御礼のため五ツ時(午前八時)に集合すること、六月二七日に別当並に同列町職人、諸町人御礼のため同じく五ツ時集合することを達している。奉祝熨斗代は銀一〇〇枚を町中よりの寸志として差し上げる旨、願書を差し上げ、願の通りに召し上げとなっている。(31)

③町中の合力

正徳六年(一七一六)二月の記録には、伊津野屋長左衛門の代になると、身上は衰微して造酒業を止めることになっている。そこでこの時から西古町より樽料を受け取ることになったと記し、平右衛門が早世によって、その子の長左衛門養育のため、三郎右衛門がしばらくの間別当役を勤めることになっている。この時も細川宣紀(霊雲院)より、先規の通りに長左衛門に対して「御書出」を拝領している。(32)

宝暦五年(一七五五)一月の式にも、伊津野屋長左衛門は町家格別の者であったが、極々不勝手になり、町家持ちの町人どもは、一ヵ月に一銅宛の合力銭の願を、西古町別当共より願い出たので、願い通りに申し付けられることになっている。また外に別段を以て町銀の内から一貫目を拝領することになり、町中の合力によって身上を取り続けることができるようになっている。この町銀からの拝借銀を、商売の元手にさせることによって、不勝手になった特権町人伊津野屋を、再起するように沙汰しているのである。(33)

明和元年(一七六四)一二月には、呉服二丁目の伊津野屋長左衛門は、先祖以来功績のある者として、代々にわたって「御書出」を拝領してきた者であるが、その後極々難渋に陥り、宝暦五年には詮議となり、惣町家持中より一ヵ月に一銅宛、一ヵ年に一二銅宛を両度にわたって渡されることになっている。しかしそれでもなお貧窮を続けているので、その後は一ヵ月に二銅宛に加増するように仰せ付けられ、一ヵ年に二四銅宛を伊津野屋へ渡すように達しているのである。(34)

明和三年(一七六六)七月になると、呉服二丁目伊津野屋長左衛門が病死した後には、忰の栄吉が先祖の訳によって、町礼の節の座配は先規の通りと仰せ付けられ、町中の家持ち中より渡して来た、一ヵ月二銅宛の出銅を、同じくこの栄吉へ渡すようにと達した。(35)

寛政九年(一七九七)三月、西唐人町の仙助は伊津野屋長左衛門が去年五月病死の後、長兵衛と改名して伊津野屋の相続願を差し出し、願いの通りに家相続を仰せ付けられ、町中の家持ち共より一ヵ月に二銅宛出銅の件についても、以前通り仰せ付けられた。(36)

寛政一二年(一八〇〇)一二月には、伊津野屋長兵衛へ懸々より渡されてきた二銅銭は、当時までは西古町会所より受け取ることになっていたが、今後は前々の通りに戻し、長兵衛より直に受け取りたいと願い出たので、願いの通りに懸々会所へ懸け合うことにより、直に長兵衛へ間違いなく渡すことになる旨、町方根取中より惣月行司へ達している。(37)このように先祖の功績により特権町人となった伊津野屋に対する合力は続けられていったのである。

④伊津野屋樽代

伊津野屋に対する合力は、長左衛門の代から西古町よりの樽料として始められたものであった。また先祖以来の「御書出」もその後拝領を続け、町礼の座配も同前と継続した。前述しているように、長左衛門代より始まっている町家持中より一ヵ月一銅宛の合力は、西古町別当より願い出て申し付けられた樽料だったのである。このような西古町よりの樽料に加え、町銀による拝領銀は、先祖の功績の大きさと特権町人であることを示している。

「町方日帳目録」(38)

同年(明和三年)七月

一西古町伊津野屋栄吉親同前別当列并町中軒別より弐銅宛遣候様被仰付候事

　　但諸町人之上座ニ而御礼申上候

右のように、町礼の節の座配は先規通り仰せ付けられ、明和三年は合力のための樽料は、惣町家持ち中より一ヵ月二銅宛を仰せ付けられ、一ヵ年に二四銅渡となっている。

西古町懸の内個別町、西唐人町の「諸用控帳」には、諸上納銭や町運営経費を記している。その中の一つに右の樽料を伊津野屋樽代として記している。安政三年（一八五六）の場合は次の通りである。

　正月二一日　弐匁　三月一〇日　弐匁　五月　弐匁

　七月　　　　弐匁　八月一〇日　弐匁　九月一〇日　弐匁

その後になると右の樽料は、伊津野屋樽代六節句分と記されるようになっている。

更に安政四年（一八五七）以降になると、樽料や納め方の変更を記しているのである。

　安政四年（一八五七）三月　一二匁　右は伊津野屋樽代六節句分一同に遣す

　安政五年（一八五八）正月　一二匁　右は伊津野屋樽代六節句分一同に相渡す

　安政六年（一八五九）正月　一二匁　右は伊津野屋樽代六節句分一同に相渡す

　安政七年（一八六〇）正月　一二匁　右は伊津野屋樽代六節句分一同に沢田屋へ遣す

　万延二年（一八六一）正月　一二匁　右は伊津野屋樽代六節句分一同に遣す

　　　　　　　　　　　　　　　　　　使甚兵衛殿ヘ相渡

　文久二年（一八六二）二月　一二匁　右は伊津野屋樽代六節句分一同に相渡す

　　　　　　　　　　　　　　　　　　使仁吉ヘ相渡

　文久三年（一八六三）正月　一二匁　右は伊津野屋樽代六節句分一同に遣す

　　　　　　　　　　　　　　　　　　但小寺氏へ納候

などと六節句分を一年分まとめて、西古町懸別当へ納めるように変わっている。(39)

三　商家経営と本・別家

①商家の社会

商家社会における特権町人に続いて、有力町人の社会的主導について検討を進める。その一家は西古町に居住し、早くから古手物を扱い、代物屋を屋号とする小寺家である。もう一家は中古町に居住する、市原屋の岡崎家である。この岡崎家は慶長のころから、古町で造酒屋を営んでいたと言われ、造酒業の市原屋を屋号としていた。

代物屋を経営する小寺家の総資本は、明和五年(一七六八)頃一八五貫目余りであったが、天保年間には一〇〇〇貫目を越える、熊本町の有力町人として成長したものである。そのような資本は、質・取替・紙・預・薬種・たばこ・鉄・材木等で構成される。代物屋の経営には、紙・薬種・たばこ・鉄・材木などというような物の販売業もあったが、何と言ってもその中心となるのは、質・取替といった、金融業が中心を占めており、寛政期になると一層その傾向は強くなり、享和期には預を加えて成長した。(40)

市原屋を経営する岡崎家は、文政一〇年(一八二七)に、造酒本手三本を所有し、そのうち二本の造酒米高は一七七六石で、古くから所持する本手は使用されず、熊本町における総造酒米高の約八・四%を占める程で、造酒屋中でも大きな造酒屋であることがわかる。市原屋の経営には、右のような酒造業の外、揚酒はもちろん、寛政三年(一七九一)に始まる質屋、天明期の餅米・紅餅・たばこ・種子、文政期の猟締所御用達、呉服物御用達、天保期の種子・大小豆・麦・繰綿などの交易、安政期の旅人問屋等という有力町人である。(41)

小寺家の役職は天明六年(一七八六)に、三代目の七左衛門が西古町別当役に任命されたのに続いて、分家の二代目宇兵衛が、文化元年（一八〇四）に別当に任命されるなど、本家・分家共に寸志を重ねて役職を続け、文政一三年（一八三〇）士席浪人格となった。小寺家には商業活動に従事する手代と、台所を賄う下男・下女が居り、文化元年（一八〇四）には手代が七人、下男二人、下女四人など、奉公人数は一三人で、その後も余り変わらず、多い時は一五人、少ない時で一一人などで、出身地は在方の広くにわたった(42)。

市原屋の役職については、元文五年（一七四〇）に市原屋惣七郎が、中古町の別当を勤めており、「祖父以来別当役相続け仕り、都合六十一年代々宜しく相勤め申し候」と記され、市原屋の先祖が延宝期には、すでに中古町で町役人として活躍していた記録がある。造酒業を中心として営む市原屋には、そのための雇人として、年季雇の頭司一人、漉酌五人・番頭一人・酒詰一人など八人外、半季雇の頭司一人の外一三人など一四人が記されている。この見積はかなり少なめの見積と考えられている(43)。

②町家の子弟仕立

すべて町家の手代並に下人・小童などに至るまで、在中の者を召し仕うことが町中の風俗になり、町家では如何に貧乏者の子供でも、町内に奉公させることは恥ずかしいことと考える風潮があった。そこでどのように裕福な者の子供でも、自分の所で仕立てることは無く、幼少の時から小童奉公をさせ、他人の手に懸けて育てないと、良い商人にはならないと考え、町家の子供は何処の子供であっても、他人の所に奉公させて仕立てていた(44)。

このようなことは自分の子供を良い商人に仕立てる素晴しい仕法であり、奉公させることは少しも恥ずかしいことではないが、意気地の無い者や心ばえのさもしい者、人柄が悪く年を取っても良い商人に成らない者を育てるようなことは止めたがよいのではないだろうか。そこで熊本町のこれまでの風俗を改めて、町中に召し使っている小童はもちろん、手代や下人に至るまで、なるべく町家の者を召し仕い、親方々々より委しく世話をして、これまでよりも良い商人を仕立てるよう申し付けている。

続いて小童には夜分になり、刻限を定めて手習いや算用を教えて、手代を仕立てること、何事も目当が無くては励みも付かないことであるから、小童の時より手代になるまでの仕立年数を大凡考え、その時節を過ぎないように心得て、多年出精して勤めを続ける者には、一家を取り立てて遣わし、門名を許す必要がある。このことが第一の目当で、主従共に格別の手柄となるものである。このことを委しく書き付けて達すれば双方に沙汰となった。また手全に勤めた者は親方より養子に世話する者もあり、このことも書付を出させている。

召使中には年々給銀の内より少々宛引除いて、家を取り立てて遣わすか、養子などに遣わす際の元手にする必要がある。一軒でも多くの末家を取り立て、門名を譲ることが本家の名誉となるものであると沙汰している。ただし自分の所に引き取る者についても、勤めている間に溜めた元手高については委しく達すべきことであるとしている。手代などを給銀を増してだまし、横取するようなことが間々あると言うことである。これは甚だ以て不届なことであり、この後そのようなこともあれば厳しく申し付けるとしている。

酒屋の頭司や陸尺は、在の者でなくてはできないことであると言われる。そのことはその通りであるが、酒の出来方宜敷所の頭司を、給銀を増して横取するようなことも間々ある由、不届なことなのである。このこともまた右のこと同様に厳しく申し付けるべきことなのである。当時においても間には町内より手代・小童などを召し使っている者もあると言われるが、何町の何と言う者の子であるか、何時頃より召し抱えているか書付を達すべきなど、右の趣旨を心得、町内の奉公は恥辱ではなく、良き商人を育てることを申し付けている。(45)

③家中奉公人

家中奉公人には町人数者と在人数者の場合があった。寛保二年(一七四二)の町人数者の場合は、家屋敷を町役へ引き渡し、町居住を差し止められている。宝暦二年(一七五二)の在人数者では、地子を親類縁者名子に譲って無高になるか、隠居の類や在町の無高町人の場合でも、家中・寺社方、家来やその支配分、一ヵ年奉公に出るようなことも、今後は堅く停止している。(46)

例春下々奉公人出替等については、男は二月二日、女は三月一〇日出替を申し付け、違背の者は奉行所達、暇差出は人置所達、今後は奉公人共に差出と定め、町中に洩れなく触れさせ、来年よりは違がなければ沙汰なしとしている。(47)

安永六年(一七七七)正月の触状には、近年過分の増銀申出があり、抱方も難渋しているので、不都合の抱方をしないよう、不埒の申出があれば直ちに人置所へ達するので、町方より出た奉公人は、心得違いをしないよう丁役の者より申し付けさせている。(48)

天明元年(一七八一)八月には、町家の者が家中または寺院などの譜代、その外一切他支配になりたいと願い出た時は、まず町並み家屋敷所持の有無を吟味し、家屋敷を所持する者は認めず、余儀ない者は家屋敷を丁役に引き渡させ、本人の覚悟により決めさせた。(49)

天明二年(一七八二)八月には、町人数者が駕籠の者や馬屋の者などに召し抱えられる場合、申出次第にして懸々によって心得が違っていた。しかし、在人数者の場合は在人数放の場合と在人数放でない場合には、その役目によって抱え方が違った。(50)

寛政一〇年(一七九八)五月の四ヵ所町諸達には、八代町の者が主水殿の家来分扶持人に召し抱えられることになっている。町家の者が家中譜代や一季抱の家来になることは、願出次第に御免となっているが、町居住のままでは許されないことで別段のことであった。(51)

文化六年(一八〇九)八月には、町家より家中への奉公人請状に丁頭裏書のことについては、今までの通りに心得ると共に、屋敷々々より問合もあることなので、篤と吟味を重ねるように、丁頭中へ申し聞かせるよう通達している。(52)

文化六年(一八〇九)七月の達には、町家より家中奉公人となる場合は、請状に丁頭の裏書をすることに定まっていた。

表書之何某儀、何町支配之者紛無御座候、為其印形仕候、已上

何町丁頭

何某　印

右の通りの請状が丁頭裏書きによって、達となっていたのである。(53)

④町方奉公人

百姓の子弟を町人の養子にすることは、その願によって宝暦五年(一七五五)一一月までは認められていたが、今後は一様に認めないこと、拠の無い者は吟味とした。(54)

明和五年(一七六八)正月になると、町家の者が在人数の者を養子にして、名目ばかりに別宅に住まわせている者があるとして、今後は願書の外に養父同居にて家相続の者に間違いはないという、五人組の請合書を差し出させ、請合書文案を渡した。(55)

宝暦九年(一七五九)一二月になると、在人畜の者(在人数の者)が町方に入り込み、表向きは奉公人の姿で商売によって渡世する者が多くなったので、そのような者がいつ如何ような訳で町方へ入り込み、当時如何なる業務によって居住しているのか、書付を差し出させている。これより後在人畜の者は当分の渡世のために町方に出て来た者でも、相対でそのままにしておくことは認めず、その懸惣庄屋との間で本所の障は無いことと確認した上で町方へ達し、差し図を受けて取り決めるよう申し付けている。(56)

宝暦一一年(一七六一)二月、在人畜者が町方に入り込んでいる者のことについて委しく達があり、町方へ入り込み

の訳立つ者については、町人数入の達が続くことになった。その後になると、在人畜者の町方入り込みは続き、町人畜入り願の催促がつづいた[57]。在人畜者で町在双方共に差し支えのない者は、町人畜入を許しており、町人畜入の願を出した者については、願の通りに町人畜入を御免とすることになっている[58]。宝暦一四年(一七六四)五月には、なお残る在人畜者の町人畜入御免を達している[59]。

文化一一年(一八一四)二月、在人数者が五ヵ所町の奉公に出る場合は、村庄屋手形に惣庄屋裏印を押して渡すことになっており、右の手形を所持しない者は抱方は叶わず、心得違の者は越度を仰せ付けられるので、この節すべて手形を渡すよう町中に洩れなく達し[60]、同年六月には、町家へ入り込んでいる在人数者には、在中に帰るよう達となっていたが、中には妻子などが居るために俄に引離されては、双方共に難渋することになるので、その所で故障が無ければ、一人前五〇〇目を差し出せば、町人数入を許すことを達した[61]。

天保六年(一八三五)三月、在中の者が町家へ居住することは停止されていることであり、右のように示されていることであったが、今度町方横目や郡代付横目を差し廻らせて、かなり引き戻すことに成功しているが、その後年々村役銭を出銭し、町居住を許されている[62]。天保一五年(一八四四)になると、町方横目松田群助・郡代付横目河口嘉久次・町方受込定廻役大森嘉七郎などの三人が、在人数の者熊本町居住改方受込を仰せ付けられ、町役人共と諸事申談を重ねるように、懸々へ通達している[63]。

四　商家の家格と奉公人

①商家の家格

西古町の小寺家は元禄期初代七左衛門の頃より、古手物商売を初として興り、代物屋を屋号として、享和四年(一八〇四)正月の貴重な「家格　永代記録」を残している。

一主人の不行跡又は家業繁栄のため、宜しくないと判断される事は遠慮なく申し出る事、若し聞き入れない場合は主人たりとも隠居させ、相続は縁類中の相談と定めている。

一衣類の儀は法度を堅く守り、分限相応に質素第一心得る事が大切である。近来奉公人中には分限不相応な身なりを見ならい、心得まで悪くなり渡世出来かねる事を戒めている。

一人応対の節は、特に本当の事は何であるのか、細かい所まで注意して接すると共に、相手に対して敬意を以て当たることが大切であり、言葉も和らかくする事を求めている。

一他所へ出かける際は、昼夜に限らず、隣家であるからといい加減な態度で接することなく、如何なる用件で出かけるかと言う事を、常日頃から話す心掛を必要としている。

一奉公人の宿行は春秋の二回、同じく旅先の宿泊はこれまで中二日の極であった。今後は中三日の逗留に極めることにするので、右の日切を守るよう心得を定めている。

一右のような奉公人の宿行や逗留などの際、勤め先に帰る際に土産物を拵えたり、買い求めたりするようなことは、全く必要なく無用なことであるので止めるよう申し付けている。

一同僚の者との別れと言うから、身のためになるような話合とするべき所、そうではなく酒飲や歌、浄瑠離などにて過ごす事は許されず、その座は引き取るようにすること。

一同僚の者共の内に宜しくない事があり、そのような事を見聞した場合は、遠慮なく早速申し出て自分がその仲間にならないようにする事が大切であり、未然に防ぐ必要がある。

一手代給銀の事は今までの通り、前髪の内は主人から使用人に衣服を給付することに定め、落とし前髪となった者には一八〇目渡、翌年より二〇目増、四〇〇目限とした。

一当年より召使の者年限を極め、正利より一割五歩を元手銀備に引き除き、年限手全者に遣わし、勤め方悪い者は暇遣わし、年限内は元手遣し無し等と定めている。

一奉公初年より元手銭を遣わされる条件として、手代は二〇ヵ年以上、下男・下女は一〇ヵ年以上勤める事を必要とした。しかし勤め方次第によっては変更されるとしている。

一去る亥の年（享和三年）までの備は、右の規矩に出来ないので、これまでの手代年数に応じて一人前鳥目一〇〇目、下男・下女は五〇目宛引き除き、明丑（文化二年）正月より前条極方の通り引き除く事にしている。

右の通りの極方については、いよいよ男女共に勤め方大切にするよう申し付けた。(64)

②商家の奉公人

小寺家の「家格永代記録」によると、商業活動に従事する手代と、下働をする小童・下男、下女などが記され、人数は手代が六・七人、小童・下男が一人か二人、下女が六人から八人程度であった。また奉公人の出自は、熊本町中他懸の外、飽田、託麻、山鹿、宇土、玉名、高瀬、川尻、上益城などの在人数者が多くを占めていた。年代を見ると早い者は一〇代から奉公し、遅い者でも二〇代から勤めていることが記されている。

奉公人の推移を見ると、文化元年（一八〇四）は手代七人、下男二人、下女四人の合計一三人、文化九年（一八一二）は、手代七人、下男一人、下女六人、合計一四人となり、文化一三年（一八一六）には、手代七人、下男一人、下女七人の合計一五人などと、やや増加する傾向が見られる。しかしその間手代は六人となったり、下男は殆んど一人と変わらず、下女は四人から七人の間を変動しており、奉公人の人数はこの文化年中余大きな変動はなかったと見られる。

奉公人の内手代の給銀は、前髪のうち即ち元服前の丁稚小僧のうちは、給銀は無く仕着せのみの衣服給付と定め、前髪を落とす年頃になると一八〇目を遣わされ、その翌年より二〇目宛年々増給となり、四〇〇目を上限と定めていたのである。このような代物屋には正利の高より年々一割五歩を元手銀備として引き除くことを定めており、年限を手全に勤める者には、定によって元手銭を拝借し、店持として独立させることになっていた。そのような者が小寺家には一五人にもなっている。

文久元年（一八六一）の西唐人町「見図帳」には、北側本町筋に二番組の山本善四郎組があり、その一一番は小寺七次郎家代、代物屋弥次平借家と記され、丁頭列代物屋伊平が居住し、傘細工職を営み、その裏屋には所々手加勢の代物屋冨八が住んでいたのである。小寺七次郎は小寺分家弥三郎の長男であり、父弥三郎代の寸志により士席浪人格となり、そのため小寺七次郎は代物屋弥次平を家代として、右の一一番の懸屋敷を貸し、丁頭列の代物屋伊平を居住させ、代物屋小寺家の営業を更に拡大していったと考えられる。

ここに記される小寺分家の七次郎を始め、家代の弥次平、借屋の伊平、その裏屋の冨八などの屋号は全て代物屋であり、このことは弥次平以下は全て小寺家の分家か、小寺家の元奉公人であり、様々な小寺家の援助を受けていたと考えられる。ここに取り上げたのは分家である弥三郎家の二代目七次郎であるが、代物屋を屋号とする小寺家は本家・分家ともに、右のような分家を形成しながら経営を拡大し続け、熊本町の有力町人として成長していったと見ることができる。(65)

③心付と養老米

嘉永六年（一八五三）一二月、西唐人町難渋者五家の内に、一一番裏屋に居住する代物屋冨八の名があり、家内五人、二〇目心付渡の願出が、丁頭より別当へ出ている。安政元年（一八五四）一二月の「口上之覚」では、家数は四家に減少したが、冨八の家内は四人となり、三〇目渡と記され、前年に比べて家内人数は一人減っているのに、心付渡は逆に増加し、西唐人町丁頭と代勤名で別当中宛となっている。

その後もこのような難渋者に対する心付渡は続き、家数・家内人数・心付額共に、若干の変動だけで大きな違いはなかった。しかし万延元年(一八六〇)一二月になると、冨八の家内人数は三人のままであるが、心付は父金助病死に対し一三〇目となっている。文久元年(一八六一)になると、取り救い家内数は七家に増加し、家内人数も七人に及ぶ家もあった。また、他懸に居住する懸人数者の取り救いが記され、その家数は八月には一三家、九月には町居住三家四五人、在居住一七人、人数合六二人等と記している。その後同年一一月には、町方よりの心付渡は、七家二六人、その高は二四〇目などと記され、相変わらず続いていったのである。代物屋を名乗る裏屋住まいの冨八の家族に対する心付は、この丁内の取り救いであった。

右のような難渋者に対する心付米渡とは別に、高齢者に対しては養老米渡の願出が出来ることになっていた。そこで、嘉永七年(一八五四)正月、冨八は父金助が当年九一歳になるので、この養老米の引越渡を願い出ており二月に受け取ることになった。

このような養老米の引越渡願は年々続くことになった。安政五年(一八五八)には、今度三丁目橋作事に付、最高齢九五歳になる金助など、四人の高齢者が渡初をして、三丁目橋掛直出来渡初祝儀として、樽・干肴渡、同じく奉祝となった。同年六月には、西唐人町代物屋金助養子冨八の妻のせ(四七歳)は、養父金助の介抱に手厚く務めると共に、渡世方思わしくない養子冨八を支えるため、莨の葉取に昼夜働くなど、稀に見る者であるとして丁頭より別当中へ「口上之覚」を差し出している。

安政五年一二月には、冨八の妻のせの舅や夫への仕え方はもちろん、夫が病気のため、当地の産業に昼夜働き、格別の精出であるとして、鳥目七〇〇文を渡すことになり、西古町別当より申渡の辞令となっている。

万延元年(一八六〇)一二月になると、右代物屋冨八の養父金助は九七歳となり、長煩いを続けた後、一二月一九日の夕方病死となり、西唐人町丁頭より別当衆中に対して「口上之覚」となっている。これも代物屋の者に対する町方

の動きである。(66)

④窮民救済

弘化元年(一八四四)一二月になると、西古町中の一衣不着者取り救いは一一二人となり、その内これまで見なかった西唐人町の者五人を含み、取り救い高は四三〇目となった。この取り救い高四三〇目は、別当財津九十郎が差し出して取り救い、安政三年(一八五六)一二月、西唐人町大坂屋善兵衛へ引き譲り、善兵衛はこの外に七〇目を、西古町中の一衣不着の者当暮取り救いの内に差し出している。

翌弘化二年(一八四五)一二月の取り救い人数は一二一人、取り救い高は五〇〇目となったが、小寺本家の弥三郎が差し出して取り救い、西唐人町一一番屋敷に記されている、懸屋敷の代物屋弥次平に引き譲りとなり、取り救っているのは代物屋の者である。

弘化三年(一八四六)一二月の一衣不着者取り救い高は合わせ四四七匁五分、人数合わせ一〇七人におよび、最も多いのは呉服三丁目の三七人、つづいて古桶屋町の二四人、最も少ないのは西唐人町の五人であり、取り救い銭は全て小寺惣左衛門取り救いであった。

嘉永二年(一八四九)一二月の一衣不着者取り救いは、銭合一貫四六五匁、人数合一四五人で、そのうち約六六%が小寺家六代目弥三郎の取り救い、一五〇目は五代目小寺惣左衛門の取り救いで引き譲っている。

嘉永四年(一八五一)一二月の一衣不着者取り救いは、銭合一貫八九五匁で、人数合三二八人に達し、その取り救いのため、西唐人町の茂三次が五〇〇目を差し出して町並の影踏を家内共に御免となり、古鍛冶屋町喜三郎も同断となっている。

安政三年(一八五六)一二月の一衣不着者取り救いでは、銭合七七〇目、人数合一〇〇人となり、そのうち七〇目を西唐人町の善兵衛が差し出し、その外は市原常太郎が二〇〇目、小寺七次郎が二五〇目を差し出し、根譲している。

安政五年（一八五八）一二月の一衣不着者取り救いは、銭合一貫三八〇目、人数合一八八人の外、別段取り救い一人などがあり、小寺忠五郎が四五〇目、市原常太郎が四三〇目などを取り救い差し出しの外、古鍛冶屋町鐐右衛門へ引き譲が目立っている。

万延元年（一八六〇）一二月の取り救いは、銭合三貫七二五匁、人数合二六三人の外、類外の取り救いが一一件あり、その中に西唐人町九七歳の金助が、類外の者として、至貧病死に付取り救いとなっている。この時の取り救い差出の人数は多く、一九人に及び、中でも小寺七次郎、市原常太郎、清里蘇平、財津九十郎、鶴田惣右衛門など、別当などの町役人や、有力町人の名前が並び、これらの多くが内望を願う町人に対する、引き譲や根譲などとなっている。(67)

おわりに

都市を支配し運営する公的な支配とは異なり、都市には各種生業や地域生活などにおいて、色々な社会的主導の存在が指摘されている。そのためその一つは早くから存在している特権的町人の事例を取り上げて検討し、二つ目にはどこの都市にも見られるようなものから有力町人の事例を選び、それらの事例の個有のものと、双方に共通する社会的主導の動向について検討を進めてきた。

特権町人と言われる伊津野屋は、代々祇園社の祭礼に能楽座を勤めて来た者であり、むかし、禁中より当社勧請遷座に差し添えられた者であった。また佐々時代には造酒業を営む商人になっていたが、戦乱の折家臣を助けた手柄などにより、成政の「御書出」となるなど、町家の頭として何事も沙汰を受けることに始まっている。その後も加藤氏・細川氏代へと受け継げれていったのが、これらの諸役免除の「御書出」による特権であった。

忠利の諸役免除後も代々「御書出」は続き、造酒業を止めることになった後も、伊津野氏に対する様々な取り計らいは続くことになっている。町人御礼の出仕が度々用意され、町人御礼の節にはその初と定めることなどは、その最も際立った厚遇ではないかと思われる。その後町中から合力が行われ、居住する西古町では伊津野屋に対する樽料が始められると共に、伊津野屋樽代が続くなど、社会的影響は広く長く続くことになった。

元禄のころから活動を始めた小寺家は、西古町で代物屋を経営したが、中古町で造酒業を営み、市原屋を経営した岡崎家などと共に、町中で特に成長した有力町人と言われる。営業を伸ばして資本を蓄積し、三代目には別当役となったり、寸志を重ねて士席浪人格となるなど、進席を続け、合わせて分家を立てて互いに成長を続けるなど、町中で目立っており、それは質や取替などと言われる、金融業に鍵があったものと考えることができる。

それに小寺家では次々に流入する村人数者を奉公人とし、手代や下男・下女などと町家の弟子に育てていったのである。さらに町家の売手があると買入れて掛持の屋敷とし、家格に定める元手銭によって、それらの手代達に別家を持たせていったのであった。そのことは本家ばかりでなく、分家にも広げられ営業や資本を拡大したと考えられる。しかし、元奉公人達には生活困窮者に対する、その後の救恤の道も必要であったと言える。

このように見てくると、特権町人であっても有力町人であっても、大なり小なり公的支配との関係を維持し強めながら、一つにして自らをのばし、都市内に居住する住民に対しては、様々な形で社会的な主導を行使していくことになっている。西古町の住民の伊津野屋樽代、心付などはそれを物語っている。

注

（1）『熊本市史』一一二・一一三頁「北岡神社（祇園宮）の創建」
（2）『新熊本市史通史三』一〇二〇・一〇二一頁「祇園社の由来」
（3）『肥後国誌上』一七一・一七二頁「祇園宮」

(4)『新熊本市史通史三』一〇二一頁「本座・新座」
(5)「町在」一三八九「覚」　永青文庫蔵　熊本県立図書館写
(6)『新熊本市史通史二』四九一・四九二頁「祇園社と藤崎社」「本座と新座」
(7)『新熊本市史通史三』三七―四七頁「佐々氏入国・国衆一揆」
(8)「町在」一三八九「覚」永青文庫蔵　熊本県立図書館写
(9)「町在」一三八九「覚」右同　右同
(10)「町在」一三八九「覚」右同　右同
(11)『新熊本市史通史三』四六・四七頁「秀吉の成政処分」
(12)『新熊本市史通史三』五一―六五頁「加藤氏」
(13)『新熊本市史通史二』四九二頁「本座と新座」
(14)「町在」一三八九「御書出」永青文庫蔵　熊本県立図書館写
(15)「町在」一三八九「御書出」右同　右同
(16)『新熊本市史通史三』六八頁「有力商人」
(17)『新熊本市史史料三』一四八・一五三頁「一六六・一七一」
(18)『藩法集7熊本藩』一九三頁「二三二」
(19)「町在」一三八九「御書出」永青文庫蔵　熊本県立図書館写
(20)「町在」一三八九「御書出」右同　右同
(21)『熊本藩町政史料一』四五三頁「治年家督御祝」
(22)『右同書』四六一頁「町人御城御礼」
(23)『右同書』四八三頁「独礼之町人家督能拝見」
(24)『右同書』四九九頁「斉茲元服祝い」
(25)『藩法集7熊本藩』六三一頁「度支彙函」「三七一」
(26)『熊本藩町政史料一』五三三頁「御祝能町中之者拝見」

(27)『熊本藩町政史料三』七六頁「町礼之節之始メ」
(28)『右同書』一四八頁「口上書」
(29)『右同書』一五〇頁「御礼之節座並揃所」
(30)『右同書』一六二・一六三頁「年頭御礼・町独礼御礼」
(31)『右同書』四四四―四四七頁「口上書」「若殿入国御礼」
(32)「町在」一三八九
(33)『熊本藩の法と政治』「付町方法令集」六〇五頁「市井式稿」六七
(34)『熊本藩町政史料一』二七〇頁「合力銭」
(35)『右同書』二八〇頁「合力銭」
(36)『熊本藩町政史料二』一一八頁「合力銭」
(37)『右同書』一七四頁「合力銭」
(38)「町方日帳目録」（明和三年七月）「諸町人之上座」永青文庫蔵熊大図書館寄託
(39)「諸用控帳」（西唐人町）「伊津野屋樽代」（安政三年より文久三年まで）
(40)『熊本史学七六・七七』四四四頁「熊本城下町町人の経営と生活」
(41)『新熊本市史通史三』七四七頁「市原屋の経営」
(42)『熊本史学七六・七七』四五一―六二頁「小寺家」
(43)『新熊本市史通史三』七四五―七四八頁「商家（市原屋）の経営」
(44)『新熊本市史史料三』九七九頁「町家の手代・下人等仕立の覚」
(45)『熊本藩町政史料一』五六六頁「覚」
(46)『右同書』六七・九九頁「家中奉公人」
(47)『右同書』一四八頁「下々奉公人」
(48)『藩法集7熊本藩』八八一頁「一六一」
(49)『右同書』八六八頁「一一一六」

(50)『右同書』八八三頁「一七二」
(51)『熊本藩の法と政治付町方法令集』七〇二頁「市井雑式草書坤九四」
(52)『熊本藩町政史料二』三二五頁「町家より家中奉公人請状」
(53)『熊本藩の法と政治付町方法令集』六九一頁「市井雑式草書坤五八」
(54)『熊本藩町政史料一』一四二頁「百姓之子弟を町人之養子」
(55)『藩法集7熊本藩』八四七頁「二六在人数者養子請合書」
(56)『熊本藩町政史料一』二〇九頁「町方入込在人数者書附差出」
(57)『右同書』二二六頁「訳立候分町人数入」
(58)『右同書』二四六頁「双方無支者町人畜入」
(59)『右同書』二六三頁「相残居候分町人畜入」
(60)『右同書二』四三七頁「五ヵ所町奉公人村庄屋手形ニ御惣庄屋印」
(61)『右同書』四四六頁「其所柄故障無之分壱人前五百目差出人数入」
(62)『右同書三』二九七頁「在中之者町家居住并年々村役銭出銭」
(63)『右同書』四四〇頁「在人数之者熊本町居住改方受込」
(64)『新熊本市史史料四』五九三―五九五頁「小寺家家格永代記録」
(65)『熊本史学七六・七七』五〇―六二頁「小寺家の経営」
(66)「西唐人町板屋文書」「覚帳」
(67)「西古町懸窮民御救恤根帳」熊本県立図書館蔵

第三章　商人社会の帳締捨方

はじめに

寛政期以降、藩の赤字財政対策としてさまざまな貸殖政策が展開し、化政期になって一時抑制されたが天保期にも引き継がれ、その後商人の諸間拝借は差し止められることになった。そのため元手銭に窮する商人達は、相対貸借に頼る外は無く、商人達の資金は市中の豪富の者や富裕商人による相対貸借で賄われ、貸金帳締の社会的主導が課題となる。

化政期を迎えると、府中周辺の各手永の村々では、生産の拡大と共に在中商売や出小屋が増え、都市化が進むことになった。府中周辺の五丁手永坪井村に見られるような、在中の賑は決して五丁手永坪井村に限られたものではなく、どの手永も同じと考えられる。一方府中坪井地区の本町や、新たに成立した地子町などでは、どの町並も難渋することになり、丁頭共より別当中を通して、町方への願出となっていることについては、検討が必要である。これらのことは府中のどの地区でも起こっているのではないだろうか。

ここで取り上げる五町手永河内村では、慶長期に僅か三本だった蜜柑の木が、宝暦期には村中に蜜柑仕立が進み、その後全山蜜柑の木となった。この村で在中商売をしているのは、隣接する池田手永の在町である、池田手永小島町

表１　慶長検地帳の蜜柑仕立て地と本数
※『河内町史　資料編第二　検地帳』慶長13年（1608）９月「飽田郡之内河内村田畠御検地御帳」により本田秀人作成

字　名	蜜柑　　本数その他
やしき	上ミかん　１本
同	上ミかん　１本１尺廻
松の木平	上ミかん　１本

表２　宝暦検地帳の蜜柑仕立て地と本数
※『河内町史　柑橘・民俗編　付編１』宝暦14年（1764）６月「飽田郡五町手永河内村・塩屋村本方田畑地引合改見図御帳」により本田秀人作成

田方 字　名	田 町反畝　歩	蜜柑仕立 反畝　歩	蜜柑・雑木 反畝　歩	蜜柑・棕櫚 反畝　歩	蜜柑・藪 反畝　歩	蜜柑・杉 反畝　歩	蜜柑仕立推定樹数（本）
葛山前	1.8.1.27	3					1
小森前	1.4.2.12	3					1
清田前	9.8.21	3					1
田合	4.2.3.00	9					3
畑方							6
仁田尾	4.8.24	3.21					37
中　野	1.7.6.09	1.3.03					131
米　山	1.3.3.12	5.24					58
尾　上	1.4.3.24	1.00					10
村　上	2.5.27	1.00					10
上　戸	1.7.5.21	3.00					30
白　岩	1.8.7.03	1.27					19
迫	1.0.9.06	21					7
宮ノ上	1.4.0.21	3.15					35
鵜通洞	1.3.4.03	7.03	1.06				77
居　石	1.6.6.00	1.1.27	09	1.06			126.5
平	1.3.8.00	1.4.06	1.15	06			150.5
民　洞	2.3.8.18	1.03					11
切　畑	4.3.24	4.03	09				42.5
田　代	1.0.4.03	9.27					99
上　越	1.3.1.03	1.7.09	3.09				189.5
前　平	3.6.09	7.21	21				80.5
薗	3.0.06	3.21	06				38
居屋敷	3.9.2.21	1.4.03	6.06		2.12	1.03	189.5
畑合	25.5.1.24	12.4.24					1347.0
田畑合	29.7.4.24	12.5.03					1350.0

（注）蜜柑仕立て本数は３歩１本とし、蜜柑と諸木の組合わせ仕立て面積は２分の１とす。

表3　宝暦検地帳の蜜柑仕立て地と本数
※『河内町史　柑橘・民俗編　付編1』宝暦14年（1764）6月「飽田郡五町手永河内村・塩屋村諸開田畑地引合改見図御帳」により本田秀人作成

畑方 字　名	畑 町反畝　歩	蜜柑仕立 反畝　歩	蜜柑・雑木 反畝　歩	蜜柑・雑木・藪 反畝　歩	蜜柑・藪 反畝　歩	蜜柑・松 反畝　歩	蜜柑仕立推定樹数（本）
仁田尾	1.3.06	1.27					19
中　野	1.1.09	1.27	3				19.5
米　山	2.0.15	1.12					14
尾　上	1.2.06	9					3
村　上	6.09	21					7
上　戸	2.9.06	15		15			6.7
白　岩	1.6.09	15					5
宮　上	4.09	15					5
鵜通洞	1.8.03	4.27					49
居　石	2.24	18					6
平	9.03	3.14					34.7
民　洞	1.03	3					1
切　畑	2.06	27					7
田　代	2.6.15	6.09					63
上　越	5.9.27	1.7.24				6	179
前　平	8.00	3.09					33
中　畑	5.6.09	18					6
簱	6.27	1.12					14
松　山	2.00		24				4
薗	3.00	1.03	15				13.5
清田前	1.27	15					5
居屋敷	1.12				6		1
畑合	3.1.2.15	4.8.20	21	5	3		495.4

（注）蜜柑仕立て本数は3歩1本とし、2種組み合わせは仕立て面積は2分の1、3種組み合わせ面積は3分の1とする。

で新興の富裕商人達なのである。右の小島町は、水上交通の高橋町と並ぶ新興の在町で、新興商人の町として栄えている。このような小島町の新興の富裕商人達は、小島町や池田手永などの村々だけでなく、府中の丁々や各手永内の村々における商売を、続けていることを検討する必要がある（表1・2・3）。

右の五丁手永河内村では、古くから商品作物の生産が行なわれ、中でも蜜柑の栽培は、府中商人達の在中商売の対象となっていた。蜜柑の栽培には技術ばかりでなく、資金が必要であったと思われ、府中商人達との間には、蜜柑の売買の外にも資金の貸借も行なわれていたようである。ここで取り上げた府中商人は先代より続く蜜柑商人で、蜜柑の売買だけではなく、資金の貸借も続き、新興の商人として成長し、丁頭となって活躍することになったものである。

在町商人と共に府中商人についても検討することになる。

このような新興の富裕な商人達の台頭は、商業取引のことだけではなく、富裕商人達の商売に伴う資金貸付に関する検討が必要である。その中には売買資金の外にも元銀の貸付もあったのではないだろうか、このような貸金についての検討が必要である。また、新興の富裕商人の成長には、商業関係ばかりでなく、当時の寸志に関する法制について検討が必要である。捨て方寸志と賞美について、当時の法制を始め、商人の取組方について検討することになる。

一　府中周辺の在と在町

表４　宝暦検地帳の蜜柑仕立て地と本数
※『河内町史　柑橘・民俗編　付編１』宝暦14年（1764）６月「飽田郡五町手永河内村新地・永荒田畑地引合改見図御帳」により本田秀人作成

畑方	畑	蜜柑仕立		蜜柑仕立
字　名	町反畝　歩	反畝　歩		推定樹数（本）
平	1.12	6		2
清田前	21	6		2
	2.03	12		4

①府中町並の難渋

宝暦期を迎えて、町並の地子地に新興の町人が居住するようになり、府中坪井地区では松雪院町や慈徳庵町などの地子町が設立され、地子地の長屋居住が見られるようになった。その後、地子居住の町人が増加し本町の人数に加えられるようになると、地子頭支配の町は丁頭支配の町となり、丁内一統申談熟和や商売元手銭の助け合いで繁昌し賞美となった。

文化一二年（一八一五）一〇月には、この本坪井横町・上三丁目・下三丁目・魚屋町・松雲院町・慈徳庵町の丁頭共が、本坪井別当中を通じて奉行所宛に「乍恐奉願口上之覚」を差し出すことになった。これまでの町方達には小路々々における居商売者のことが続き、その中には、取締の達にも関わらず、在中や日小屋は掛け解きをせず、商売の品数を増やし、小屋数は増え、府中の町同前に商売を行なうようになり、中には揚げ酒商売をする者もあり、小屋商いに武器類まで商売するなど、その増長振を申し出ている。

そのため府中の町並は次第に衰えて賑うことは無く、商売が出来なくなって町中の者が大変難渋することになった。それに加えて慈徳庵町前後の三軒屋の店々においては、近年になって質屋・八百屋の外、小間物・古手物・木や竹材・揚酒屋・麺類・綿弓を立てて打ち綿などの外、どんな品物も府中の町同様に商売するようになっていった。このように府中周辺の小屋や店々では賑い、反対に府中の町中では不賑いとなったために願い出ることになったのである。

特に三軒屋近辺の慈徳庵町は不商売になるために零落するとして、在中御免の一八品までを商売するよう願書差出となっている。このように在中の三軒家の居商売は、申し達しの通りこれまで御免の一八品までとなるように、重ねて仰せ付け方の願い出となった。これら本坪井町内の丁頭共が受け持つ町内では、このように難渋する町内にとって「助成」となるように度々寄合申談を重ねているが、これらの在中や日小屋の商売は日々増長するばかりで、自分達の懸内の商売は賑わうことはなくなっていった。

そのために町並の諸出銀などの出し方は滞り、その取り立て方も難渋しているとして心を痛めていると書き記している。その上前述した在中三軒家商売や、立田口出小屋などのことは、前々の通り焼餅・菓子類までの商売に限るように、重ねて仰せ付け方を願い出ているのである。願通りに仰せ付けられればそのお陰で、町内は自然に賑いを取り戻し、新興の町人として商売に出精すると共に、丁頭となって町の繁栄に尽力している町人達の願出が述べられている。(1)

②府中周辺の賑い

文化一二年一〇月、府中周辺の在中で、日小屋や三軒家と呼ばれる店々が、手広く商売をしているので、府中坪井町界隈の町並が難渋しているとして、前述の達となった。そこで、郡方奉行中から当時の飽田・託麻郡代に対して、在中の商売品は定まっており、如何なる理由でこのようなことになっているかについて、それらの地域を支配する飽田・託麻郡代に対して、そのことに対する考えを奉行中に達するよう求めている。

その「御内意の覚」によれば、確かに御免外の品々を商売するのは不埒なことであり、その場合に厳しく取り締まることはもちろんである。しかし別紙のような違反は無く、それより坪井町人数の者が内分に三軒屋の在地に入り込み、居住して影踏も町在双方で受けたり、寺支配の者が入り込んで商売することが問題である。日小屋の儀は両村無高者など渡世できない者のために願い出て商売しているものである。ここでも町人数の者一〇人程が店を出し、中には組支配の者や宇土浪人なども含まれ、両所共に所柄の者は至って少ない。

これらの坪井・竹部両村の内には、府中・在中の区別の分からない鑑察の必要な所があるが、そのような所にも府中の商人が入り込み、在中御免外の品たりとも売り歩いている。このようなことは近来急に始まったものではなく、数十年来続いていることだと記している。また右のことは坪井・竹部両村に限ったことではなく、本庄・春竹・春日・久末・横手寺領を始め、段山・宮内・京町・岩立などの村々など、府中に接する村々はすべて同様に賑っているのである。その外府中居住に難渋する家中・他支配の者も入り込んでいる。

このように町人数寺支配浪人のこと、内分に在地に入り込んで商売をしたり、御免外の品を村中に売り歩くこと、裏屋に在居住し生業を失っている者など、その人数は近在において莫大である。今度町方より願い出たことは、立田口日小屋と三軒屋商売品までのことである。全体的に見ると、町在のことはお互いに持ち合っていくべきものであり、双方歩合を以て勘弁し合うことが必要である。右のことをそのままにしておいては良くないと思うので、今後のことを考え内意を申し上げ、奉行中の参談を求めるものとなっている。(2)

文化一三年(一八一六)二月、郡方奉行衆中よりの達には、三軒屋の儀は府中同前の所柄に付当分在支配で店出を仰せ付け、立田口日小屋の儀は府中に出張っている所なので、この所も今までの通りに差し置いたらどうかと達している。続いて付紙の中には次のように記され郡代へ達している。本坪井町難渋の件について書付差出となったが、町在の歩合は今まで通りに心得、三軒屋の儀五ヵ町に准ずることは叶い難しとし、立田口出小屋の儀は御免外の品商売は取り締まることと達している。(3)

③五町手永の在

文政八年(一八二五)一〇月の「飽田郡五町手永略手鑑帳」には、五町手永村々の石高や田・畑畝数・村庄屋名に続いて、まず地子借在宅御家人名が記されている。坪井村二三人、竹部村四〇人、下立田村五人、上立田村四人、弓削村三人、万石村一人、津浦村九人、徳王村一人、馬出村一人、梶尾村三人、宇留毛村一人、山室村四人、大窪村二人、飛田村一人、靏羽田村二人、長峯村一人、原口村二人、小糸山村二人、前原村一人、釜尾村四人、上古閑村二人、古閑村一人、赤水村一人、五町村二人、川東村一人、立福寺村一人、田畑村二人、東門寺村一人、野出村二人、白濱村二人、河内村二人、嶽村一一人、合わせて一三八人が入り込んでいる。その後に寺社御家人八三人の名前を見ることができる。

その後には、高札場二ヵ所が記され、一ヵ所は船津村の七枚懸、もう一つは鹿子木村の三枚懸である。続いて記されているのは海辺船数で、近津村船数一五艘、川内村船数二三艘、船津村の七六艘、白濱村の二九艘などとなっている。

府中周辺の五町手永にとって注目されるのは、その次の商札御免の者共のことである。大多尾村二枚、白濱村一〇枚、川内村一一枚、船津村二二枚、近津村七枚、野出村一枚、東門寺村一枚、平山村一枚、弓削村四枚、立福寺村一枚、上立田村五枚、陳内村一枚、宇留毛村五枚、坂下村一枚、高平村一枚、坪井村二一枚、松崎村四枚、室園村六枚、御馬下村三枚、鹿子木村九枚、竹部村八枚、亀井村二枚、小桑靏村一枚、川東村一枚、山室村二枚、飛田村一枚、田畑村一枚、古閑村一枚、田上村一枚、楠古閑村一枚、万楽寺村一枚、鶴羽田村六枚、梶尾村一枚、大窪村四枚などである。

続く海辺魚札御免の者共には、船津村の魚札九〇枚、河内村六七枚、近津村七枚、白濱村八八枚が記され、この地域一帯には多数の魚札があったことが記されているのである。その後には、魚問屋などの問屋札が並んでいる。白濱村魚問屋札一枚、河内村問屋札一枚、船津村問屋一枚、同じく船津村魚問屋一枚、近津村問屋札一枚などであり、魚札、魚問屋などがこの地区に集中していたことがわかる。

海辺の魚札の後は造酒・揚酒に関するもので、造酒御免が、御馬下村一枚、弓削村一枚、大多尾村一枚、船津村一枚など合わせて四枚、唐芋焼酒本手が船津村に一本となっており、揚酒本手一八本が、坪井村二本、万楽寺村一本、上野村一本、近津村一本、船津村五本、鹿子木村二本、小糸鬮村一本、川内村三本、白浜村二本などがあった。

その外には五町手永村々山口が三四人、五町手永会所役人として、二一人の者が記されている。(4)

④池田手永の在町

文政八年(一八二五)一〇月の「池田手永村々略御手鑑」では、村々石高・田・畑畝数、惣石高・田・畑畝数の後寺院名が記されている。他支配寺院として、浄土宗一、法花宗五、禅宗四ヵ寺、郡支配寺院には、天台宗五、禅宗四、浄土宗二、真宗六、真言宗一ヵ寺など、他支配寺院一〇ヵ寺と、郡支配寺院一八ヵ寺が記されている。他支配では法花宗・禅宗寺院が多く、郡支配では天台宗・真宗寺院が多い。

それに続いて御家人名が記され、士席浪人格一・独礼一、歩御小姓列三、御郡医師並一、在勤中諸役人段・御山支配役一・在勤中御郡代衆御手附横目一、在勤中御小支配役一、諸役人段二、一領一疋三、在勤中一領一疋・御側御用櫨楮見締一、地士四、御郡代衆御直觸一、御郡代衆御直觸醫師三・御郡代衆御直觸庄屋兼帯二、御郡代衆御直觸小嶋津方会所見締一、在勤中御郡代衆御直觸御制度見締二、在勤中御郡代衆御直觸御側御用櫨楮見締・池田会所手代井荷村庄屋後見兼帯一、地士ニ而到病死候・出田夫平次忰・半田村薬師町村庄屋一など三〇人が記されている。

その後は梅洞御郡筒で小頭二、右同格として上松尾村の三五人の名を見ることができる。続く御惣屋直觸には、小嶋町四、池上村一、同村庄屋一、上松尾村庄屋後見一、山下村庄屋一、枚崎村庄屋一、嶋崎村庄屋一、下松尾村庄屋一など、一一人の名前が記される。更に続いて会所役人一七、手永横目二、御山口一二、小嶋津方会所下改役二など、池田手永関係役人の人数と名前を見ることができる。(5)

池田年永の小嶋町は、近国の浦々から入津する津口であった。そこで先年願によって問屋二〇軒が御免になっていた。その内久左衛門という者の祖父に御免の問屋株を、嘉永四年(一八五一)の津口格別取締の時、密抜のため問屋株は取り上げとなった。その後右株消の問屋株を、萬助という者が御免となり、以前久左衛門方へ着岸していた天草富岡の者が、小嶋町に問屋着するように相談を進めている。問屋株減は小嶋町の零落の基であり、問屋株増は所柄賑いの基なのであった。(6)

慶応元年(一八六五)九月には、池田手永小嶋町の徳次と仁兵衛が、栗屋寿八へ払い方仰せ付けとなった菜種子三千百三拾九俵を、大坂捌き方仰せ付けられ、古種子で遠海を越えることは、掛減が出ることは当然のことと考え、産物方役人へ救助を願っている。右の徳次と仁兵衛が引き受け、菜種子の捌き方のために上坂を願い出るに当たっては、右の掛減を心配することなく捌き方に当たることが出来るが、土地不案内のこともあって、捌き方に尽力し続け、その後も大坂での苦労が続いている。(7)

二　府中周辺商人の貸金帳締捨方

①捨方寸志願

天保一五年(一八四四)六月、池田手永小嶋町居住独礼五嶋五郎右衛門は、同所並に所々市在の貸付金や売掛金などを調べて、その捨方の願を差し出している。別紙に記された内容やその趣旨などを記すと次の通りである。

一、金弐拾両
一、銭百四拾八貫拾八匁四分六厘
　内
三拾六貫五百五拾目八分三厘
　但此分者死亡退轉且極至貧ニ而以往
　返弁之見込無之分捨方
（三拾五貫六百六拾八匁三分三厘　元銭
（八百八拾弐匁五分　利銭
銭百拾壱貫四百六拾七匁六分三厘
　但此分者返弁之見込有之候分捨方
（九拾四貫三百七拾目三分三厘　元銭
（拾七貫九拾七匁弐分五厘　利銭

この五嶋五郎右衛門は亡父代相応の身代を続け、造酒並に俵物諸品問屋職を営み、その売買は手広く、貸方も同様に続けていたので、百姓の年貢の差支や肥代の貸渡の外、旅人の荷物買取先に貸し渡し、その外それぞれの所柄に滞る売掛代銭などを、文化年中より天保年中にかけて貸し渡していたのである。その内には死亡退転や無高者には以往返弁の見込のない者も多かった。しかし最近同人も御間拝借を重ねているが、天保一四年（一八四三）の所柄市在一統捨方の為になっている。

この度の捨方寸志の願出には、昨冬公辺御触達もあり、冥加として諸借財等の捨方をしたく、別紙銭高の通りに願い出ている。それに当たっては自分の御間拝借などの返納分も片付いていないのに、捨方寸志を願い出ることは不対の儀と記しているが、難渋に差し迫っている者をそのままにしておくことはできないことであるとして、願い出ているのである。天保一五年には御手伝御用寸志、民力強寸志、質地等捨方寸志などの達が続いていたのであった(8)。

②売掛分捨方

天保一五年(一八四四)六月、池田手永小嶋町居住独礼五嶋五郎右衛門が、所々市在へ貸付売掛など捨方の内最も多いのは、諸方借銭並に商売方に付、諸品売掛け分捨方で、旅人荷物買取代銭仕向捨方や、酒焼酎代売掛分を大きく越えていた。またその諸品売掛捨方分を地域別に見ると、その件数は五嶋五郎右衛門が居住する、小嶋町周辺の池田手永が最も多く、隣接する五町手永は皆無となっている。

小嶋町の風呂商売次助の家取建には、所柄により元銭払で利銭を加えず、難渋する忠八の家売払代銭を渡して家を引き戻し、その他の四人に対するものは、仕切銭や拝借銭の取替分であり、請人や上納銭などに対する取替分の捨方である。池田手永内の捨方は、小嶋町に限らず所柄難渋のため、年貢差支や肥料代、家質取組に対する取替を始め、貸渡年々受取利銭の元居分の捨方となっているものが多い。

横手手永の無田口村では、借用の申談により貸渡分について、払入が出来れば元銭までの受取とし、歩合を加えないことを定めたものを捨方としている場合がある。しかし、その外の場合は年貢差支や肥料代として貸渡したものを返却し、受け取った利銭は元居分として残しており、そのようなものがその後捨方となっているのである。無田口村・渋江村・下白石村、白石村などの場合が同じように元居分捨方となっている。右のように取替と元居は、富裕商人の金融における所柄となっていた。

銭塘手永鶴森村の場合は、相対にて一〇ヵ年賦返済を決めている証文前の銭高を捨方とするものであるが、銭塘村の場合は貸渡の元銭と、取替の元銭と利分である。手永会所手代の場合は、返弁を決め相対証文を以て貸渡した銭高の捨方などである。その他の地区の小田手永部田見村の場合は、文政一一年四月に取替た元銭を捨方とするもので、甲佐手永二田子村のものは、旅人積荷買い求め遣し方約束の銭高を捨方とするものである。小川町の場合も同じようなものの捨方となっている。

熊本町は旅人積荷俵物で返弁約束の貸渡分、下り荷物仕切差支の取替分、川尻町は返弁のための証文引当の貸渡分、および取替分などについて、捨方とするものである。やはり町中においても取替分の捨方が多くなっている。

屋敷の所在は不明であるが、借用証文手形による借用分の残分で、元銭とその利分の合計が捨方となるものである。この借用分については利率が記されており、取替や元居などとは違った取扱をしている。(9)

③旅人代銭捨方

旅人荷物の買取代銭貸渡という商行為に関するためか、池田手永内においては小嶋町に集中し、それに次ぐのは熊本町に多くなっている。その外には三ヵ町の内と在町に、わずかに見られるだけである。小嶋町における小嶋商人の成長が進んだと思われる。隣接する横手手永や銭塘手永はもちろん、五町手永の村々など在方は皆無の姿となっている。その他の在でも一部に限られている。

池田手永では捨方となった四一人の内、四〇人が小嶋町で後の一人は上代村の者であった。それぞれの捨方残高は旅人荷物買取代銭仕向申さず分とあり、その他は旅人の塩買取代銭仕向申さず分や、同じく旅人荷物買取の手形受取などとある。それらの一部には酒代を含んでいる者もあった。取扱の期間は早い者で文化一四年から翌年、文政二年から文政一二年頃の分で、遅い者で天保二年から天保九年頃にかけて、取り扱った分となっている。

熊本町では、細工町の者に旅人荷物買取代銭を間もなく仕向けるとして、手形を渡していた分の捨方であり、紺屋町・現覚寺町(船場町)の者の捨方も同一であった。河原町の場合も旅人荷物買取について、追って代銭を仕向けるとして、手形を渡している分について捨方とするものである。その後に記される魚屋町・紺屋町・細工町の町人共に対しても、同じように追って買取代銭を仕向ける旨、手形を渡している分について、捨方とするものであった。

その他の地域の在方では、小田手永の伊倉(町)があり、右のように旅人荷物買取代銭を追って仕向けるとして、手形を遣わしていた分について捨方とするものであった。その他の在町では、野津手永の鏡町においても、旅人荷物買取について、追って代銭を仕向けるとして、手形を渡しておいた分についての捨方であり、正院手永の植木町の場合についても、旅人荷物買取のための代銭として仕向けるための分について、捨方するものであると記している。

三ヵ町の内では、高瀬町と八代本町のものが記されている。この高瀬町のものについても旅人荷物買取代銭を追って仕向けるとして、手形を遣わしていた分について、捨方とするとしている。また、八代本町のものについても、同じように旅人荷物買取代銭を追って仕向けるとして手形を遣わしていた分について、捨方すると記すものである。このように見てくると、この文書に記される旅人荷物の買取に関する分については、町も在も同じように取り扱っている。(10)

④酒焼酎代捨方

文化一〇年(一八一三)より天保一一年(一八三九)にわたる、「遠在御百姓田方根付等之節入用酒正中代并焼酒粕代其外所柄等之酒正中代売掛分捨方」は、池田手永が八〇人と最も多く、横手手永が二一人、銭塘手永が九人、熊本町が六人等とそれに続いている。ここでも五町手永の村々は皆無で、その他の在町も見当たらないが、一屋敷が見られる。その捨方は、合わせて拾三貫五百五拾三匁七分三厘となっている。

池田手永の内では、下松尾村・上松尾村・方近村・迎五町村・山下村などが多く、小嶋町がそれに次いでいる。こ

表5　池田手永小嶋町五嶋五郎右衛門所々市在貸付け売掛け等捨て方
注：熊本市歴史文書資料室永青文庫「町在」写により本田秀人作成

	諸品売掛分捨方 ※含：元居分	旅人荷物代銭分捨方	酒焼酎代売掛分捨方
熊本町	唐人町1　迎宝町1 計2	細工町2　紺屋町3 現覚寺町（船場2）1 河原町1　魚屋町1 計8	京町1　桶屋町1 出町1　通町1 計4
五町手永	計0	計0	計0
池田手永	小島町6	小島町40	小島町5
	小島2　迎五町1 下松尾3　方近2 半田6　大塘1 下代1　池上1 中島1　中松尾2 今1 計27 ※含：元居分	上代1 計41	迎五町7　下代2 山下7　方近9 下松尾24 上松尾14 小島7　半田3 孫代1　今新開1 宮内1 計80
横手手永	大保1　無田口2 白石1　渋江1 下白石1　濱口1 計7	計0	濱口3　無田口1 大保3　正保2 白石9　下白石1 春日1　二本木町1 計21
銭塘手永	鵜森1　銭塘2 二町1　銭塘会所1 計5	計0	下内田3　鵜森2 銭塘2　北沖2 計9
その他（在）	甲佐（二田子）1 小田（部田見）1 計2	小田（伊倉）1 計1	本庄（方指崎）1 計1
その他（在町）	小川町1 計1	鏡町1 植木町1 計2	計0
三ヵ町 （川尻・高瀬・八代）	川尻町2　川尻新町2 計4	高瀬町1　八代本町1 計2	川尻町1 計1
屋敷	屋敷6 計6	計0	屋敷1 計1
合計人数	54	54	117
三稜合捨て方 148貫17匁9分 金子20両6厘	合88貫565匁5厘 20両	合45貫899匁6分8厘	合13貫553匁7分3厘

れらの村々に対して、下代村・孫代村・今新開村・宮内村などはそれぞれ一人のみで少なくなっている。半田村も三人のみで少ない村の一つとなっている。最も多い下松尾村の内には、「下松尾村大鼓張入用酒正中諸品代共ニ」と記され、迎五町村の内にも、同じく「村方大鼓張入用酒正中代」と記しており、村内の賑いが見えるようである。横手手永では白石村が多く、浜口村・大保村などそれに次いでいるが、無田口村・下白石村・春日村・二本木町などは少なくなっている。それらの内で濱口村の中には「正中粕代」などというのがあり、焼酎粕というのがどのように活用されたか留意する必要がある。

その外銭塘手永に九人、本庄手永に一人、川尻町に一人、および屋敷などにも貸付や売掛などが残されており、それらの銭高が酒焼酎代等の捨方分と記されている。

所柄として造酒について検討してみると、文政八年（一八二五）一〇月の「飽田郡五町手永略手鑑帳」を見ると、隣接する船津村に造酒御免があり、唐芋焼酎本手一本も記されている。同じく文政八年一〇月の「池田手永村々略御手鑑」を見ると、全く記載は無く池田手永や小嶋町の造酒は不明である。そこで「肥後国飽田郡村誌」の小嶋町に、物産として「清酒四百三十二石」、民業の中に「造酒屋（職）一戸」が記されている。そのうえ、「町在」には、父代に造酒並に俵物諸品問屋職を営み手広く売買していたと記され、引き続いて五郎右衛門が父同様に営業に当たったのである。

五嶋五郎右衛門は文化年中より天保年中まで、百姓共には差し支えている年貢代や肥料代などに貸渡し、旅人の荷物の買取に難渋する者には、その代銭を貸渡すと共に、所柄の物の売掛などの代銭などを貸付けて、売買向きも貸付けも順調であった。しかし、近年になって売買向きや貸殖も振るわなくなり、難渋して御間拝借する程のこととは不対の儀と考えられるが、天保一四年（一八四三）の御触達の趣を考え、貸付けている者の難渋は差し迫っているとして、市在共に捨方とした[11]（表5）。

三　熊本町商人の貸金捨方

寛政期以降、藩政の動向に伴って貨殖政策が展開し、文政期以後は熊本町中の商人達の資金調達は、諸間拝借や歩入拝借ではなく、富裕商人の資金に頼ることになっている。このような資金調達時代の社会的主導の動向のことでは、懸々の資金貸借と貸金の捨方も具体的に見ていくことが必要である。

①新町分捨方

文化六年（一八〇九）一〇月、元銭六〇〇目を証文手形拝借した中職人町源蔵は、その後一貫五〇〇目、一貫目を同じく証文手形拝借し、文政元年（一八一八）一〇月、柿・みかん・つるし柿商売に、算用締揚分元銭七七〇目を貸渡、捨方となっている。文化一〇年（一八一三）七月、前々より蜜柑・唐芋・柿商売などをしている、上職人町の栄吉は、買懸取引不足分、並に一三〇目の手預前共にして、算用締揚分は、元銭五二〇目が捨方分となっている。

細工町懸新細工町の庄右衛門は、親代より借用を重ね、元銭三貫七八〇目の内二二〇目返済の後、残三貫五六〇目を請人立て、丁頭印形証文となっていた。文化一〇年六月には商売元手銭六〇〇目を借り、内一〇〇目を返済した後は年賦返済も出来かねている。同じく新細工町の喜次郎は、前々より蜜柑・柿類などの商売を続け、文化一一年（一八一四）一二月、買掛取引不足分、並に少々宛の取替分の算用締揚では、元銭七七〇目が捨方となるものである。

文化一一年一二月、新三丁目の喜平は、前々より蜜柑・柿類などの商売を営みながら、花餅売買の世話も続けてきたが、次第に買掛取引不足、取替分が重なるようになり、その算用締揚分九三〇目が捨方となっている。

新二丁目懸段山町では、前々より蜜柑・柿類などの商売を続けてきた金蔵が、だんだんに買掛取引不足分や取替分を増やし、文化一四年（一八一七）一二月には四一〇匁の算用締揚分となり、捨方となっている。その後資金不足となったために、文政二年(一八一九)一二月には、同じく三〇〇目を借用し、文政三年(一八二〇)一一月限の返納と、毎月四匁五分宛の利銭渡を、請人を立てた上証文としている。しかし、翌七月以降の利銭渡は滞り、捨方となった。
新二丁目懸新馬借町の夫八も、資金難渋のため表口一間半入町並家屋敷引当に、元銭一貫目を借用している。家質証文には万一請返できない場合は、家屋敷明渡と定めているが、当年一二月以後の利銭は渡さず、捨方となっている。(12)

②古町分捨方

古町地区商人の蜜柑・柿類商売において、借用する理由としてどのようなものがあったのか、注意深く見ていく必要がある。新町地区との違いや共通性等と検討することになる。また、貸付に当たっては、利銭や諸手続きにどのようなことを要求しているのかなど、貸付側の動きを一層注意深く見る必要がある。その外算用に当たっての動向などにも、古町地区の所柄がないか検討することになる。

文政二年(一八一九)七月、西古町懸中唐人町の幸吉は、拠所無い都合により、元銭九〇〇目を借用し、返済方について当暮及び来る五月までに納めるとし、返弁方不埒の節は、重要な財産である諸道具一式は勝手次第として、請人証文差出としている。しかし、右の通りの証文手形渡にも関わらず、利銭の内三〇目を文政三年(一八二〇)一二月に支払った後、少しも支払うことなく打ち過ごしている。その合高は増え続けて二四貫五三〇目となり、去年捨方となっている。

中古町懸古大工町の茂助は、文化一三年(一八一六)正月、蜜柑・柿類等の商売を続け、買掛取引不足のため、元銭五二〇目の算用締揚分が捨方となった。同町忠助は、亡父代より蜜柑・柿類商売を続け、家屋敷代取替不足および仕立請懸出来かね、買掛取不足のため、文化一四年(一八一七)九月、元銭二貫八〇〇目が算用締揚分となり、捨方となっている。その後も蜜柑・柿類等の商売を続けているが、買掛取引不足を続け、算用締揚分は七六〇目で捨方となっている。

文化一一年(一八一四)二月、東古町懸源覚寺町(船場二丁目)の栄助は、中職人町源蔵の口入により、元銭四〇〇目を請人を立て、手預を渡して貸渡となった。しかし月一歩半の利銭四ヵ月分支払の後は支払出来なくなり、捨方となっている。同じく東古町懸新大工町の久右衛門は、細工二丁目幸吉と細工三丁目儀八両人世話で、文化一四年一一月にはたばこ二〇〇丸の貸渡を受け、代銭は鳥目六五匁渡と共に、都合六貫目を翌三月限に手預を渡し貸渡となった。しかし同六月に手預前の内五〇〇目を支払っただけで、その後利銭の支払いはなく、残五貫五〇〇目が捨方となったものである。

紺屋町懸紺屋三丁目の吉兵衛は、前々より蜜柑・柿類等の商売を続ける者であるが、次第に買掛取引が不足するようになり、文化一四年九月の算用締揚によって、七〇〇目となり、捨方となったものである。このように買掛取引は不足となることが多く、厳しく算用を続けている。(13)

③坪井・京町分捨方

新町・古町地区に続いて、坪井・京町地区においても、まず借用する者共の借用する理由には、如何なるものがあったか、これらの地区の所柄は無かったかに注意する必要がある。その上貸付ける者の貸付条件や、貸付に当たっての対応の仕方にも注意する必要がある。更に貸付銭の算用の仕方や、捨方を進める富裕商人の考え方についても検討を加える必要がある。

新坪井寺原町の夫平は、文化三年(一八〇六)三月、元銭四〇〇目を拠所無い入用によって借用した。証文手形には借用の具体的な記載はなく、万一元利返済が出来ない時は、居住家屋敷寺原町西側表口四間入一〇間半の屋敷の、五人組・丁頭印形申請をしている。借用証文には一ヵ月二歩の利息を加え、一〇月限の元利返済が明記され、返済できない場合の家屋敷渡が申請されている。しかしその後の元利返済は少しも守られていない。夫平は親代より蜜柑や柿類の商売を続ける商人であるが、次第に買掛取引は不足することになり、少々宛の取替を続けて、文化七年(一八一〇)五月の算用締揚分は、一貫五〇〇目となり、一ヵ月一〇匁返弁も守られずそのまま捨方となっている。

同じく新坪井町懸八百屋町吉蔵は、前々から蜜柑・柿類などの商売を続けている者であるが、これも次第に買掛取引は不足し、四〇〇目の手預前などとともに、算用締揚分は二貫目に達しており、これが捨方となっている。

出京町懸の政吉は、文化二年(一八〇五)一一月、次の証文手形によって元銭四〇〇目を借用した。証文手形は表口二間、入五間二合の草葺で、畝数七歩六合二勺の家屋敷売渡証文で、地子米代銭四〇〇目と記されており、地子納難渋者であることがわかる。政吉は地子上納方に差し支えて、家屋敷を売り渡すことになったと記している。そこで、地子米・諸公役は今後買い取った者によって納入するように申し入れている。そのために、町役方並に五人組印形の売切証文としている。その後政吉は少しも利銭を払わず、そのまま捨方となっている。

文化一〇年(一八一三)一二月、政吉は拠所ない入用として、元銭二五〇目を借用することになった。政吉は前々から貸付を続けている者であり、一二月二九日の晩になって、同町のたばこ屋政吉と申す者が尋ねて来て、出京町政吉の請人に立つと言うので右政吉の手形を取り貸し付けることになっている。この貸付利銭は一五匁が支払われたと記され、元銭の返済はなくそのまま捨方になったと考えられる。このように借用のためには、地子上納や商売方の難渋が続いている。(14)

④河内村分捨方

まず、熊本町分に続き、河内村分の貸付捨方分が差し出されることになったのはなぜかを見た上で、ここでも借用する者共の借用理由を検討すると共に、その理由に所柄と言えるものがないか見ることになる。その上で、富裕商人

表６　新弐丁目段山町寿平次貸金捨方と帳締め
注：『新熊本市史　史料編四』「五〇九・五一〇・五一一」により本田秀人作成

借受人		貸金		帳締	
		元銭・残而捨方	買懸・前銭取替	証文手形・手預	算用締上
中職人町	源蔵	残元　540目		証文手形	
同上	同人	元銭1貫500目		同上	
同上	同人	同上1貫目		同上	
同上	同人	同上　770目	買懸		算用〆揚
新細工町	庄右衛門	残元3貫560目		証文手形	
同上	同人	残元　500目		同上	
上職人町	栄吉	元銭　520目	買懸		算用〆揚
新細工町	喜次郎	同上　770目	買懸・少々宛取替		同上
新三丁目	喜平	同上　930目	買懸・取替共		同上
新馬借町	夫八	同上1貫目		証文手形	
段山町	金蔵	同上　410匁	買懸・取替共		算用〆
同上	同人	同上　300目		証文手形	
蔚山町	嘉三	残元　600目		同上	
段山町	芳兵衛	同上1貫200目		同上	
源覚寺町	栄助	元銭　400目		請人・手預	
古大工町	茂助	同上　520目	買懸		算用〆揚
同上	忠助	同上2貫800目	家屋敷・買懸等取替		同上
同上	忠吉	同上　760目	買懸		同上
紺屋三丁目	吉兵衛	同上　700目	同上		同上
中唐人町	幸吉	同上　900目		証文手形	
新大工町	久右衛門	残元5貫500目		手預	
出京町	政吉	元銭　400目		家屋敷証文手形	
同上	同人	同上　250目		同上	
寺原町	夫平	元銭　400目		家屋敷証文手形	
同上	同人	同上1貫500目		同上	
同上	同人	同上　200目		手預	
熊本町分		合30貫　30目			
河内村	儀三右衛門	残而5貫770目	寛政8年前銭取替		
同上	儀平	同上2貫500目	同上		
同上	次右衛門	同上1貫800目	同上		
同上	太助	同上1貫830目	同上		
同上	善右衛門	同上1貫800目	同上		
同上	儀三右衛門	元銭　500目	畑受返シ心付		
同上	善右衛門	同上　850目	蜜柑引当ニ取替		元算用〆揚
河内村分		合15貫　50目			
町在共		45貫　80目			

の貸付条件や、貸付に対する動向にも検討を加える必要がある。厳しい算用の上捨方願と差し出す願とは何かについても考えてみなければならない。

五町手永河内村の儀三右衛門は、寿平次父代より蜜柑畑作を続けて来た者であったが、難渋のため寛政八年(一七九六)に、取替分元銭六貫五〇〇目を借用した。その後、年々蜜柑付出の節、五度にわたって合七三〇目を受け取り、残五貫七七〇目となった。更に難渋して蜜柑畑を質入することになり、親代より入魂の者のため、畑受返代として五〇〇目を渡し、文化一二年(一八一五)三月捨方の節、格別に心付を遣わす程であった。

同じ河内村儀平は、寛政八年に取替分として、元銭二貫七〇〇目を借用している。その後、追々蜜柑付出の内より三度にわたって、締めて一七〇目を受け取って、残は一貫八三〇目となり捨方となっている。

また、同村次右衛門は同じく寛政八年に、取替分として一貫八〇〇目を借用することになり、その分が捨方となるものである。

更に続いて同村太助は、同じ寛政八年に、取替分として二貫目を借用することになり、年々追々蜜柑付出の内より、三度の算用の節、締めて一七〇目を受け取り、残る一貫八三〇目が捨方となっている。

その外には、同村善右衛門が、同じく寛政八年に取替分として二貫目を借用した。その後年々にわたって締めて二〇〇目を受け取り、残の一貫八〇〇目が捨方となった。文化一四年(一八一七)一二月には、難渋のため蜜柑引当に取替を重ねて、都合八五〇目を取替により借用し、利銭八五匁受け取り外は捨方となっている。

右の者共は、寿平次の父仁三郎代から蜜柑商売を続けるに当たって、入魂の間柄のために、取替分は年々追々の蜜柑付出の内より、年末算用の節が支払い方となっており、蜜柑付出と取替は、一時のことではなく年々続くことになったのであった。五町手永河内村儀三右衛門列五人の者共の借財捨方一件については、熊本町分と共に、文政六年(一八二三)一二月、河内村分として都合一五貫五〇目が、段山町丁頭寿平次より捨方の願出差出となったのである(表6)。(15)

四　熊本町商人の捨方寸志と賞美

①捨方寸志

文化・文政年間に親代より蜜柑・柿類商売を続ける、新町町人に対する貸付金は、多くが買掛取引不足分や、取替分など、元手銭不足に対する借用であり、銀主となったのは新興の富裕商人達で、諸間拝借ではなく相対借の資金調達であった。貸付に当たっては、親代よりの信用にも関わらず、請人を立て、五人組・丁頭印形証文を求め、元銭や利銭の返済はもちろん、場合によっては家質証文を要求しているのである。その後、厳しい算用締揚の上捨方となっている。

古町地区において、文化一一年より文政三年にかけ、蜜柑・柿類等の商売を続けている商人達に対する貸付は、新町地区と同じように、資金不足による買掛取引不足に対する借用であり、借用に当たっては元銭に対する利銭支払は当然のことであった。貸付の際には返済できなくなる時のために、家屋敷と共と重要な財産となる諸道具一式が勝手次第となったり、家屋敷代の取替不足や、そのための仕立講懸が出来ないための借用もあり、如何なる場合も厳しい算用締揚後の捨方であった。

続く坪井・京町地区においては、親代より蜜柑・柿類等の商売を続ける者達であるが、次第に買掛取引は不足し、取替を続けて元利返済は増え続けていくので、五人組・丁頭印形証文渡となり、算用締揚分は多くなり捨方となったのである。京町地区の内、出京町の町人の中には地子納難渋のために借用する者があり、そのために家屋敷の証文手形を渡しているのである。このことは商売のために借用するばかりではなく、地子納難渋も拘えた借用であった。

段山町寿平次の貸付分捨方には、蜜柑・柿類等を商売する町人達だけではなく、五町手永河内村の者に対する貸付分捨方分があることに対し、注意する必要がある。五町手永河内村の五人の者共は、寿平次の父代より河内村で蜜柑畑作を続けて来た者で、難渋のために取替を重ね、質入した畑を受け返すために心付を受けたり、取替分は年々蜜柑付出の内より支払うなどの便宜を受けるなど、入魂の間柄であった。そのために、河内村分として都合一五貫五〇〇目の捨方となったものである。

そこで、新二丁目段山町寿平次の貸付金捨方は、熊本町分が合三〇貫三〇目となり、在中分(五丁手永河内村)が合一五貫五〇目などとなり、その合高が捨方分である。右のように貸し付けをする者と貸し付けを受ける者、捨方をする者とそれを受ける者との関係は、これまで見て来た小前帳をよく見ることが必要であると考えられる。(16)

②賞美の規矩

寸志御賞方の規矩は、その内容や達の趣によって違っていた。文政五年(一八二二)八月の達では、その後の捨方はもちろん、それ以前の捨方でも、「御間承届」となった。

寸志之内質地借物捨方いたし候得は民力強之寸志之寸志ニ加、代替り之節席引継ニハ可被立下文化九年及御達置候処、以来右両条之寸志引継ニハ不被立下、其節々及御詮議被仰付筋有之筈候、此段町在并触支配方之内寸志之面々え可及達旨候条、左様被相心得町中不洩様可被達候、以上

八月廿一日(文政五年)　　町方根取中

田邊吉兵衛殿

救立を決めている村方へ借方捨方は、その程度により常服渡、相対捨方でも一村の成立に成る程の者は常服渡となることが、機密間より書付差廻となった。今度の捨方は格別のことではなく、拝領方の規則にも合わず「御間承届」達とした。(17)

文化九年(一八一二)九月、「農民之強ミニ相成郡村之為ニ相成候筋ニ致出方ハ」「其程ニ寄候てハ御僉儀之筋も可有之哉」として、六つの願を定め上継を仰せ付けた。[18] しかし、文政三年(一八二〇)八月には、右の民力強めの寸志町在達の内、「質地等可差返と願出候者」と「質地之利米并下作米等可減遣と願出候者」は町家の者を禁じ、[19] 文政六年(一八二三)正月、民力強寸志上継高一同に差し出せば三代相続を認め、[20] 文政八年(一八二五)四月、相対取救の稜を高積は賞美仰せ付けとしている。[21]

寿平次の懸内段山町にはかつと申す老婦が居り、身内の者もいないので親切に世話を続けたので、目附付横目聞き方の達となっている。その達によれば、救い方など色々心を付け、亡くなった後まで万端手厚く世話を尽くし、「作紋麻上下一具」を考えている。このことについて、老婦救恤の志だけではいささか過賞になるのではないかと考えられるが、前条の捨方寸志の件は、惣合四〇貫目余の高で、奇特な志であるとする考えを含めると、右の「作紋麻上下一具」とすることが必要だと提示している。[22]

更に寿平次には、新二丁目懸段山町丁頭として、段山町裏土居見締のこともあり、掃除方より申談となっており、寿平次はかねてから世話を続けていることから、捨方の寸志のことと共に、丁頭としての段山町裏土居見締に対する厚心の世話のことも含めて、御掃除頭の申立もあることであり、相応の見合も必要ではないかと考えている。しかし、相応の見合もなく進席とすれば類引になることなので見合わせることとし、丁頭年功の申立の節、土居見締の件も取り束ねて賞することを申し渡している。[23]

③賞美の内意

文政六年(一八二三)五月、新二丁目懸別当共は、段山町丁頭寿平次の役前外奇特の志について、町方に対して「御内意申上覚」を差し出し、それ相当の達を求めている。その志というのは、段山町に居住する当年八一才の女は、独身者で親類もなく文政二年(一八一九)頃から、老病を患い難渋しているので、寿平次は何事にも心を付け米銭を渡し、文政五年(一八二二)一〇月より自分が引き受け、別家を建てて世話していることである。

町方横目の調べによれば、丁内のかつという老女は寄り方もなく、文化一〇年(一八一三)頃近在の縁家を頼って来た頃から、衣類や遣い銭等を渡していた。その後は竹瓦の家を建てて住まわせ、薬用はもちろん病気のために独身者を頼んで住まわせ、米銭塩味噌などをはじめ、何の不自由も無いように世話をしており、米銭や諸雑費などは、不十分ではあるが渡しているので特に記すことはない。この段山町筋には難渋者が多いので出し方はできず、面倒を見ることはできないので、丁頭の寿平次が常日頃心を付けていると記している。

御目附付横目の「覚」には、寿平次より段山町かつ取救と、同じく寿平次の熊本町難渋者取救として、余計の貸付捨方の両条が調べられ、詳しく記されている。特に文政二年頃より寿平次引受の様子が詳細である。また寿平次亡夫代以来の熊本町内への貸付分、去々春頃捨方のことなどが記されており、代銭や元手銭に難渋している者が、この捨方によって立ち直ることに留意する必要がある。

文政六年一一月、段山町丁頭寿平次は新二丁目別当共に別紙小前書を添えて、「御内意口上之覚」を差し出し、町方の達方を求めている。右のように新二丁目別当共による、「御内意申上覚」ばかりでなく、町方横目や御目付付の調べにもある通り、亡父仁三郎代から寿平次の代にわたり、熊本町難渋者取救や河内村の蜜柑作や難渋者の取救を続けて、それぞれ捨方を重ねて来たことを申し上げている。

同年一一月には、五丁手永惣庄屋が飽田・託麻郡代へ、段山町寿平次の捨方寸志について「御内意之覚」を差し出している。その捨方分「一銭拾五貫五拾目」には、「但、段山町寿平次と申者より河内村御百姓儀三右衛門列江蜜柑前銭相渡捨方仕候分」とある。更に民力強寸志の達もあり願出難いので、程よい仰せ付けを申し上げている。

同じ一一月、五丁手永河内村百姓儀三右衛門列五人と河内村庄屋から、五丁手永惣庄屋宛に連名の「覚」が差し出され、右の惣庄屋から郡代宛の「御内意之覚」に、「村方書付」として添えられている。その中には寿平次捨方分が取立になっていたら、全て潰れ方となっても不足となっており、一稜の為め合いになったと記している。(22)

④町方の賞美

天保一五年(一八四四)二月、市中の者賞美筋はその節々達を改めて定手数を決め、申渡は今まで通りに町奉行所で申し渡しとして、懸々への通達を申し付けた。(23)

町役人の賞罰の中には、恩典の一つとして賞罰の定があり、それはいずれも勤続年数の長さを主たる目安とした褒賞基準である。この天保一五年の褒賞基準の中には、丁頭の在職中と退職時の褒賞基準を定めており、段山町丁頭もこの基準によると考えられる。

丁頭在職中褒賞基準では、苗字御免は上等で二〇年、並で二五年、作紋麻上下は上等で三〇年、並で三四年、作紋麻羽織は上等で四〇年、並で四三年、作紋麻帷子は上等で四〇年、並で四三年などと定めている。

丁頭退職褒賞基準では、金子一〇〇疋から二〇〇疋は一〇年から一九年、生涯影踏御免と功により二〇〇疋以内は、二〇年から二九年、生涯家内共影踏御免、功により三〇〇疋以内は、三〇年から三九年、生涯丁頭列、生涯家内共影踏踏御免、功により三〇〇疋以内は四〇年から四九年、同上、三〇〇疋、別段の者は三〇〇疋でなく金一両は、五〇年以上などと定めている。(24)

丁頭以下の町方賞美は、これまで先例によって取り扱ってきた。天保一五年九月になると、これまでの例を均し、長い者は短か目に、短いものは補って基準を決めることにした。

〇丁頭十年未満ニて免除之節

一五年以上十年迄分職聞届ニて被差免

但、九年目十年ニ差懸り功業ニて被賞候即下、
○同十年より十九年迄免除之節
一金子百疋
但、各別勤労有之者ハ銀五両、又ハ十六七年以上ニて別段は弐百疋
○右同二十年より二十九年迄免除之節
一其身迄影踏御免
但、勤労之程ニより金銀被添下といへとも、弐百疋を越候儀は容易ニ有間敷候
○右同三十年より三十九年迄免除之節
一家内共影踏御免(但、勤労ニより金子被添下といへとも、三百疋まで)
○同四十年より四十九年迄免除之節
一丁頭列持懸家内共影踏御免(但、勤労ニより金子被添下とも、三百疋を越申間敷候)
○五十年以上ニて金子三百疋、別段は金壱両〔朱書〕「右稜々例書略」(25)

おわりに

府中周辺の池田手永小嶋町の五嶋五郎右衛門や、府中新二丁目段山町の寿平次は、府中に隣接する五丁手永河内村の、商品作物や果実類の生産・流通に、貸金を続け成長した。五嶋五郎右衛門は市在にわたって貸金を手広く行なっており、段山町の寿平次と共に、百姓や商人達に貸金の算用・帳締を続け、独礼や丁頭となって新興の富裕商人として活躍を続け、取替・貸金帳締による、商人社会の社会的主導が課題であった。

化政期を迎えると、府中周辺は五丁手永の坪井村ばかりでなく、池田手永・横手手永・本庄手永などの在や在町は、生産の向上や商品作物の生産向上を始め、出小屋や在中商売で賑うようになり、これらの在中・府中の間には、色々な問題が発生することになった。一方府中では、しばらく新興の町人による地子町の賑いも見られたが、多くの丁々では賑うことはなく、商売ができなくなって、町中が難渋することになり、諸出銀の取立は滞り、寄合を重ね、願出を重ねることになっているのである。

池田手永の在町小嶋町の五嶋五郎右衛門は、父代以来造酒や俵物類の問屋職を営業し、池田手永小嶋町はもちろん、手広く商売を続けて市在に貸付金や売掛金などがあり、天保一五年六月には、その中から多額の捨方寸志を行なって、一統捨方に役立った。その一つは売掛分の捨方であり、もう一つは旅人荷物買取代銭の捨方や、外に酒・焼酎代などの捨方があった。この五嶋家は、父代より独礼となっており、府中周辺の広い地域を商圏としている富裕商人であった。

一方の府中新二丁目段山町の寿平次も、府中商人達の商売に不可欠の資金調達に応じると共に、河内村の蜜柑仕立にも応じ、親代より買掛取引不足分や、取替分などとして資金調達に応じ、蜜柑仕立の百姓ばかりでなく、村のためにも役立ったのである。文政六年には、買掛銭の貸付や元手銭の取替銭など、滞り分捨方の寸志を行なっており、その外身寄りのない者の取救を最後まで世話すると共に、丁頭として段山町の土居見締にも、無禄の役目を果たしている。

新二丁目段山町寿平次の貸金捨方寸志に対しては、寿平次の外新二丁目懸別当の内意申し上げに続き、五丁手永惣庄屋や河内村百姓共からも、内意之覚が差し出された。これに対して、町方では賞美を願出たり、横目による取調方や僉議となっている。申渡によれば、追って丁頭年功の中立の節、取り束ねて賞することになったのである。天保一五年九月になると、丁頭以下の町方賞美の規矩を立てて、右のような功業や勤労に応えるために、賞美を進めていった。

一九世紀を迎えると、府中周辺の地域社会では、五丁手永の在中に見られる都市化の賑わいや、産業の振興による生産の拡大は、五丁手永に限らず、府中に隣接する池田手永や横手手永・本庄手永などにも当然見られることであり、今後検討を進める必要がある。

ここでは富裕商人の売掛・買掛など、府中だけでなく広い藩内地域にわたって金融活動を拡げていたが、これらの富裕商人たちは蜜柑や金融に限らず、生産拡大を背景に多くの商品を扱って、水運による藩地域を越える活動が考えられるので、今後の検討が必要である。

白川に架かる長六橋の向こう側の町家は、寛永二〇年（一六四三）に、城下町から本庄手永本庄村の在地に移転した迎町一帯である。この迎町の成立は侍屋敷の不足によるものであり、本庄村の在地に町家が並んで人口が増え、熊本町に編入されている。

このことは細川氏が肥後入国直後の寛永期に、本来武家屋敷の不足から起こったものである。城下の町家を周辺の

（1）熊本町

表①　町中惣竈数并惣人数

注：「熊本藩町政史料二」により本田秀人作成

文化8年（1811）9月

町中惣懸	竈数（軒）	惣人数（人）
新壱丁目	121	545
新弐丁目	196	796
新三丁目	171	762
蔚山町	78	429
職人町	145	548
細工町	323	1481
西古町	379	1985
中古町	399	1726
東古町	643	2847
紺屋町	282	1559（内92他支配）
京壱丁目	122	575
今京町	79	426
出京町	195	1036
本坪井町	291	1591
新坪井町	505	2744
惣合	3929	19050

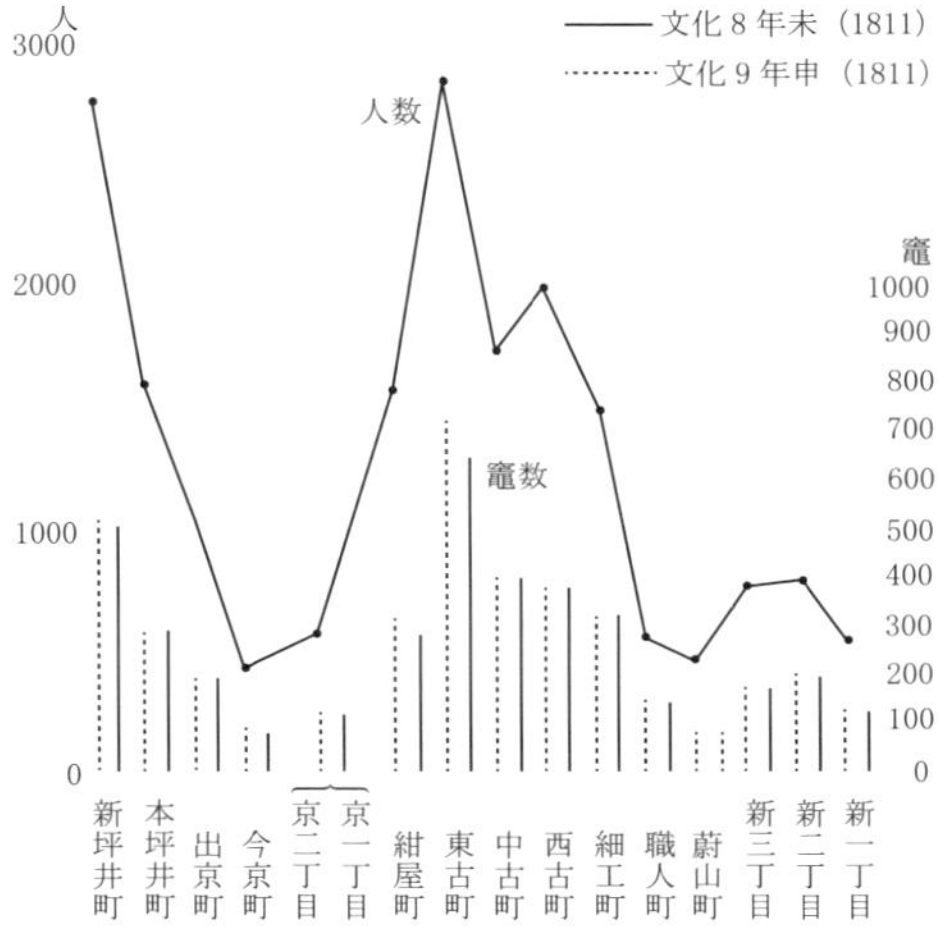

図1　熊本町中惣竈数と惣人数

注：『熊本藩町政史料二』により本田秀人作成

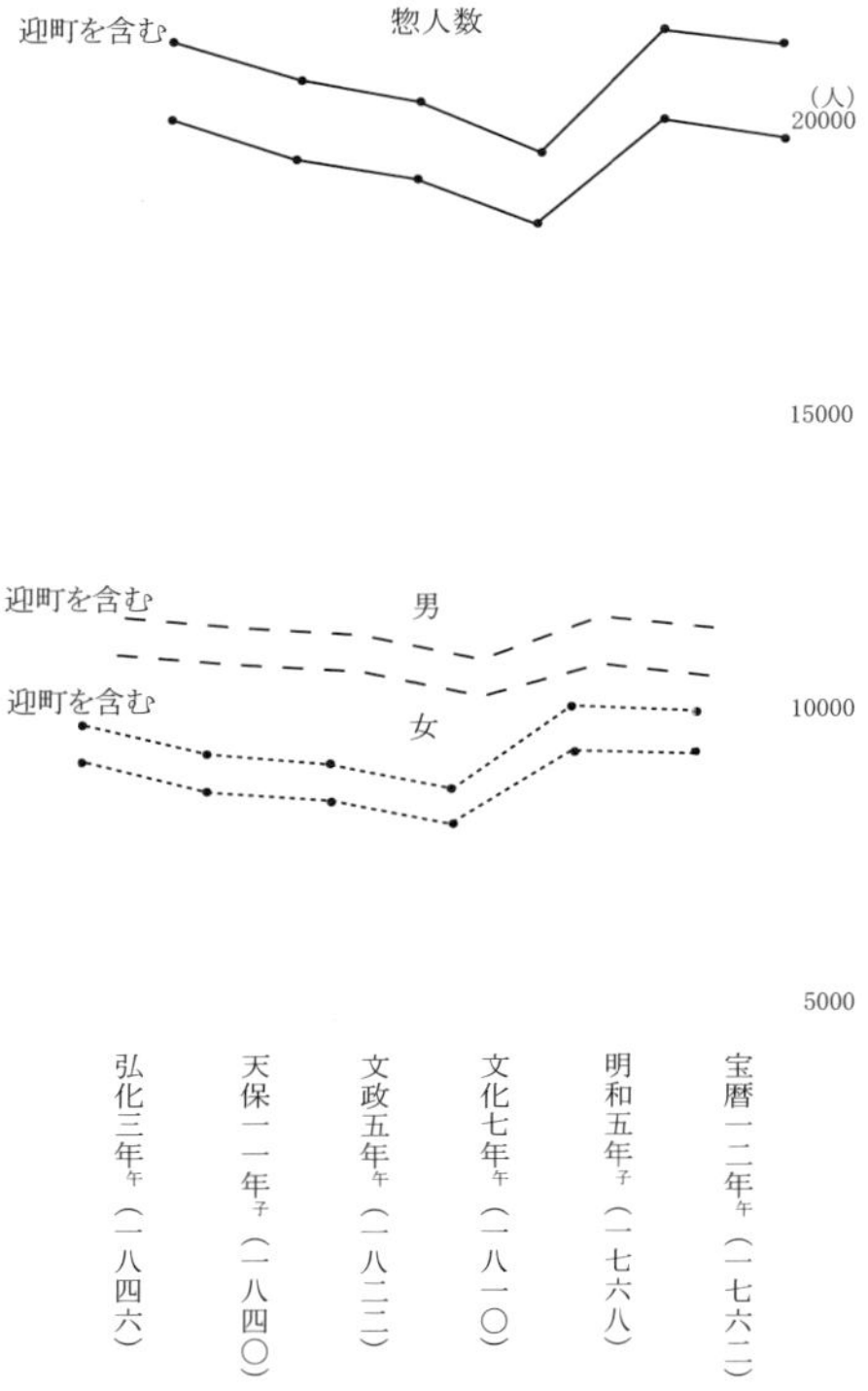

図２　熊本町中人数　注：『熊本藩町政史料一・二・三』により本田秀人作成

本庄手永本庄村の在地に移して屋敷地を造成したためである。そのため城下の武家屋敷建設と、長六橋から通丁筋を通る新たな市町の成立が必要になったと考えられる。このことは今後の都市インフラとして検討課題となる。

①迎町史料

○　宝町　新大工町　今紺屋町『肥後国誌　上』二二一頁

寛永二十年（一六四三）、府中ノ町ニナル向町始ハ府中宝町今ノ通リノ市店也シニ此市店ヲ白河ノ向ヘニ移シテ里俗向町ト称シ跡ハ侍小路トシテ里俗宝町ノ通丁ト称ス

○　長六橋　東古町内新古川町『肥後国誌　上』八六頁

表②　熊本町中人数　　注：『熊本藩町政史料一・二・三』により本田秀人作成

	熊本町			迎町		
	男女(人)	男(人)	女(人)	男女(人)	男(人)	女(人)
宝暦12年	19781	10512	9269	1538	826	712
(1762)	100%	100%	100%	100%	100%	100%
町人・職人	19152	10179	8973	1485	801	684
(%)	97.0	96.9	96.8	96.5	97.0	96.1
町　医師	171	107	64	9	6	3
(%)	0.8	1.0	0.7	0.6	0.7	0.4
侍中家来	305	150	155	27	12	15
(%)	1.5	1.4	1.7	1.8	1.5	2.1
寺社支配	153	76	77	17	7	10
(%)	0.7	0.7	0.8	1.1	0.8	1.4
明和5年	20049	10765	9294	1581	830	751
(1768)	100%	100%	100%	100%	100%	100%
町人・職人	19501	10476	9025	1528	806	722
(%)	97.3	97.4	97.1	96.6	97.1	96.1
町　医師	116	66	50	9	6	3
(%)	0.6	0.6	0.6	0.6	0.7	0.4
侍中家来	307	148	159	22	0	12
(%)	1.5	1.4	1.7	1.4	1.2	1.6
寺社支配	125	65	60	22	8	14
(%)	0.6	0.6	0.6	1.4	1.0	1.9
	熊本町			迎町		
	男女	男	女	男女	男	女
宝暦12年(1762)	19781	10512	9269	1538	826	712
明和5年(1768)	20049	10765	9294	1581	830	751
文化7年(1810)	18263	10216	8047	1212	650	562
文政5年(1822)	19096	10619	8474	1279	669	610
天保11年(1840)	19388	10785	8603	1349	703	647
弘化3年(1846)	20001	10900	9101	1315	679	636

古町ヨリ向宝町（託摩郡）往還筋古川町構口外ノ土橋也長サ三十五間アリ
里俗ノ説此橋往昔有ルコトヲ知ラス慶長六年当城築ノ時水石運送スルニ初テ此橋ヲ造リタル故慶長六年ヲ上下略メ長六橋ト称ス其以前此橋ハ之レ無シト云一説長六ト云ルモノ初テ此橋ヲ掛ケタリト云ハ謬リ也ト云ヘリ此橋ヨリ川下ノ川耳ニ乞食栖リ里俗河原ソウト云

○今迎町『肥後文献叢書㈠』一八九頁

御入国の後侍屋敷不足に付上の通町下の通町の町を引き長六橋外在地の所に引き方に成りたるを今迎町と云此所の地床高は相知れ不申候

○宝町・大工町・こん屋町『藩法集7熊本藩』二四一「覚」一九九頁

一宝町・大工町・こん屋町去年本庄ニ移申候間、未有付不申候（以下略）

正保二年三月四日　貴角（貴田角右衛門）
小五郎（小崎五郎左衛門）

○長六橋之向側『藩法集7熊本藩』二四八「覚」二〇七頁

一長六橋之向側、下之方之河へり四五間程の間、明地御座候、今迄はむかふがわ計ニてかた原町ニて御座候を、川へり四拾間程之分御借被成被下候ハヽ、長屋作りニ家をたて、もろ町ニ仕あきなひを仕度奉存候由御町人共申候、此儀は去々年御寄合被成候時得御意候得共、道筋せまく成つかへ申間敷候ハヽ、くるしかるましく候と被思召候旨被仰聞候間、相尋申候處ニ少も往来問申様ニハ仕間敷候由申候、今度又右之通申上候、如何可有御座候哉、得御意候事

七月五日　国半（国友半右衛門）
吉傳（吉住傳右衛門）

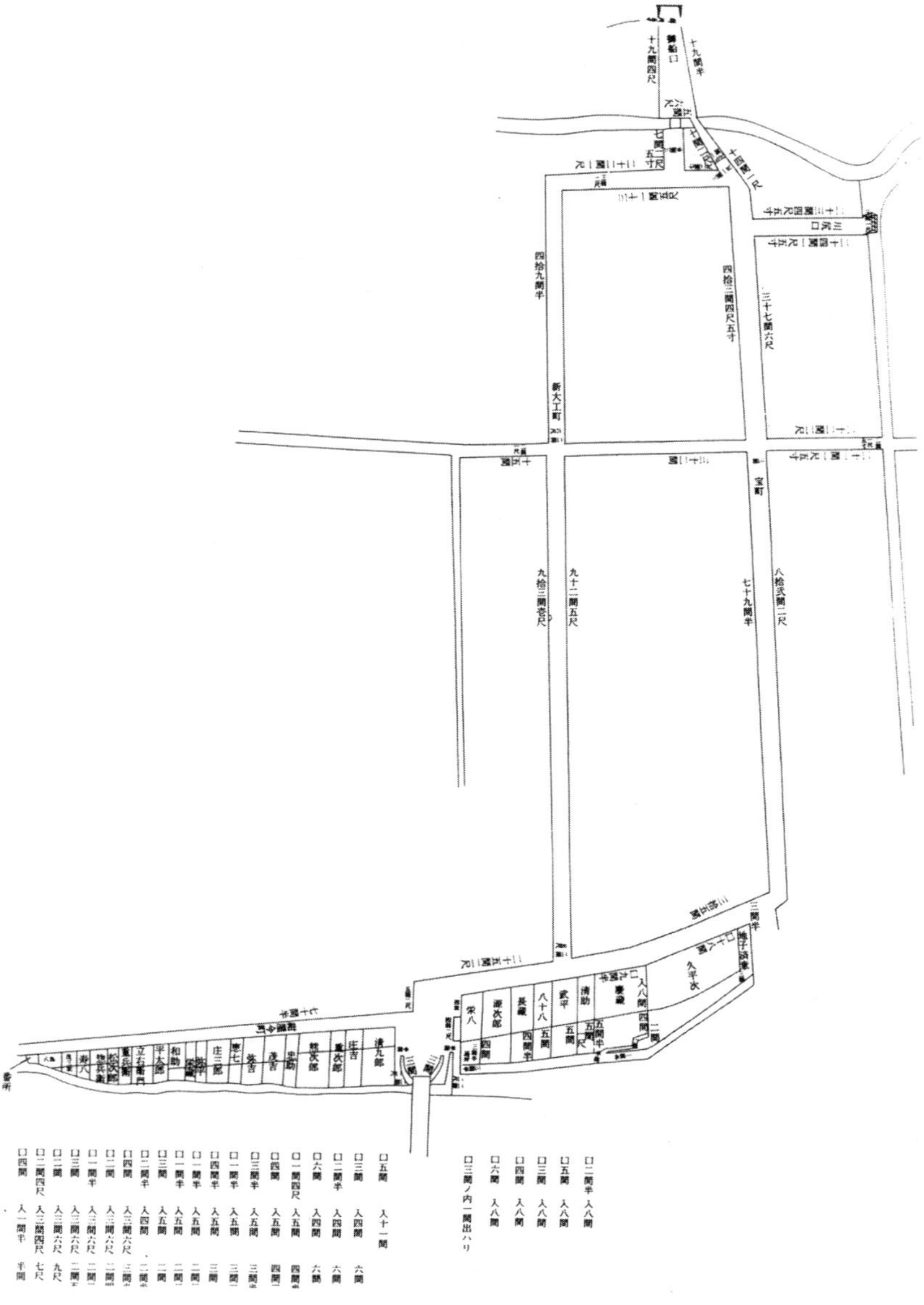

図 3　迎町絵図

注：『新熊本市史　別編第一巻　絵図・地図上　中世・近世』「上下町 75 迎町 202 頁

注

(1) 「上妻文庫」「三軒屋出小屋一件」「乍恐奉願口上之覚」
(2) 右同、右同、「御内意之覚」
(3) 右同、右同、「御郡方御奉行中より飽田・託麻郡代宛達」
(4) 『河内町史資料編第二』「文政八年酉十月　飽田郡五町手永略手鑑帳」
(5) 「古閑家文書」「池田手永村々略御手鑑」
(6) 「永青文庫」「覚帳」「文7・2・16」熊本大学図書館寄託（以下同）
(7) 右同、右同、「文7・2・20」右同
(8) 右同、「町在」「9・24・1」右同
(9) 右同、右同、右同、右同
(10) 右同、右同、右同、右同
(11) 右同、右同、右同、右同
(12) 右同、右同、『新熊本市史　史料四』七八八―七九六頁
(13) 右同、右同、右同、右同、右同
(14) 右同、右同、右同、右同、右同
(15) 右同、右同、右同、右同　七九六―七九九頁
(16) 右同、右同、右同、右同　七八一頁
(17) 『熊本藩町政史料三』八一頁、「質地借方捨方」
(18) 『右同　二』三八一頁、「郡村の為になるべき寸志」
(19) 『右同　三』三三頁、「民力強め寸志」
(20) 右同　八五頁、右同
(21) 右同　一二八頁、「相対取救」
(22) 『新熊本市史　史料編　四』五〇九、「褒美申請書」七八一―七八七頁

(23)『熊本藩町政史料三』「市中之者御賞美且御咎筋申渡」四三九頁
(24)『熊本藩の法と政治』「町役人の賞罰について」二〇六―二〇八頁
(25)右同、「市井雑式草書　坤　一一八」七一二―七一三頁

第四章　民間社会の張合風俗

はじめに

都市の民衆はその底辺にあってある時は行政や町政の一端を担い、ある時にはそれらの支配に抵抗するような動きをすることになると考えられる。熊本町ではそのような動向が、市中の風俗問題として現れていると考えられるので、検討することにした。ここに取り上げる風俗問題は、いずれも都市の行政や町政の周辺や境界に発見される民衆の主動である。

都市の風俗問題の初めに取り上げるのは、市中の若者達によって引き起こされる、家中風儀の問題と、油小屋風儀の問題である。町中の若者にとっては、町内に奉公することは恥ずべきことであり、家中に奉公することを誇りとして、家中家来となっているのである。また町家の若者達は、油小屋に集まって若者組に入ることを当然なこととして行動している。これらの若者達による家中風儀の問題や、油小屋風儀の問題が、大きく都市支配や社会に対して抵抗するような力を持って来ていることが課題となっている。

続いて都市支配の一部を担い、取締を請け負うような鳶の者の風俗問題を取り上げ検討することにしている。前の風俗問題と違って、鳶の者の風俗問題は、都市支配の役目に当たる武士身分の者や、町役人となっている町人に代わる者達の問題なのである。町中の徒党狼籍はかねて厳しく禁じていることであるが、町中の見締や狼籍者の取締に直接当たる者は、町方役人や町役人ではなく、非武士身分の鳶役中なのであった。一方出火の節火事場においては出役し、風俗問題の検討課題となっているのである。

その次に取り上げる盆後踊の風俗は、前述の油小屋や若者組の風儀に繋がる、町中の風俗問題であると考えられる。これは家中の支配を傘に着た家中家来のような風俗ではなくて、鳶の者のように町支配の一端を請け負っているような者でもなく、町中の若者達である。年に一度の盆後踊の節、大勢の若者が参加してどのような役割を担っているのか、熊本町を中心とする盆後踊の検討が必要である。その上で盆後踊組を中心にして、若者達の間にどのような風俗問題があるか検討することになる。

もう一つの市中風俗問題は、町中の有力な町人や豪商達の風俗問題であると言われる。その根元は町人共の奢侈であると言われている。そのため町人共の奢侈の風俗を改めることが大きく取り上げられ、町政の重要な課題として取締を続けていると言われる。そこで天保期以後の改革の政治について検討し、熊本町における市中風俗問題に取り組むために、どのような風俗取締を進めているのか、検討を進めていくことになる。市中の風俗問題は多様であり、検討を重ねる必要がある。

一　家中家来と若者組の風俗

①家中家来の風俗

家中奉公人が増えてくると、宝暦六年(一七五六)閏一一月には、郡代中より在中奉公人共の風俗の儀が沙汰され、不埒の至りであるとして厳しく申し付けている。(1) 宝暦四年(一七五四)五月には、奉公人の衣服に心得違いがあるとし

て、定めの通りに仰せ付けを守るよう、奢りがましい風俗取締が政策課題となっている。(2)

宝暦八年(一七五八)正月には、家中家来共が家中の風儀を乱すような心得違いが無いように、厳しく慎み方を申し付けた。(3)外向きにはそれぞれの屋敷には知れないようにして、町在その外には法外のことをするようなことがあってはならないとして、その筋々を通して手厳しく取り計り、それぞれの屋敷に知らせると共に、役人に早速引き取らせるよう申し付けている。このことは家中奉公人の増加に伴って、家中家来共の風儀が悪くなり、そのため市中の風儀を乱していることを示しているのである。(4)

同年二月、町在の者が家中へ若党奉公に出る時は、支配方に願書を差し出し、向こう方が引き取る場合や居続けになる場合は、その都度達を出すことになっていた。そのため今後は人置所に対し、小者出入りの達帳差出を定めている。なお譜代の家来になる場合は、改めて達を差し出すように郡方奉行より沙汰している。この頃在人数者の町方入込達が度々続いているが、町在人数者の家中家来願出も、度々にわたって続いていたのではないかと推察される。(5)

明和九年(一七七二)八月になると、再び家中風俗の問題を取り上げて達となった。家中の家来共は諸事慎むように、その主人より申し付けることはもちろんのことであるとしている。(6)家中家来共の心得違いは、屋敷外の市中で法外のことを仕出かし、屋敷内には知らせていないことである。先般宝暦九年の時も別当・町頭並に組頭などにも申し聞かせているにも関わらず、今以て酒店などに家中手廻の者が入り込み、理不尽なことをして大変迷惑をかけ、屋敷々々に対しては内分に押し移る等は、町方の重要な課題なのである。(7)

市中には家中風俗の問題ばかりではなく、当時様々な問題が起こっていたのであった。町中婚礼の節、礫打ちという狼籍が起こり、小石を投げて戸や商売の品を壊すような打ち崩しが起こったので、丁頭・五人組から両隣・向こう三軒まで越度無きよう町方より触れた。(8)また、安永九年(一七八〇)八月には、町内所々で夜中に紛らしい者が徘徊し、揚酒屋等に呑みに入り、買った物の代銭も払わず、却って強儀の中分を申し立てて暴れる者が居るので、書付を以て

調べることを町方より達している。(9)

②家中家来の風俗改

その後天明六年(一七八六)八月になっても、浪人躰の者の町家立入、合力銭ねだり取りが続き、それが帯刀の者であっても押さえ捕らえ、差し出すよう町中へ達した。(10)

天明七年(一七八七)五月は、家中屋敷や町家の外壁などにいたずら書きが目立つようになり、子供達の仕業とは言え不埒であるとして、心得違いの者は召し捕らえ、町役人やその親より厳しく申し付けるように、町方より町中に達している。(11)

天明期の飢饉や社会不安は、天明七年五月一八日夜、大勢の徒党による商家の打ちこわしとなった。そのため、何事も徒党によることは許されないことであり、私情の恨みによって申し合わせたり、家宅を打ちこわすようなことは、全て処罰するという掟を仰せ付けている。この後も夜中に落書や張紙などが続き、その内容や姓名も不明なため、このことに関係ある者は姓名を明らかにし、書付を差し出すようにすれば、その志をよくよく検討すると共に、取り次ぐこともできると仰せ出している。(12)

天明八年(一七八八)八月になると、家中の家来や手廻体の者が、相変わらず酒店などで色々と申し立て、法外のことをしても、屋敷に対しては内分に済ませることが続いているので、そのような場合は早速申し出るようにこれまでも申し付けており、そのままにしていることは不埒であるとして、今後は仰せ付けの通りにすることを心掛け、もし酒店その外どこであっても、法外のことをした場合は、それが刀を差している者であっても、用捨なく差し押さえ、早速申し出るようにすることを町方より達している。(13)

熊本町専任の奉行となっている藪市太郎によれば、近年町在共に奢侈の風俗が目立つようになり、熊本町は家中を見習い自然と自分の身の程を見失い、衣食共に身分不相応になっている。質素倹約を守ればけちやしみったれと言って、お互いの交際も崩れるようになる。このようなことはお互いの心得方のことであるので、これまで示されていることを見直し、申談し直して、熊本町の者が国中町在の目当てや手本となるように考え、当時の奢侈風俗を慎んで暮らすようにすることが大切であるとしている。(14)

同年九月の町方達には、市中風俗引き改め方について、この前詳しい書付を以て末々まで申し渡し判形を取り、請書まで差し出しているが、これは全く町役人が常々支配内教導の心得であって、どのように厳重に読み聞かせ判形を取っても、風俗改は困難なことである。まず町中の手本になる町役人の心得方を改め、それを手本に支配方の者の風俗を改め、常々油断なく申し付けることが大切であり、風俗改はこの別当・丁頭など、常々の心懸の良し、悪しにかかっていると達している。(15)

③油小屋の風俗

宝暦二年(一七五二)七月式として、近年の軒懸出銭増方続きについて、出銭についての詳しい書付を差し出すこと、もしそれに嘘・偽があれば、別当を始め申談に加わった者の越度を申し付けるとして、奉行所より別当・丁頭共に心付けるよう達している。また両社祭礼の時に、町方より寺社方へ提灯を点すことは今までの通りであるが、油小屋というのは風儀が良くないので、差し止めるよう町触れとなっている。(16)

安永二年(一七七三)五月にも、両社祭礼の外寺社方へ町方より提灯を点すことが近年も続いているが、祭礼の場合の神灯を献灯することは今まで通りである。しかし油小屋と言うのは、風変わりなことをしたり、物入りの多いことをする者が集まるので、風儀が悪くなる所として、この油小屋の差止を申し付けている。右のように宝暦二年にも差止を申し付けているが、いつとなく油小屋を取り立てている様子である。このことは町中の貫銭を増やし、失費も多

くすることなので、油小屋差止を町方より重ねて達している。(17)

天明八年(一七八八)八月になると、宝暦の初めに油小屋差止、安永の初めにも重ねて油小屋を差し止めたにも関わらず、近年また提灯懸に欄間などを拵えて、色々物好きなことをして失費を増やす者がおり不埒であるとして、この節取り除かせるように申し付けている。そこで今までの提灯懸の間数や、欄間の彫刻などの模様に至るまで詳しく調べさせると共に、その調査結果を惣月行司にまとめさせ、一紙帳面に仕立てさせ差し出させている。またこの油小屋で酒宴などをしないよう申し渡している。(18)

文化五年(一八〇八)六月になって間もなく帰国した大守社参のため、油小屋解除が仰せ付けられ、その跡不見分のままにしておくように仰せ付けられたことについて、箕田八左衛門より回文となっている。同月一四日の達は次の通りである。

同日(六月一四日)

一、町方御横目油小屋御見分ニ付、小屋受込之若キ者共両三人宛罷出居候様御達有之候(19)

その後閏六月には、町家の若い者が諸寺院建立について、夜念仏執行などの加勢として大勢出掛けて和讃などを唱え、大袈裟に徘徊しており、渡世の妨げにもなっているので、全て夜念仏執行などの節は、米持・提灯点一人宛の外は、世俗の者を連れ出さないように申し付け、この後町家の者を大勢連れ出して徘徊するようなことがあったら、それらの者の名を廻役より達するよう、町方より町中へ沙汰している。当時市中には、このように若者の動きが町政の課題となっていたのである。(20)

④若者組の風俗

町家には若者組という組合を立て、組入祝などをするので物入が多く、心得違いであるとして、この若者組の差止を仰せ付けることになった。町並のことは家主、吉凶・災難などは親類・五人組申談とし、その外のことは丁頭・組頭などの役目として、町家の子弟は父兄や年長者の指図に任せるべきであると定め、違反することの無いように申し付け、文化一〇年（一八一三）一二月、町方より町中に達することになった。(21)

若者組の組合立停止については、今もって若者組を止めない所があり、祝事の節も若者共が主になり、相手の迷惑も考えず、酒宴や口論を続けることの無いように、文政四年（一八二一）六月になっても、心得方を申し付けると共に、産業に励むように通達している。町役人は常に支配内のことに心を付け、不心得の者には教諭を加え、若者共が風儀を改め、生産に専念するようにすることが大切であると申し渡している。このように町役人に対しても、油断なく取り組むように書付を渡し、四ヵ所町へも通達している。(22)

文政五年（一八二二）五月になると、町家で若者組と称する組合立の停止が仰せ付けられていることは、既に町中に知れ渡っていることであるが、京町・坪井などで、七人の若者の頭が町内を廻って、ひたすらに集会などを企てたので、厳しく取り締まっている。(23)

翌文政六年（一八二三）七月には、新坪井紺屋町の儀三次と言う者が、若者組を立てて内証に若者頭となり、町内の頭廻をしてひたすら集会を企て、風儀が良くないと言うので、町人の末席を仰せ付けられるなど、若者の風儀が問題となっている。(24)

文政一二年（一八二九）六月、市中法度が仰せ出され、法度の趣旨を帳面一冊にまとめて渡され、懸々一同に洩れなく通達するよう、人別印形の受書を差し出すことになった。その上町役人への法度書写や読み聞かせを始め、支配の者に対しては、一懸限、丁々・組々などにおいて、小前々々・家内・子供に至るまで合点するように申し付けている。若者組のことについても組合立を堅く差し止めると共に、合わせて婚礼の節における礫投げのことについても、ここでも厳しく停止している。(25)

天保一四年(一八四三)正月には、市中取締筋の受込役を新設し、三月には市中取締筋の条目が無くては、取締兼ねるとして、カ条書を定めている。その中でも、若者組と言う組合を立てることは、これまで度々停止を申し付けているが、町所によっては相変わらず組合を立て続けており、父兄・丁頭などの指図も聞かずに、不都合な取計を続け、平日酒宴や口論を引き起こすばかりでなく、渡世方をも怠っている者があるとし、厳しく止めさせることはもちろん、その風俗を改めさせるよう申し付けている。(26)

二　町火消と鳶の者の風俗

①町火消出役

熊本町の出火の節は、町中より火消方の田子の者と、火防方の鳶の者が町火消となって消火に当たった。宝暦二年(一七五二)八月、職人町を除く一五懸から出す町火消の惣人数は、合一一五五人であったが、その内二一一人は鳶の者であった。最も多いのは新坪井町であり、最も少ないのは京一丁目・京二丁目の二四人であった。(27)

宝暦五年(一七五五)二月には、火事の節における火消方について公儀より触があり、近頃火事場はもちろん、その途中においても粗暴さが目立つので、今後はそのようなことが無いように、途中においても互いに往来の妨げにならないように、申し付けているのである。火事場においては消防に打ち込むことが大切であり、粗暴な振舞になっては、消防の障害となるので、今後粗暴にならないように、消防のことを第一に心懸けるように申し付けている。火消者が通る時は、往来の者は待っていいので、時々は間を切るよう申し付けた。(28)

明和七年(一七七〇)七月、まず藤崎宮近く出火の節の駈付町夫が吟味となり、続いて神護寺方角出火の節、町より三〇人駈付の件が吟味されており、一懸二人宛丁頭引廻が、宝暦三年(一七五三)四月より仰せ付けられたと達している。火事の節の火消方については、風無の砌は今まで通り、烈風の節は風下に人数を廻し防止すること、小火の節は指図が届くが、大火の節は人数をまとめ難いので、懸昇提灯を用いるよう申し付け、御花畑駈付輪番は、西古町・中古町・東古町・新坪井町二懸宛とした。(29)

安永九年（一七八〇）正月には、火事場火消方組合として、新壱丁目・同二丁目組合、新三丁目・蔚山町組合、細工町組合、西古町組合、中古町組合、東古町組合は大懸に付二手に分け、紺屋町組合、京壱丁目・今京町・出京町組合、東坪井町組合、新坪井町組合も大懸に付二手に分ける等、一六懸の内職人町を除いた一五懸を、右のように一二組合として組織するとして達している。(30)

安永一〇年（一七八一）正月になると、出火の節の町中差出惣人数を一二組に分けると共に、それぞれの円居出来を仰せ付け渡し、組合書付を添え修覆は懸出銀とした。出火の節は円居を目当に懸人数は速やかに集まり、消方第一に働き、消し留めた所には他組の者は止まらないこと、すべて駈引共円居に付き行儀を守ること、火事場において心得違い、喧嘩・口論をする者があれば、その理非に依らず双方共厳しく仰せ付けることと定めている。右の円居の置き場所については、出役の者ばかりでなくその外の者も見知置くため、相応しい所に平日出し置くように申し付けている。(31)

②鳶の者出役

宝暦七年（一七五七）二月、曲輪内の出火の節には、雇鳶と言って町人の者が、家中や大名衆の所に駈け付ける者がいた。(32)このような者は少しの間とは言え、家中家来の姿になり火事場へ出向くことになるので、丁頭へも届け出ている者であり、雇鳶に出る者については、その町の人数に加え丁役を勤めるように達している。また天明二年（一七八二）七月には、火事場で外聞役手付の小屋頭共には、鳶役同前に町並番公役を免じている。(33)

宝暦五年（一七五五）一〇月には、町中鳶の者の着物や道具は御用の品であるため、質に取ることを差し止め、もし質に取るようなことがあれば、早速取り上げることを達している[34]。宝暦六年（一七五六）一〇月にも、同様のことが記され、御用の品入質禁止達である[35]。また、寛政二年（一七九〇）二月には、鳶の者が火事着を平日に着用しないように申し付けており、もし仕立直で着用する場合は、紛らしく無いように仕直すよう申し付けている。このことは町方より懸々への達である[36]。

火事場出役については、享和元年（一八〇一）九月、火事場出役取決の上、駈付町夫円居並に提灯などを受け取り、御花畑供腰掛前に揃いの上火元へ出向き、藩主留守の年はまず奉行所へ向かい、駈付の者も西大手杉垣際に揃い、在国の節は今まで通りに御花畑供腰掛前揃い方を達した[37]。また文化一〇年（一八一三）五月には、出火の節に馬上にて火事場乗込を禁じ、見物人のように立ち止ることは火消方の妨げになるとして禁止しており、無用の者が火事場に立ち入らぬように、取り締っていた[38]。

同年一一月の別当共の「御内意之覚」によれば、寛政一〇年に火事場夜中の印として、御紋付小丸提灯一張宛使用を仰せ付けられたので、その後は曲輪内大家の屋敷たり共、遠慮なく消止が出来し、申分がましいことも無くなったと記している。しかし昼の印には引両の昇に自分の紋を付けて持たせる達のため、何れも木綿の昇を拵えて持たせている。引両の儀は重き印であるが、昼の印にも九曜の紋の昇御免を仰せ付けられれば、申分なく進退水の手共に便利になり、鳶役共も競い合うことになると願い出ている[39]。

文化一一年（一八一四）五月には、出火の節など鳶頭の手提灯には、引両を御免になるように願い出ている。出火の節鳶頭が出なければ、外掛の鳶頭より諸事鳶役へ指図することになり、影踏の節のことについても、鳶頭の影踏御免を願い出ている。そこで詮議の結果、鳶頭の手提灯は山形の下に懸々の印を付けることが御免となり、その外のことは鳶役中の願い通りにはならず、叶えられないこととなった。その後火事の節の水手の験について町中の丁頭が願い出て、小丸提灯に九曜御紋付が御免となっている。[40]

③強儀・狼藉の者

宝暦七年（一七五七）正月、懸々別当共より町奉行所役人への手紙によると、曲輪内の出火の節は、懸内から屋敷に駈け付けるように申し付けられている者がいたが、そのような者が屋敷の威勢によって、町火消共に強儀の振舞がある場合は、町方の沙汰の通り不法なことをしないように厳しく申し付けている。このことについては屋敷からも仰せ付けられるように申し出ている。[41]

そこで同年一二月、町の者が家中大身衆の抱鳶となって、出火の節に駈け付けており、これら雇鳶は大方強儀の様子で、町鳶の者共に対しても同じである。右の者共は火事場だけの雇に関わらず、屋敷々々の威勢によって、理不尽なことをしているとして、丁役の者からも名前を上げて町方へ達するように申し付け、右の通りに、屋敷々々より雇鳶について話があったら、町方へも通達するように申し付けると共に、もし相対となったら越度となるので、兼ねてから五人組よりも心を付けるように沙汰している。[42]

宝暦一二年（一七六二）八月にも、町家の者が出火の節家中駈付の日雇になる者共は、火事場において、町の火消共に対して、狼藉の仕方があると兼ねて聞き及んでおり、不届きなことであるとして、今後そのようなことがある場合には、厳しく申し付けるので、互いに心を付け随分と慎み、無法なことが無いよう雇いの者に申し聞かせることにした。[43] そこで出火の節駈付日雇になる者共に対しても、洩れなく申し聞かせておくことが大切であるとして、町方根取中より別当共へ沙汰している。[44]

寛政一〇年（一七九八）正月には、出京町が去る一四日類焼した時、惣町鳶役中が集まって喧嘩に及んだことは甚だ不法であるとして、人別に吟味となり、一懸限の達となっている。その後出火の節奉行がその場所に出かけ、火消方の指図をするにしても、鳶役共が近辺に居なかったら間抜なことであるとして、今後は惣町輪番で一懸宛は鳶役中を奉行に差添、懸の方でも受け持ちを決めさせ、火元へ駈け付けることが出来るようにしておく必要があると申し付けている。(45)

天保四年(一八三三)四月、新坪井堀端町明専寺火事の節、鳶の者が怪我をしたので仲間の者が介抱に当たりその場を退出したところ、火廻衆・裏廻の衆より打擲を受け、不法の打擲を受けるようなことになれば、出火の節には役目を果たすことが出来なくなるとして、鳶役共より連名の書付を差し出すことになった。そこでこの願書が奉行衆へ届いて、奉行衆から取締の達となった。そこで鳶役中の出役は今まで通りに心得るように申し付けられ、惣月行司より廻文となった。(46)

④火事場の心得

天明四年(一七八四)二月、家中面々の火事場出勤の心得が家中達となり、同じく町中へも達となった。まず第一に出火の節馬上にて火事場の丁内に乗り込むことを、重ねて堅く差し止めている。次ぎに火防の輩の内家中家来の者共に、町火消の者を打擲することの無いよう申し付け、慮外の者は名前を届け役所より吟味することとした。その次ぎに火事場出役の際行列に懸かり、強儀にならないよう往来に差し支えないように申し付けている。(47)

寛政八年(一七九六)一一月になると、出火の節の火事場受持の奉行宅へ、廻り役六人宛駈付となったが、次第に人数減らし方となって差支・外様足軽手明、四人駈付が仰せ付けられ、心得方書付火事羽織渡、その他その節々渡となった。出火の節その途中や火事場において、もし差し通し難き者がいる場合は、その時々奉行より指図があるので、自分勝手に少しのことも強儀の取り計らいをしないよう申し付け、それに背いた場合は咎められることになるので、何事も慎み深く心掛けるよう申し付けている。(48)

文政一三年(一八三〇)正月には、町中の鳶役共は火事場で何事もなく、かねがねから見知り合っておくために、正月中に寄合をしていた。しかし大勢寄合をすれば、飲食に長じ失費も増えるので、却って何が起こるか分からないことであり、衣服・飲食など何事も質素を心掛けるよう、去年家中を始め町中へも達している通りである。そこで大勢の寄合は見合わせるよう申し付けている。鳶役共の火事場はもちろん、平日何事もなく過すように心掛けることが大切であると、町方より懸々へ達している。(49)

天保四年(一八三三)四月、火事の節火消の者を殴り付ける者がいるという、鳶役よりの書付達があったが、これは必ずいるとか起こると言うことではなく、火消の者にとっては大変なことであるが、そのため出役しないというのは不都合なことなので、申し出にまかせた取り次ぎはせず差返、強儀の仕形は一切しないよう一統に達することにした。

別紙奉行所より町中達には、出火の節火事場には見物の者が大勢立ち塞がり、その内には婦人も立ち交り、間には帯刀の者が火消の者を殴ることがあるという。無用の者は火事場に入らないよう、防ぎ方の妨げにならないこと、強儀をしないよう慮外の者はその名を届け出るように申し付けている。その上でそれらの者には吟味の上厳しく申し付けることにした。強儀の者ばかりでなく、火事場に無用の見物などによって防ぎ方の妨げになる者や婦人などは現場を立ち去らせ、必要によってはその名前を火廻物頭達し、廻り役にも達するなど、その場の状況や必要に応じて対処するよう、これまでの出火の儀についての達や、心得方を守るように奉行所達となっている。(50)

三　盆後踊組と鉦連中の風俗

①川尻町の踊組

港町の風俗を飾るものに、川尻町の盆後踊がある。これは若宮の祭礼行事と並ぶような、町を挙げての年中行事で、寛永一八年(一八四一)頃から始まったと言われている。宝暦一三年(一七六三)以後になると、毎年の踊仕出を引き受けた町名が記録され、宝暦一三年の正中島町を始めとして、川尻町八懸の町名がある。(51)

寛政一二年(一八〇〇)申七月、正中島町仕出の盆後踊は、奉祝御上踊である。義経越腰状を芸題とする定の五人前踊と、豊の秋の唄に始まり、次に九人の役割による奴子踊、続いて中踊太平治世筌、跡踊鶴亀松竹舞、千秋万歳楽等となっている。この時の道中は、踊子九人、鼓四人、笛一五人、籌太鼓一六人、どら打一三人外二人、警固八人、中老一〇人外九人、道具方七人、鈴番役一人、惣世話人四人の惣人数九五人が記され、その外後見役、衣裳方、三味線、上下役等が加わり惣人数一一六人である。(52)

文化一〇年(一八一三)酉七月、受前岡町難渋のため、不時に正中島町が引き受けたのは、道楽ばかりの盆後踊であった。その道中行列を見ると、町印持四人、踊子八人、見締二人、若者二二人、中老二三人、鼓六人、笛一四人、笛世話役一人、見締一人、笛世話人一人、太鼓九人、太鼓世話人二人、惣見締二人、世話人一人、組頭四人、丁頭二人、横目一人、後見人一人、世話人一人等、惣人数九八人の道中であった。このように道楽ばかりであっても、惣人数は一〇〇人に達する道中行列だったのである。(53)

盆後踊の経費については、寛政一二年の奉祝御上踊の場合、惣入り目約四貫目余、文化一〇年の不時道楽踊で、惣入り目銭一貫五〇〇目余とあるが、その内公儀から鳥目踊銭四〇〇目が下付され、また当日の弁当料として二分五厘宛特別渡となっている。その後文化一二年(一八一五)七月、下町懸受前の盆後踊惣入目高は二貫三〇〇目余と書き出しているが、川尻町中には一町毎に二一四匁三分宛の盆踊講を始めており、公儀から六〇〇目宛が古来より渡し方となり、都合二貫三一二匁となっている。(54)

天保七年(一八三六)申七月、正中島町受前の道楽仕出では、まず組頭一〇人が寄合その筋への出願を協議した。その上で御上奉祝の道楽仕出を願出、更に丁役、組頭など度々寄合の上、道楽までの願出を重ね、それが仰せ付けられると、経費補助を受けたく六〇〇目拝領願は四〇〇目渡方となり、大太鼓打方願は中太鼓打方へ変わっている。また衣類万端は文政八年(一八二五)達の通り着用、道中不行儀の躰を無くし、道楽終了後は産業稼方を心得るように仰せ付けられている。(55)

②熊本町の踊組

熊本町の盆後踊は、「永青文庫草稿本」に「熊本町盆後踊之儀、御先代より之始り之由」と記されるように、加藤清正の新城下町形成と共に創設され、細川氏代に継承された。熊本町では古来から続いている、両宮・両座の祭礼行事と共に、熊本町を代表する年中行事として続いており、前述した港町川尻の盆後踊や、同じく港町の高橋町の盆後踊と共に、都市繁栄の主要な行事となっている。

「永青文庫草稿本」には、熊本町盆後踊創設の基本についても、「上を奉祝指出候と申傳今以連綿仕居申候」と記しており、盆後踊が全国各地で盆中に催される、先祖供養のための盆踊ではなく、熊本町の盆後踊は、奉祝御上踊であると明記している。(56)文化一〇年(一八一三)七月、町方根取中より惣月行司への、盆後踊主旨町方内意達しにも、「盆後踊之儀ハ奉祝上、町家賑合之儀候」と記しており、奉祝御上を基本とした上に、町家賑を主旨とすることが、熊本町の盆後踊であるということになる。(57)

宝永三年(一七〇六)七月には、一日目の七月一八日に、紺屋町、中古町、京一丁目、新坪井町、西古町、新三丁目、新弐丁目、細工町の八懸で八踊、二日目の同一九日に新壱丁目、出京町、本坪井町、蔚山町、京弐丁目、今京町、東古町の七懸で七踊等、職人町を除く一五懸で、都合一五踊を仕出したことが記されている。その後は明和四年(一七六七)までは多い年は一五踊、少ない年は二踊などと変動を続け、明和五年(一七六八)以降は、一統難渋のため熊本中で二踊、または三踊が続くことになった。(58)

正徳五年（一七一五）五月、「盆踊之儀上を祝候て之儀ニ付」として、西・中・東古町で三踊、細工町・紺屋町にて一踊、新町中にて一踊、京町中にて一踊、両坪井にて二踊、都合八踊など、盆後踊開始より天明二年（一七八二）まで踊が続いた。天明三年（一七八三）六月になると、下方困窮のため盆後踊は来年まで延ばし方願となったので、同年七月には願の通りに差止めるよう仰せ渡となったが、先規より止め方になったことはなく、町中賑のため下方困窮時は、当年より道楽まで仕出となった。[59]

正徳六年（一七一六）七月には、一一踊に仰せ付けられるなど、大勢で花畑館踊入りとなっている。その前貞享元年（一六八四）には、奉行衆へ一五懸の踊組が庭入しており、元文四年（一七三九）七月にも、奉行衆宅へ踊入、町中で受け込んだ。[60]弘化二年（一八四五）七月の町奉行宅の庭入は、新一丁目組および古町組が踊入、いずれも踊子は三人宛で楽も一緒に入込、病人があって太鼓は鳴らしていない。踊子には町方横目や一〇人横目、廻役、別当、丁頭などが付き添っていた。[61]

③盆後踊制度筋

宝暦三年（一七五三）の盆後踊は、両坪井組合、京町・新町中組合、古町中組合三踊が仰せ付けられ、一踊に六〇〇目で、その造用銀の一貫八〇〇目を、一〇間に付いて五匁三厘宛と定め、職人町を除いた惣町中一五懸に割賦して実施したのである。[62]寛政一二年（一八〇〇）の盆後踊は、初三懸で一貫二〇〇目が、割賦仰せ付けとなったが、これまで通り三踊一貫八〇〇目割賦見合を願い出ている。[63]

明和元年（一七六四）七月、盆後踊のどらは差止、衣服は近年華美になったとして、全て日野紬布木綿を用いるよう申し付け、踊子共の駕は有合のあんだと定めた。安永三年（一七七四）七月にも、子供や幼少の者を肩に乗せ廻っては、炎天下難儀であるとして、有合のあんだに乗せることは勝手とし、あんだ飾付は堅く差し止めた。天明元年（一七八一)六月には、踊子の衣装について、帯も紗織以下の品を用いること、その外右に携わる者も、今後は御制度以外の物は、堅く用いないように定めている。[64]

天明八年(一七八八)六月、寺社町奉行藪市太郎は、盆後踊が年々奢美の風俗に移った上、若者共が浮かれ気になり渡世方を疎かにしているとして、無益の費と風俗の妨げは黙示できないとし、右両害を無くすことが大切であると、盆後踊の華美を戒めた。[65] 文化九年(一八一二)二月には、盆後踊の衣服をはじめ何事も華美になったので、その取締や油小屋一件についても申談を重ね、町中にある丁々の若者組が、華美や奢侈不遜などの根元になっていると考えられるので、その差止を別当組の内意とした。[66]

文化一三年(一八一六)六月になると、当年二懸盆後踊仕出とすること、踊子は五人で手軽く、衣服は日野紬布木綿、帯は紗織以下、乗物は有合のあんだ、路楽時の衣服等は平生持合の物を用い、失費を無くし御制度の通り等と達している。その後の町方の達にも、路楽仕出を定めているが、踊は差止めず質素第一を心得ること、若者は人柄を選び衣服万端達の通りとすること、その外踊仕出の日付を始めとして、踊入や路楽の仕方など、詳しく申し付けている。[67]

文政一二年(一八二九)にも、町家の者の法度筋や心得方等が示され、衣服制度を心得質素を守ることを第一とし、祝事の酒長や旅行の時の心得についても、同断としている。若者組と唱える組合立を堅く差止、婚礼の節の礫投も、停止を仰せ付けた。[68] 天保一四年(一八四三)三月の市中取締筋カ条書では、衣服を士席浪人格の者と町独礼以下の者に分けて定め、若者組立を差止、奢侈不遜など風俗改を申し付けると共に、若者共の雑芸弟子入などについても、厳しく申し付けている。[69]

④西唐鉦の風俗

盆後踊の鳴物には、どら・太鼓を打ってはならないと、度々町中へ沙汰している。この「どら」は、寛保三年(一七四三)七月には「鑼」と記し、宝暦三年(一七五三)六月には「銅鑼」と記している。宝暦一三年(一七六三)七月になると「鉦」と記しており、いずれも鳴物「どら」のことである。西古町懸中西唐人町の盆後踊組には、この「鉦」に関わる「西唐鉦」と称する「鉦株」と、若者の「鉦連中」があった(70)。

西唐人町の者が盆後踊の鉦に携わるためには、天保一一年(一八四〇)七月より鉦株の所持を必要と定めた。そのためには若者組に組入して、株持の者から不要の株を後年共に五〇目で譲り受け、鉦の修覆は株持中申談で行ない、株譲は五〇目限とした。株人数不足の節は何人でも差支の無いよう、五〇目宛で新株を加えて取計、もっとも町内に他所より養子入した者は、年齢を見計らいその時の町役人より、差支がないように取計を定め、株持共連印の上町役衆中へ差し出している(71)。

その後数度の鉦修覆に出銭せず、自分の所持する鉦株の買上を求めたり、今より鉦株加入を求める者がいるので、鉦株所持の面々には鉦株札を渡すことに改正し、出銭に差支無いようにすると共に、出銭出来ない者の株は取消、株は譲り渡し備銭より買上と定めた。株の他所預けや貸借は認めず、違反の株は取消鉦に携わりを禁じた。更に新規株入については、株銀五〇目に株備銀三〇目を加え都合八〇目出銭とした。株銀は相対取引とし、備銀三〇目の出銭は株備銀根帳に記すことになった(72)。

鉦株備銭の儀は安政三年(一八五六)辰より、万延元年(一八六〇)申まで五ヵ年の間に鉦連中日貫銭を以て集め、その日貫銭を八朱の利付で廻し、五ヵ年に利銭は九二七匁八分八厘となったので、それを鉦株備とすることを極めている。一ヵ月に八朱の利付として町内の確かな者に預け、毎年正月中に改めることを定め、不用の鉦株はその節に調べて、全て五〇目宛にて買い上げることにしている。新規株入の者には都合八〇目を出銭させ、右の備銀に打ち込むことにしたが、備銀とは修覆銀でなく株買上のためである(73)。

鉦株決前の鉦連中名前には二九人の名が記されているが、天保一一年七月に町役衆中宛に差し出した連印の署名には三一人の名が記されている。また差し出した後に引譲を始め、買上、追記なども多く、かなり変動していると見ることができる。始めの三一人中で引譲が見られないのは五人だけで、その外は全て引譲株であった。差出後に追記されている新入の鉦連中にも、引譲などの譲渡が続いている。その外町用銭買上による者や差省と記される者もあり、変動が続いている。(74)

四　市中の者の風俗

①市中の者の心得方

天保一三年(一八四二)一二月、市中の者の心得方について、寺社町奉行嶋又左衛門より書付二通が渡され、一通は取締に当たる町役に対するものであり、もう一通は市中の者共が守るべき心得方を、篤と示した覚である。市中小前々の者に洩れなく示すためには、町役の尽力が求められている。

町役人共に対する「覚」では、これまで度々の達に関わらず、市中の風俗は年を追って悪くなっている。このことは町別当共が触の趣旨を疎かにしているのではなくても、役目が届いていないと考えられるので、領内の風俗立直には、町役人共の尽力が必要である。そこで別紙の趣旨を小前共によくよく示し、町役の者共が率先してこれに取り組むことが大切である。この度こそ風俗改の取締が行き届くようにするために、町役共が精々申談を重ね、心を込めて尽力する必要があると申し付けている。(75)

市中の者に対する「覚」では、かねてから心得の良い者がいるにも関わらず、一方には年々奢侈増長を重ね風俗の良くない者がいて、分限不相応な振舞や不遜の儀も指摘されている。奢侈を戒め分限を守るべき城下町において、このような心得違いは許されていない。家中を始め全ての者が難渋している時に、豪家の町人共が高価な物や身分不相応なことをするのは、町中の者を華美の風俗に走らせることであり、市中を悪い風習に進めることである。このように市中風俗乱の根元は、市中の華美の風俗であるとしている。

右のような風俗となるのは、元々身分を忘れ果てているからであって、そのような姿から一刻も早く本心を取り戻すことが大切である。心得違いを改め、城下町に居住して商売も手広く営み、家内の者共をも扶養できるということは国恩であり、決して忘れてはならない。達の趣旨を堅く守り、家内むつまじく、五人組は親しみ、喧嘩口論を慎み、人に対して無礼がましいことにならず、質素倹約を大切にしていくことが大切であると申し付けているのである。

当時の豪家相互には身代の幅を張り合い、操合が悪くなってもそのことを隠して却って外向きを飾り、無理を重ねて家を潰すようなことになりかねないのである。常に身代の幅を考え、分限相応に質素を守り産業を建てることが大切なことである。右のように質素倹約を守り、風儀を大切にしていくことは、決して余所事ではなく、すべて自分々々のためであることを忘れてはならないと達している。この節の達では取締が行き届くように、町役の者共を通して、市中に洩れなく申し聞かせ示しているのである。(76)

②市中の取締

天保一三年(一八四二)の町奉行所復活と、町役人の町奉行所詰に続く改革は、風儀を乱した城下町の風俗立直であった。そのため前述の分職奉行嶋又左衛門の決意表明に続く、「市中取締筋受込役」という職務の新設と、受込役に任じた友枝太郎左衛門に対する職務条目であった。更に取締の詳細については、「市中取締ヵ条書」にその条々を見ることができる。(77)

職務条目には、まず公儀法度・国法を守ることを始め、市中全体の取締筋はもちろん、衣食住などの分限を守り、質素を旨として末々まで心を付け、別当への申談・教諭を定め、商家の正業、商売方への出精、高利を求めず、常々商家としての有様に心を付けるように申し付けている。五人組は相互に申談を重ね、一人の越度は組中の越度であることを町頭・組頭より教諭することが肝要と定め、鰥寡孤独の者には難儀しないように憐愍を加えることを始め、諸出銀などは廉直になど、商家の本意を守らせるよう申し付けている。(78)

「市中取締筋ヵ条書」の概要を見ると、まず市中の衣服制度に関する条々が見られる。士席浪人格の上着并びに羽織は、木綿、紬、紋付、太織と定め、平日は木綿使用、夏服は越後中品以下、夏袴は下品の川越平以下、女の服も右に准し帯は鈍子繻子以下、高価な品は一切不用、十歳以下で絹服使用の節は郡内秩父絹以下、上着は木綿を用い、女の服裏は日野加賀紬、帯は呉絽以下、十歳以下絹服は日野加賀以下、夏服は奈良近江地以下、袴は木綿布など、天保六年(一八三五)達の通り、諸品全て下品下直の品を使用と定めている。

次に上に関わる祝事は、一汁二菜を限り手軽く行ない、葬式・年回茶事等は右に准じて手軽く取り計らうこと。平日多人数の者が打ち寄り酒宴を催すことは言うまでもなく、囲碁将棋などで隙を費やすようなことは無用とすること、男女縁約については、作法の通り双方の親または親類の世話により申談して決めること、町中風呂屋は男女別に立て、文政四年(一八二一)の通り、若者組の組合立を停止し、風俗改を申し付けている。若者共の歌舞伎雑芸弟子入は町人数の末座として雑芸札を渡し、女子供の三味線稽古を取り締まっている。

商売のことについては、料理茶屋躰の煮売を差し止めて、奢りがましき風俗を止めさせようとしたが止めないので、文化一〇年(一八一三)以来、下魚類品決によって煮売商売を許している。菓子類については上品の売出を認めず、一斤一〇匁以下の菓子類や、代銭三匁以下の箱菓子、一斤一匁八分以下の羊羹までとし、髪飾類は代銭三匁以下、笄類は一本一〇匁以下、高価な子供の翫具類差止、焼うなぎやすし商売停止、山野海辺の遊楽なども違犯者として咎められることになっている。(79)

③市中風俗取締

弘化三年(一八四六)七月には、「市中風俗取締り方報告書」が出されることになった。それはその後の市中風俗取締の対策として、進めたものだと考えることができる。その中には三一ヵ条の報告が記されている。この「覚」は同年九月の「市中風俗取り方改革意見書」の四三ヵ条とは異なったものになっている。しかしこのような報告書が出ることは、当時の市中風俗取締が、如何に困難なものであったかを物語っている。

それらの内、上に関わる祝事、婚礼式等その外内祝の節、達となっている料理向きを始め肴数は守られず、多人数の客に対する料理等も華美である上、事柄次第では三四日も宴席を重ね、間には歌舞伎役者を雇い入れ、鳴物も取り入れている程である。天保一三年(一八四二)以来、市中取締筋の達により、町々においては諸事内輪申談を重ねて取締を続けているので、何々の祝には縁家・五人組まで案内、料理は「ヶ様々々」と決し、至って簡易になって来ていると記している。

男女の衣類については、以前より制限されてきているが、中には程々の物を派手に着飾っている場合もあり、新しく高価な品を使用している者も見られた。その後市中取締のため、内輪に心得るように申し付け、当時は厳しく取締を続けているようである。しかし稀には婦人の肌着などに、禁制の品を用いている者も見られた等と言われている。紐解、髪置、その外一〇歳以下の子供衣類等は、これまで子の愛情に引かれて美服を着せて来たようであるが、当時は日野・加賀位や一切木綿類を用いるようになったと記される。

男女縁約の儀、以前は仲間の者と申談し、数人の者が押し懸けて親と懸合、あるいは男女共に姿を隠させた上、数人の者が親と懸け合って納得させ、離別の儀を相談すると無頼の者の威を利用して、様々な難題を持ち出すなど、その様子は酷かったと記される、祝儀の物入は莫大のため至貧の者は仕方なく、親は知らないことにして連れ出したと言われる。このようなことで当時は祝儀の物入は至って手軽くなっていたと見られている。小前の者の縁談も、その懸別当役へ伺って指図を受けるように取締が進んでいる。

若者組の組合立はできないことになっていたが、町によってはこの組合立をする所があり、町役人の指図を聞かず、若者共が不都合な取計を進め、平日に酒宴を開いて長時間に及び、口論に明け暮れるなど、目に余る所もあったと言われていたようであった。そのため町の若者達が平日から酒宴に長じ、口論に明け暮れて日々の渡世方を怠るようなことは、許されないことであるとして、市中の風俗を厳しく取り締まることを申し付けており、そのため当時に至りきっと取り締まるようになったと報告している。(80)

④風俗取締改

宝暦の改革以後、熊本町を中心に市中風俗の取締が政治課題となり、天保一三年には分職奉行の専任化と共に、取締職務の新設と取締職務条目が定まった。弘化三年九月になると、「市中風俗取締り方報告書」に続く、「市中風俗取締り方改革意見書」が出され、「熊本町之儀近年改革筋ニ付、追々触達之ケ条々利害得失何程ニ有之候哉」として、四三ヵ条が記されている。その一部を見ると次の通りである。

上に関わる祝事を始め、養子・婚礼など、以前は多人数の者が打ち寄る場合は、とかく華美な飲食を重ねる風俗になり失費を重ねるので、縁組を迎えるような子供を持つ者達は、その失費を恐れ親にとっては不本意に年月を過し、様々な苦悩に身代を傾ける程である。そこで一町限に詳しい申談を重ね、分限相応に簡易な目安を立てて町方へ差し出している所では、その申談が良く行なわれ、喜ばれていると言うことである。町頭の心懸薄く取組の悪い所では、風俗の改善が進まないので、町役共の尽力が必要であるとしている。

士席浪人格以下の衣服の儀については、目安を立てなるだけ下品・下値の品を用いるように申し付けている。衣服制度の件は天保二年の目安帳によって達となっているので、その目安を犯すことがないように、天保二年の衣服制度より格段下品、下値を主意と定めている。多くの婦人の衣服については、天保二年の制度目安を越えず、なるだけ高価、美麗の品が用いられており、士席浪人格は寸志によって士席浪人格となっているので、格段下品・下値の品使用は難しく、町独礼以下の者は質素を守るようにすればそれで良いとしている。

男女縁約のことについては、親が納得しない中に仲間の者が申談に押し掛け、奪い取るような勝手なことをせず、今までより作法の通りに双方の親や親類の者がよくよく世話をいたし、媒酌人を立てて申談を重ねるように定めている。順序よく丁寧に申談することが大切である。この件については右のように進めていかなければならない、大切な縁約の申談なのである。以前のような婚礼の無駄な失費を無くし、これから簡易に済ませることができるようになれば、作法の通りに婚儀を進めることができるが、今後も町方役より油断なく行なう必要がある。

若者組と唱える組合立は、これまで同様に止めるようにカ条書とし申し付けている。この儀についてはこれまで取り締まって来ているように、宜しからざる風俗であることは申すまでもないことである。最早取締以前より、間には組合を止めた町があると記されている。若者組の取締については、いよいよ以て町中において全て改めることにしている。なお若者共の歌舞伎芸者等の弟子入や、雑芸や浄瑠璃・三味線稽古等は、願出次第によって町人数の末座とし、雑芸札を渡すことに定めている。(81)

おわりに

藩士の家中には、家族の者ばかりでなく家来や奉公人も居住し、城下の人数は増加して様々な問題が発生するようになった。それらの原因となったのは、家中家来や家中奉公人を始め、町中に立ち入る浪人躰の者を含め、若者組を中心として引き起こしたものである。それは家中の風儀を乱し市中の風俗問題となったので、家中と絡む取締となった。油小屋や若者組の風儀は良くないので、まず小屋立と共に組合立を止めさせるとともに、若者共の心得違いを改めさせるように、取締を続けることになった。

それに続く市中の風俗問題は、市中出火の際の鳶役出役に伴って起こっているものである。火事場によっては鳶役共の競い合いもあるが、町鳶と違って雇鳶の者には、屋敷の威勢によって強儀になったり、町火消に対して狼藉を重ねる者があったと言われる。家中の面々の火事場出勤には、出勤の際の心得を達し、町火消の者に対する狼藉や強儀を無くす取締も続いている。このような出火の節の火事場においては、何よりもこのような狼藉や強儀の風俗を無くすことが、緊要なことだったのである。

盆後踊の節の風俗問題は、前述の油小屋や若者組の風儀と共に展開したものである。各懸の盆後踊組中は、惣町中で隣接の懸と踊組中を造って、盆後踊を続けてきたが、明和期を迎えると華美な衣服を止め、御制度以外の物は用いないようになっていった。これは盆後踊から道楽仕出に改めるなど、衣裳などと共に質素第一盆後踊とするための取組であり、華美・奢美の風俗を改めさせるための取締だったのである。西唐鉦に見られるような鉦連中の動向は、極めて珍しい動きである。

市中の風俗問題が宝暦改革後の町政の課題となったが、その中で家中家来や油小屋の若者共、市中出火の際や雇鳶対策の鳶の者、盆後踊の際の若者組など、町中の若者共が中心となって引き起した主動的動向である。しかしそれらは市中風俗問題の全てではなかった。町奉行の達にもあるように、市中の風俗悪化は度々の達となっており、市中の者には守られないものになっていたのである。それらの根元には市中の者の心得方の課題があり、町政の取締に当たる、町役の者共の役割が指摘されている。

市中の風俗が悪くなったのには、町方の風俗改むべしの達にも耳を貸さず、守ろうとしない市中の風俗が問題となっている。その上で市中の奢侈増長が指摘され、市中一統の華美の風を改め、分限相応の質素倹約を守ることが、達筋によって示されたのである。その後更に市中の風俗が報告されることになった後、市中取締筋の意見となり、更に、カ条書としている。

注

（1）『藩法集7熊本藩』二五八頁「井田衍義三六四」「在中奉公人共風俗之儀」
（2）『右同書』二七三頁「井田衍義三八八」「下方風俗年々奢かましく」
（3）『熊本藩町政史料一』一九一頁「御家中家来慎方」
（4）『藩法集7熊本藩』六四〇頁「度支彙函三九八」
（5）『右同書』二六一頁「井田衍義三七一」「家中へ若党奉公」
（6）『熊本藩町政史料一』三三六頁「御家中家来諸事相慎」
（7）『藩法集7熊本藩』六五五頁「度支彙函四四三」「御家中家来諸事相慎候様」
（8）『熊本藩町政史料一』三八九頁「町中婚礼之節礫打ち取締り」
（9）『右同書』四〇〇頁「夜中町内徘徊取締り」
（10）『藩法集7熊本藩』九〇三頁「雑式草書二一八」「浪人躰之者合力銭ねたり取」
（11）『右同書』九〇四頁「雑式草書二二一」「家中屋敷并町家外壁ニ戯書」
（12）『熊本藩町政史料一』四八九・四九一頁「掟・覚」
（13）『右同書』五二五頁「家中家来共法外之取計」
（14）『右同書』五二九頁「町在一統の奢侈風俗」
（15）『右同書』五三一頁「市中風俗引改」
（16）『熊本藩の法と政治』六〇二頁「市井式稿五六」「近年軒懸出銭相増」
（17）『熊本藩町政史料一』三四四頁「油小屋向後差止」
（18）『右同書』五二七頁「油小屋取締り」

(19) 『右同書二』二九八頁「御社参ニ付油小屋解除」
(20) 『右同書』三〇〇頁「町家若キ者大勢罷出」
(21) 『藩法集7熊本藩』九四七頁「市井雑式草書附録一五一」「若者組立停止」
(22) 『右同書』九四四頁「市井雑式草書附録一四二」「若者組組合立停止」
(23) 『熊本藩町政史料三』七七頁「京町・坪井七人若者」
(24) 『右同書』九二頁「新坪井組屋町若者」
(25) 『藩法集7熊本藩』九五四頁「市井雑式草書附録一八三」「若者組組合立仕間敷」
(26) 『熊本藩町政史料三』四一五頁「若者組組合立停止」
(27) 『熊本藩町政史料一』一〇七頁「出火之節町中より出候分」
(28) 『右同書』三三頁「火消方之儀」
(29) 『右同書』三一四頁「出火之節之仕法」
(30) 『右同書』三九四頁「火事場火消方組合」
(31) 『右同書』四〇六頁「町火消組円居出来」
(32) 『右同書』一七三頁「出火之節雇鳶」
(33) 『右同書』四一四頁「小屋頭共鳶役同前、町並番公役差免」
(34) 『右同書』一四一頁「町中鳶之者道具類質ニ取申間敷」
(35) 『藩法集7熊本藩』「雑式草書一六三二」「御用之品ニ付質ニ取候ハ、御取揚」
(36) 『熊本藩町政史料一』五六五頁「火事着平日着用不致様」
(37) 『右同書二』一八六頁「火事場出役」
(38) 『右同書』三九九頁「火事場無用之者取締」
(39) 『右同書』四二一・四二二頁「御内意之覚」
(40) 『右同書』四四六・四五八頁「出火之節鳶頭手挑灯・火事之節小丸挑灯」
(41) 『右同書』一七二頁「町火消共之間ニは強儀」

(42)『右同書』一八二頁「雇鳶之者惣体強儀」
(43)『右同書』二四七頁「出火之節家中駈付之日雇のもの強儀之筋」
(44)『藩法集7熊本藩』八四二頁「五出火之節家中駈付之日雇町火消に浪藉」
(45)『熊本藩町政史料二』一三〇頁「出京町類焼惣町鳶役中相集喧嘩」
(46)『右同書三』二六七頁「火事之節鳶之者怪我」
(47)『右同書一』四三二・四三三頁「家中面々の火事場出勤心得」
(48)『熊本藩の法と政治』六三六頁「五六途中并於場所強義之取計仕間敷」
(49)『熊本藩町政史料三』二二〇頁「町中鳶役共正月中寄合見合せ」
(50)『右同書』二六八・二六九頁「火事之節火消之ものを打擲」
(51)『川尻町史』五八〇頁「川尻の盆後踊」
(52)『右同書』五八六・五八七頁「寛政一二年申七月正中島町盆後踊惣人員」
(53)『右同書』五九二頁「文化一〇年酉七月正中島町盆後踊道楽道中行列」
(54)『右同書』五八八―五九三頁「盆後踊と経費・文化・文政頃の状況」
(55)『右同書』五九四―六〇二頁「正中島町盆後踊の復興と交渉」
(56)『近世都市熊本の社会』一二七・一二八頁「永青文庫草稿本」
(57)『熊本藩町政史料三』四〇九頁「盆後踊主趣了簡違なきよう」
(58)『右同書一』一〇・二九八頁「盆後踊之次第」「踊数」
(59)『右同書』二一・四二三・四二五頁「盆後踊形態」
(60)『右同書』二二・六〇頁「盆後踊踊入」
(61)『近世都市熊本の社会』一三八頁「町奉行宅庭入」
(62)『熊本藩町政史料一』一二二頁「町中盆後踊造用銀」
(63)『右同書二』一六九頁「盆後踊銀割賦」
(64)『熊本藩の法と政治』五八六頁「市井式稿八」

(65)『熊本藩町政史料一』五二一頁「盆後踊奢美風俗」
(66)『右同書二』三六六頁「盆後踊油小屋差止」
(67)『右同書』四七三―四七五頁「盆後踊の心得」
(68)『右同書三』二〇九―二一四頁「町家之者法度書」
(69)『右同書』四一五―四二一頁「市中取締筋ヵ条書」
(70)『熊本藩町政史料一』六九・一二二・二五六頁「どら」
(71)「清永家文書」「鉦株究之事」
(72)「右同文書」「鉦株所持之面々心得方之事」
(73)「右同文書」「鉦株備根帳」
(74)「右同文書」「鉦人数根帳」
(75)『熊本藩町政史料三』四〇八・四〇九頁
(76)『右同書』四〇九―四一一頁
(77)『熊本藩の法と政治』二〇四頁
(78)『右同書』二〇五頁
(79)『熊本藩町政史料三』四一五―四二一頁
(80)『新熊本市史史料四』三四五―三五三頁
(81)『新熊本市史史料四』三五四―三六九頁

あとがき

本書は平成二二年(二〇一〇)の『近世都市熊本の社会』に続く、近世都市研究の一環であった。前書が町(チョウ)と惣町の枠組から、基礎構造を検討したのに対し、本書は惣町＝都市を中心に、都市法制と都市社会を構造的に検討したものであった。

まず中核となる都市法制は、都市行政機構と共に整備されることになった。熊本藩でも公儀支配を貫徹するために、藩主の意志決定と家老の合議・仕置、奉行の職務などが都市法制の中枢として機能した。また奉行所が直轄する熊本町を始めとして、重要三ヵ町や四ヵ町の都市法制が行政機構と共に整備されることになり、領内における都市法制の周縁を形成することになった。

都市法制を検討するためには、都市支配の記録や法令が必要であった。記録としては、「町方記録」(『藩法集7熊本藩』「井田衍義」二三二―二五〇)と、『熊本藩町政史料一―三』「惣月行事記録抜書」』があり、都市法制の中枢を検討するために役立った。

続いて第二の城下町である八代町支配の記録には、「公儀諸沙汰三冊之内」の松井家司記録と、『御町会所古記之内書抜上・中・下』が残されており、都市法制の周縁を検討するために大きく役立った。その外、「町方法令集」が重要な都市法令となったことは、言うまでもないことである。

惣町＝都市社会には多数の町人が居住し、多様な社会を形成している。大店や大きな町屋敷が並ぶ両側町には、名望や信用のある有力町人が多く居住し、別当や惣月行司などの町役人となったり、大店を経営する有力町人も居住していた。

町役人となる有力町人は、早い者は寛永一〇年正月から、一六懸各懸々の頭として別当役を勤めることになった。これらの別当は輪番で一月毎の惣月行司・別当として、寄合日に町奉行所に出勤し、月番町奉行衆より直に達を受け、各懸々へ通達していた。また大店を経営する有力町人は、本家ばかりでなく多くの分家・別家・奉公人を抱え経営していた。

右のような町家の商家社会に対して、民間社会では新興商人の活躍が目立つようになって、府中ばかりでなく府中周辺の地域にも商圏を拡げて成長し、丁頭として町役人となる者も出るようになり、府中周辺の変容と共に活躍する在町商人も登場することになっている。

また民間社会では若者の活動が目立ち、家中家来や若者組の風俗が問題となっている。町火消や鳶の者出役に伴う強儀や狼藉も、民間社会の風俗問題として取り上げられている。このような風俗問題の根元は、市中の風俗の奢侈にあるとして、町方では市中の心得方を改め、市中風俗取締を進めている。

以上のようなこの度の近世都市研究は、振り返ってみると決して十全なものとはなっていない。今後の検討課題と思われるものを一・二上げて見ると、次のようなことが上げられる。

まず始めに、都市法制の検討については、都市の統治機構と共に都市法制の中枢と周縁から検討することから取りかかり、都市制度を明らかにすることを重視している。これは一つの取り組み方であると思われるが、一方ではもっと都市法令の具体的な事例を検討することから取り組むこともあるのではないかと考えられる。都市法令から直に都市法制へではなく、具体的な法令の検討を踏まえて都市法制へと進むことである。

次に町方法令のことであるが、熊本藩の町方法令は宝暦の改革に際し、旧来の町方法制を再検討して編纂された市井式稿を始めとして、宝暦改革後の雑式草書・市井雑式草書（乾・坤）・市井雑式草書附録であると言われ、これらを町方法令の基本として取り組んだ。

それに合わせて、必要と思われる記録類を検討して来たが、果たしてこれでよかったのであろうか。確かにこれは都市法の基本法であり、検討すべき法令であるが、それだけで良いのか考えてみる必要がある。外にも都市法には、町触や行政法と呼ばれる多くのものがあり、検討すべき町方役人や町役人がいるのではないかと考えられる。

都市社会については、惣町社会・商家社会などの有力町人を始め、新興の商人社会の外に民衆社会の町人や市中の市民層を取り上げて検討してきたが、町人を上回る程多数を占める侍身分の武家が居住し、武家社会が形成されており、再検討する必要があると考える。

これらの都市を支配する武家の居住地は不足することが多く、前書では府中に隣接する五丁手永の建部屋敷があったが、本書では府中に武家屋敷を拡げるために、府中通町筋の商家を隣接する本庄手永の在地に移した、迎町の成立について追記している。このことは、新たな武家屋敷や市町の新設・拡大など、都市インフラが課題となることを示している。

本書で取り上げた五丁手永の三軒屋を始めとする坪井村のように、府中周辺の都市化する変容は、五丁手永の河内村のみかん栽培ばかりでなく、池田手永の在町商人の活躍にも見られ、手永と村や在町による地域社会は、一七世紀から一九世紀へ展開しているのである。

今後は、武家の都市居住の実態や、都市居住する武家社会の構造、都市空間の活用や、インフラ整備などについて更に検討を重ねていくことが必要ではないかと考えている。町人社会を中心とする都市社会の研究も始めたばかりであるが、家中に対する研究も後れている。最近政治権力・都市・村落の相互関係を意識した報告が行なわれているのを見ることがある。またそれに対する留意すべきコメントも出されているので、今後の研究を進めていくために検討を重ねることが大切である。

あとがき

最後になりましたが、本書の出版は明治二二年（一八八九）に、「古来稀有の大地震」と記されているものを大きく越える、「熊本地震」に遭遇しました。しかし多くの方々のお世話になり、この度出版できることになりました。誠に有難うございました。

平成二八年六月

本田 秀人

【著者略歴】
本田 秀人（ほんだ ひでと）
1929 年　熊本県熊本市生
1955 年　熊本大学教育学部社会科日本史専攻卒
1988 年　熊本市史編纂委員会専門部会専門委員委嘱
1998 年　熊本県中世・近世資料等整備事業委嘱
2004 年　熊本大学社会文化科学研究科後期 3 年博士課程中退

〔主な著書論文〕
『近世都市熊本の社会』（熊本出版文化会館、2010 年）
「肥後藩における製紙業について」（『熊本史学』50 号、1977 年）
「肥後細川藩における御用窯について」（『熊本史学』53 号、1979 年）
「幕末西古町の支配と自治」（『熊本史学』56・57 号、1982 年）
「近世における肥後製紙業の展開と構造」（『地域史研究と歴史教育』熊本出版、1998 年）
「熊本城下町の町家と別当」（『熊本史学』80・81 号、2003 年）

近世都市熊本の法と社会

2016 年 7 月 5 日第 1 刷発行

著　者　本田秀人
発行者　濱　久年
発行所　高志書院

〒101-0051 東京都千代田区神田神保町 2-28-201
TEL03 (5275) 5591　FAX03 (5275) 5592
振替口座　00140-5-170436
http://www.koshi-s.jp

印刷・製本／亜細亜印刷株式会社
ISBN978-4-86215-160-5